"十二五"职业教育国家规划教材
经全国职业教育教材审定委员会审定

国家文化产业资金支持媒体融合重大项目
21世纪高职高专精品教材·财政金融类

U0648316

投资项目评估

TOUZI XIANGMU PINGGU

（第三版）

王力 邓雪莉 主编

东北财经大学出版社
Dongbei University of Finance & Economics Press
大连

图书在版编目（CIP）数据

投资项目评估/王力，邓雪莉主编. —3版. —大连：东北财经大学
出版社，2018.9（2022.7重印）
（21世纪高职高专精品教材·财政金融类）
ISBN 978-7-5654-3312-2

Ⅰ．投… Ⅱ．①王…②邓… Ⅲ．投资项目–项目评价–高等职业
教育–教材 Ⅳ．F830.59

中国版本图书馆CIP数据核字（2018）第194203号

东北财经大学出版社出版

（大连市黑石礁尖山街217号 邮政编码 116025）

网 址：http://www.dufep.cn

读者信箱：dufep@dufe.edu.cn

大连天骄彩色印刷有限公司印刷 东北财经大学出版社发行

幅面尺寸：185mm×260mm 字数：385千字 印张：16.75

2018年9月第3版 2022年7月第13次印刷

责任编辑：李丽娟 责任校对：田 杰

封面设计：张智波 版式设计：钟福建

定价：35.00元

第三版前言

为了充分落实党的十九大对职业教育的要求，实现中国高等职业教育两个"提升计划"所制定的目标，培养学生的基本职业素养和再学习的能力，精准对接职业标准和岗位要求，我们对《投资项目评估》（第二版）教材进行了修订。本次修订的原则是：

（1）突出职业教育特色。修订后的教材仍属高等职业教育教材，不再对教材内容进行较大幅度的扩充。

（2）坚持产教融合，将实际工作中的新标准、新方法、新案例、新数据与教材内容充分融合，满足工作岗位职业能力要求。

（3）教材修订与课程建设同步进行。通过制定教学目标、教学大纲、教学日历、考评方法与标准、基础教案等，丰富教学资源。

本次修订的主要内容具体如下：

第一，为了保证教材内容的科学性和严谨性，对原教材中的基本概念、基本原理的表述进行了补充和完善。

第二，在第一章中增加了第二节"投资项目分析评价的主要内容"，主要阐述投资项目可行性研究和项目申请报告的相关内容，弥补了第二版教材中的不足，并且对投资项目评估的内容进行了补充和完善。

第三，在第四章中，为了使学生能更好地掌握投资项目评估的方法论，增加了第二节"现金流量分析方法"的内容，目的是使学生对现金流量分析在项目评价中的应用有一个全面的掌握，同时对第三节"投资方案比选"的内容进行了完善。

第四，考虑到不同性质的投资项目其建设内容各不相同，为了保证教材的通用性，对教材第五章"投资项目建设方案评估"的内容进行了较大幅度的修订，保留了通用性的内容，补充了新内容。

第五，为了使学生能更加直观地了解和掌握投资项目评估的方法，我们从第六章"投资项目投资估算"到第十章"投资项目的经济分析"，采用相同的案例对评估的基本方法进行讲解和演示，确保案例的系统性和完整性，避免了原教材中的案例关联性弱的缺陷。

第六，以培养高质量应用型人才为出发点，对每章后的实践训练环节的内容也进行了必要的修订，并增加了课后学生自我测试的内容，使学生能全面了解对每章内容的掌握程度。

第七，为了拓展学生课外学习的知识内容，在教材中增加了"知识拓展""微课"等二维码栏目，方便学生课后自主学习。

第八，在每章最后增加了"自测题"内容，便于学生在结课后能进行系统的演练。

本次修订由山西省财政税务专科学校的王力和邓雪莉共同完成。王力负责统稿、定稿，并负责修订第一章、第三章、第六章、第八章、第十章；邓雪莉负责修订第二章、第四章、第五章、第七章和第九章。在本次修订过程中，得到了山西省财政税务专科学校、东北财经大学出版社领导的大力支持和帮助，在此表示衷心的感谢。

编 者

2019年10月

第二版前言

投资是促进国民经济稳定增长、优化产业结构布局、实现社会进步和提高人民生活水平的主要途径。投资需要消耗大量资源，在一定时期，一个社会可供利用的资源是有限的。为了实现预期目标，必须采取切实可行的手段和方法，使有限的资源得到充分利用。投资项目评估理论与方法体系，就是经过不断研究和探索总结出来的对投资项目进行分析、评价的理论和方法。投资项目评估是在可行性研究理论和方法的基础上发展和演变而成的，是一种行之有效的对投资项目进行决策的重要手段，它随着社会经济的发展、科学方法的应用而不断修正和完善。

本书自第一次出版以来，被国内许多高职院校金融实务与管理、投资与理财、财务管理、建筑工程管理等专业用作"投资项目评估"课程的指定教材或教学参考书，得到了广大教师和学子的好评，多次重印，对高职高专院校相关专业"投资项目评估"课程的教学与学生职业能力的培养起到了一定的促进作用。但是，随着我国高等职业教育改革的不断深化，教学要求和学生应用能力的要求进一步提升，特别是我国财税体制改革的深入，使得第一版教材的局限性更加凸显。

为了使教材真正体现我国投资体制改革和财税体制改革的最新成果，我们组织多年从事项目评估教学的教师和行业专家对教材进行了必要的修订。本次修订，我们以国家最新颁布的有关经济评估方法与规定为依据，紧密结合我国最新的财税、财务、金融、外汇、投资管理法规、制度，系统地阐述了投资项目评估的理论与方法。修订后的教材主要体现如下特点：

1.围绕方法，构建知识体系。本教材的"知识体系"是按照国家发展和改革委员会与住房和城乡建设部联合发布的《建设项目经济评价方法与参数》（第三版）以及项目评估实际工作的基本程序进行编排的，简明扼要地阐述了项目评估工作对学生知识结构的总体要求。考虑到不同专业学生所掌握的课前知识的不同及前期专业课程设置的不同，我们在第一版教材的基础上增加了"资金时间价值与投资方案比选"的内容，其目的是使学生能够更好地理解和掌握项目评估工作应具备的知识体系。

2.突出重点，注重把握主次。教材中的"学习目标"和"学习要求"直观地阐述了每一章学生需要掌握的重点内容，为学生梳理出每章的主干脉络，便于学生在学习中把握重点，分清主次。考虑到高职高专学生以能力培养为目标的要求，我们在教材修订过程中，对各章的概念、作用等理论性内容进行了必要的删减和提炼，更多地增加了学生实际操作方面的训练内容。

3.强化实训，提升能力培养。高职高专教学，以培养学生职业技能和创业就业能力为根本出发点。为了适应高职高专教学改革的要求，我们在每一章的最后除了保留基础知识练习外，还增加了培养学生职业能力的实训操作训练环节内容，并在教材所附光盘中增加了投资项目分析软件的操作与训练。

教材内容分为理论部分和实训部分，理论部分和部分实训内容以纸质教材的形式出现，软件操作部分附在教材所附光盘之中，便于任课教师和学生下载使用。本次修订版教材由山西省财政税务专科学校王力担任主编，具体分工如下：第一、三、五、八章和附录由王力编写；第二、六章由邓雪莉编写；第四章由石月华编写；第七章由李毅编写；第九、十章由赵素春编写；章后基础知识练习与实践操作训练由王力、邓雪莉、李毅编写；投资项目评估软件由四川成都高科技术应用研究所提供，软件使用说明由四川成都高科技术应用研究所李强编写。全书由王力总纂、审改和定稿。

在本书的编写过程中，我们参考和吸收了国内外许多专家、学者的研究成果，并得到了东北财经大学、山西省财政税务专科学校的专家以及东北财经大学出版社的领导和编辑的鼎力帮助和支持，在此一并表示诚挚的谢意。

编　者

2014 年 1 月

目　录

第一章　投资项目评估导论

学习目标

通过本章的学习，要求学生掌握投资项目评估的基本概念、原则、依据、内容和基本程序，掌握投资项目的定义及类型；了解投资的含义及其本质、作用与特征；掌握可行性研究和项目申请报告的内容，熟悉投资项目评估与可行性研究、项目申请报告的联系。

学习要求
一览表

能力模块	能力要求	相关知识点
投资项目决策	（1）投资决策的类型 （2）投资决策的基本程序	（1）投资决策的含义 （2）企业投资决策的程序 （3）政府投资决策的程序
可行性研究	可行性研究报告的编制	（1）可行性研究的应用范围 （2）可行性研究的依据 （3）可行性研究的深度要求 （4）可行性研究的基本内容
项目申请报告	项目申请报告的编写	（1）项目申请报告的应用范围 （2）项目申请报告内容
投资项目评估	项目评估的编制	（1）项目咨询评估的含义 （2）项目评估的依据和原则 （3）项目建议书和可行性研究报告的评估 （4）项目申请报告的评估

第一节　投资项目与投资项目决策

一、投资概述

（一）投资的本质

所谓投资，是指经济主体（包括法人和自然人）为未来获得收益而于现在投入生产要素，以形成资产的一种经济活动。它是由投资主体、投资目标、投资要素、投资形式、投资领域、投资行为、投入与产出关系等诸多因素按照一定规律和方式有机结合而形成的一个大的系统。其中，投资主体包括企业、金融机构、中央与地方各级政府、其他经济实体与社会团体、个人以及外国投资者等；投资目标一般是指投资者通过投资行为而获得的利益；投资要素是指建设、生产和经营活动必需的生产要素，如资金、实物资产、无形资产和劳动力等；投资形式包括直接投资、间接投资以及比较灵活的各种投资组合的其他投资方式；投资领域既可以是建设领域、生产领域，也可以是流通领域、服务领域；投资行为则是组织投资要素的筹集、投放与回收，以及净收益的再投资等经济行为的统称；投入小于产出是投资者进行投资的重要前提条件。

（二）投资的特征

1.收益性

如上所述，投资是经济主体为未来获得收益而于现在投入生产要素，以形成资产的经济活动。由此可见，实现未来净收益的最大化是投资者的主要目标。

2.风险性

投资的风险性是指投资遭受失败的潜在可能性。获得预期的经济效益是投资活动的最基本要求，但任何一项投资的未来收益都是不确定的，因而存在风险。

3.长期性

与生产或营业活动相比，长期性是投资的一个很明显的基本特征。工业企业所生产的产品一般体积较小，生产活动表现为生产要素的不断投入、最终产品的不断形成。而投资活动则不然，直接投资主要用于形成固定资产，所投资的项目体积庞大、地点固定，又具有不可分割性，因而投资建设的周期长。

二、投资项目

（一）投资项目的界定

投资项目简称项目，是指投入一定资金以获取预期效益的一系列投资活动，是在规定期限内为完成某项开发目标（或一组目标）而规划投资、实施政策措施、组建机构，以及包括其他活动在内的独立的整体。本书所涉及的投资项目主要是指用固定资产投资兴建的工程建设项目（包括新建项目与更新改造项目）。它必须按照规划、决策、设计、施工、投产、经营等一系列规范程序，在规定的建设工期、投资预算、质量标准的条件下，以形成固定资产为明确目标。一个投资项目一般包括以下全部因素或其中的几个因素：

（1）拥有能用于土建工程和（或）机器设备及其安装等投资的资金；

（2）具备提供有关工程设计、技术方案、实施施工监督、改进操作和维修等服务的能力；

（3）拥有一个按集中统一原则组织起来的，能协调各方面关系，促进各类要素合理配置，高效、精干的组织机构；

（4）具有改进与项目有关的价格、补贴、税收和成本回收等方面的政策，使项目能与所属部门和整个国民经济的发展目标协调一致，并提高项目自身的经济效益；

（5）拟定明确的项目目标以及项目的具体实施计划。

（二）投资项目的类型

根据不同的划分标准，投资项目可分为不同的类型。

1.根据其性质划分

根据其性质，投资项目可划分为基本建设项目和更新改造项目。

（1）基本建设项目，简称建设项目，即在一个总体设计或初步设计范围内，由一个或几个单项工程所组成的，经济上实行独立核算、行政上实行统一管理的建设单位。建设项目可划分为新建项目、扩建项目、恢复项目和迁建项目等不同的类型。

（2）更新改造项目，是固定资产更新和技术改造项目的简称，是指以新的设备、厂房、建筑物或其他设施替换原有的部分或以新技术对原有的技术进行改造的投资项目。基本建设项目与更新改造项目的主要区别在于：前者主要属于固定资产的外延扩大再生产，后者主要属于固定资产的简明再生产和以内涵为主的扩大再生产。在现实经济生活中，某些项目的性质是很难明确划分的。

2.根据其内容划分

根据其内容，投资项目可划分为工业投资项目和非工业投资项目。

（1）工业投资项目，简称工业项目，即国民经济中各工业部门（如钢铁、有色金属、煤炭、石油、化学、电力、机械、建材、轻工、纺织等工业部门）的投资项目。

（2）非工业投资项目，简称非工业项目，即除工业投资项目之外的所有投资项目，主要指农业、水利、林业、水产、铁路、公路、民航、邮政、电信、公用事业等部门的投资项目。

3.根据其用途划分

根据其用途，投资项目可划分为生产性投资项目和非生产性投资项目。

（1）生产性投资项目是指能为社会提供中间产品和最终消费产品的投资项目，如投资于生产机械设备和生产耐用消费品的项目，这类项目的收益主要体现为产品的销售收入。

（2）非生产性投资项目是指能为社会提供服务的投资项目，其成果主要是满足人们的物质文化生活需要，如投资于文化、教育、卫生、体育及非营利性基础设施的项目。

4.根据其资金来源划分

根据其资金来源，投资项目可划分为企业投资项目和政府投资项目。

（1）企业投资项目，是指由企业出资、筹划和决策的项目，包括企业使用政府补助、转贷、贴息投资建设的项目。此类项目的市场前景、经济效益、资金来源和产品技术方案等均由企业自主决策、自担风险。

（2）政府投资项目，是指由政府出资、筹划和决策的项目。按照政府是否出资，它可分为政府直接投资项目和政府决策项目。政府直接投资项目是指政府直接发起的项目，以全资、合资、入股等方式为项目提供权益资金；政府决策项目是指政府不出资，而由民间机构投资建设，但政府具有对项目进行取舍的决策、授权和监管的权利。

5.根据项目产出的性质划分

根据项目产出的性质，投资项目可划分为竞争性投资项目、基础性投资项目和公益性投资项目。

（1）竞争性投资项目，是指项目所属行业基本上不存在进入与退出障碍，行业内存在众多企业，企业所生产的产品之间存在同质性和可分性，项目以追求利润最大化为目标，如工业项目、商业项目、服务项目等。

（2）基础性投资项目，是指投资于为其他产业的发展提供基本生产资料和生产条件的基础产业的项目，如农业项目、基础工业项目和基础设施项目等。

（3）公益性投资项目，是指投资于为满足社会公众公共需要的项目。它可以分为两类：一类是免费供社会公众消费的项目，如城市道路、公园、义务教育和社会安全等投资项目；另一类是供社会公众有偿使用的项目，如公立高等学校、文化设施和新闻广播等投资项目。

此外，还可根据其他不同的标准，将投资项目划分为不同的类型，如根据项目的设计生产能力，可将其划分为大型投资项目、中型投资项目和小型投资项目等。

三、投资项目决策

（一）投资项目决策的含义

投资项目决策是指决策单位或决策者按照客观的建设程序，根据投资方向、投资布局的战略构想，在充分考虑国家的有关方针政策，广泛占有信息资源的基础上，对准备投资建设的项目进行技术、经济分析和多角度的综合分析，决定项目是否建设、在什么地方建设，选择并确定项目建设的较优方案的过程。

（二）投资项目决策的分类

从不同决策者的角度可将投资项目决策分为：

1.企业投资项目决策

它是指企业根据其总体发展战略，按照资源整合的需要，以获取经济效益、社会效益和提升企业可持续发展能力为目标，做出对项目是否进行投资的决定。

2.政府投资项目决策

它是指政府有关投资管理部门，根据经济和社会发展的需要，以实现经济调节、满足社会公共需要、促进经济社会可持续发展为目标，对政府投资的项目从社会公平、社会效益等方面进行分析，从而做出对项目是否进行投资的决定。

3.金融机构贷款项目决策

它是指按照"独立审贷、自主决策、自担风险"的原则，银行等金融机构对企业申请的投资项目贷款进行审查，通过对企业资信水平、经营管理能力、投资项目的盈利能力、偿还贷款的能力等方面的分析，决定是否给予贷款。

(三) 投资项目决策的一般程序

1.企业投资项目决策的程序

企业投资项目决策，特别是大型项目的投资决策，关系到企业的长远发展，应按照公司法人治理结构的权责划分，经经理层讨论后，报决策层审批，特别重大的投资决策还要报股东大会讨论通过。

根据《国务院关于投资体制改革的决定》的要求，对于企业不使用政府投资建设的项目，一律不再实行审批制，区别不同情况实行核准制和备案制。其决策程序也有所不同，如图1-1和图1-2所示。

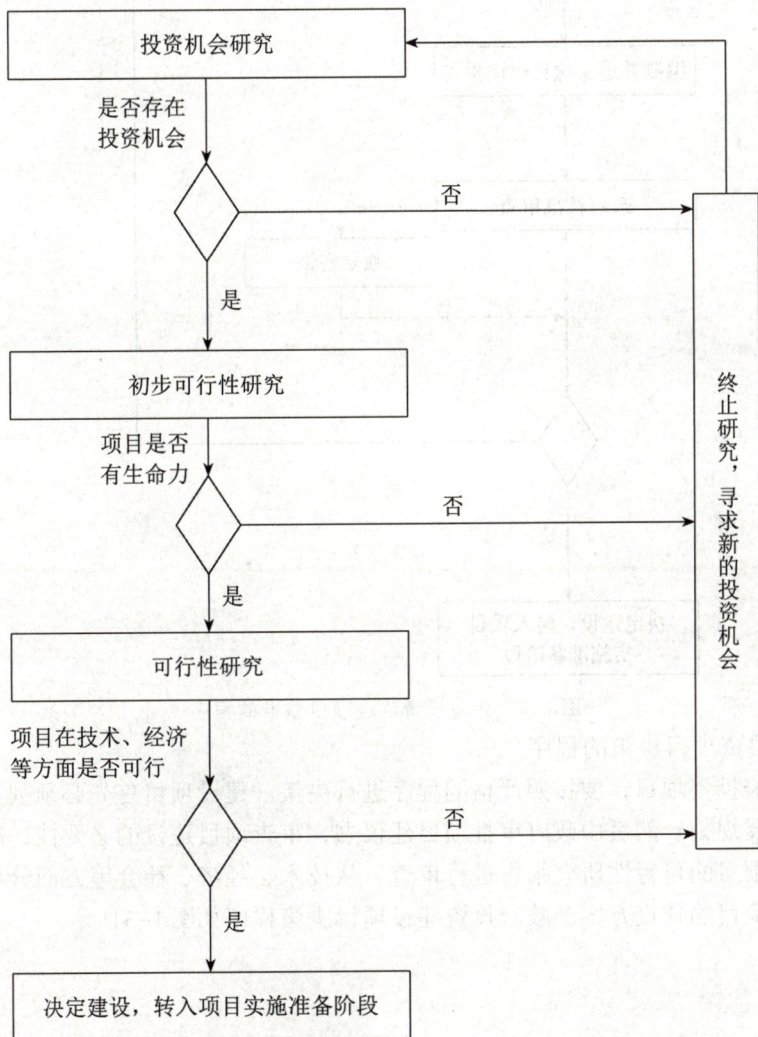

图1-1　企业投资建设项目备案的程序

企业投资项目决策是一个研究逐步深化的过程，从投资机会研究，到初步可行性研究，再到可行性研究和项目评估，分析逐步深入，建设项目的价值逐步明了，建设内容和方案逐步确定。

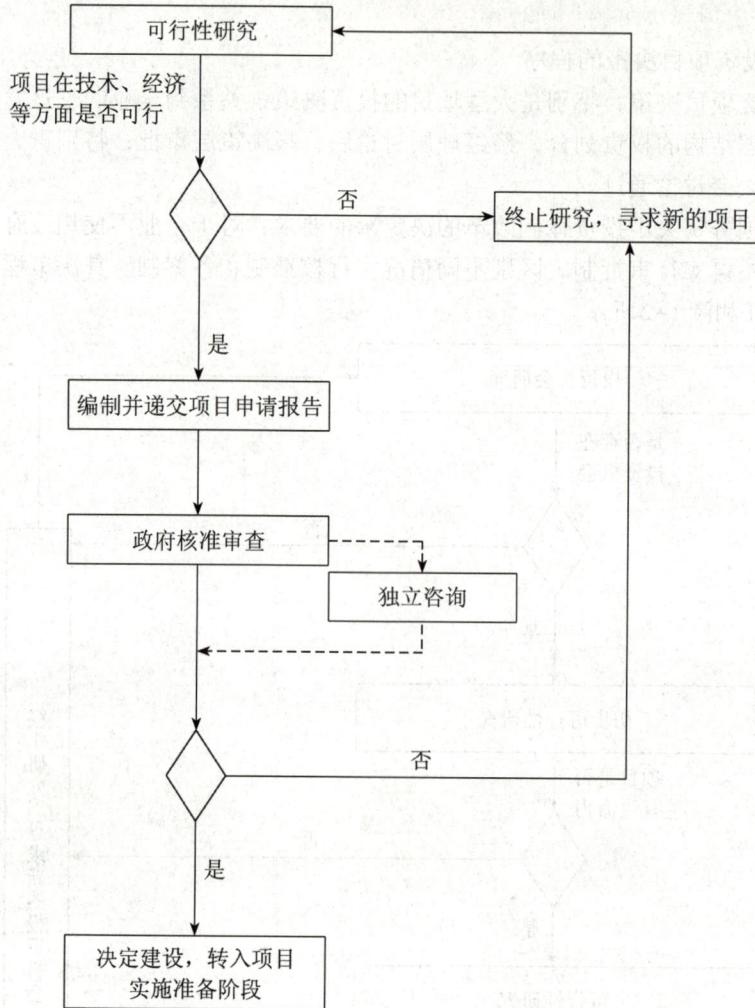

图1-2   企业投资建设项目核准的程序

2.政府投资项目决策的程序

对于政府投资项目，要按照严格的程序进行决策。建设项目首先必须列入行业、部门或区域发展规划，然后由政府审批项目建议书，审查项目建设的必要性，决定是否立项；最后对项目的可行性研究报告进行审查，从技术、经济、社会等方面分析项目的可行性，决定项目的建设方案。政府投资建设项目决策程序如图1-3所示。

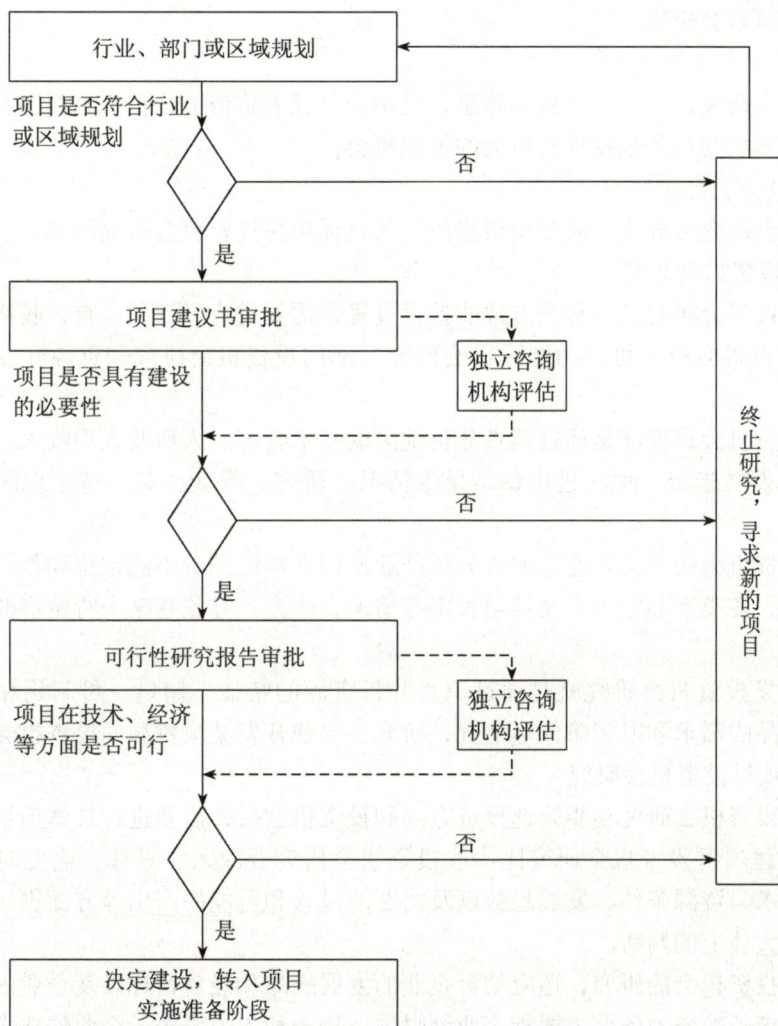

图 1-3 政府投资建设项目决策程序

知识拓展 1-1

《国务院关于
投资体制改革
的决定》

知识拓展 1-2

《企业投资项
目核准和备案
管理条例》

知识拓展 1-3

《政府投资条例》

第二节　投资项目分析评价的主要内容

对拟建项目分析评价的过程，是一个由粗到细、由浅入深的递进过程。这个过程主要包括投资机会研究、初步可行性研究（项目建议书）、可行性研究、项目申请报告等内容。

一、投资机会研究

（一）投资机会研究的目的

投资机会研究，又称投资机会鉴别，是指为寻找有价值的投资机会而进行的准备性调查研究。其主要目的是发现有价值的投资机会。

（二）投资机会研究的分类

投资机会研究可分为一般投资机会研究与具体项目投资机会研究两类。

1.一般投资机会研究

一般投资机会研究是一种全方位的搜索过程，需要进行广泛的调查，收集大量的数据。一般投资机会研究可分为地区机会研究、部门投资机会研究和资源开发投资机会研究。

地区投资机会研究就是通过调查分析地区的基本特征、人口及人均收入、地区产业结构、经济发展趋势、地区进出口结果等情况，研究、寻找在某一特定地区内的投资机会。

部门投资机会研究就是通过调查分析产业部门在国民经济中的地位和作用、产业的规模和结构、各类产品的需求及其增长率等情况，研究、寻找在某一特定产业部门的投资机会。

资源开发投资机会研究就是通过调查分析资源的特征、储量、可利用和已利用状况、相关产品的需求和限制条件等情况，研究、寻找开发某项资源的投资机会。

2.具体项目投资机会研究

在一般投资机会研究初步筛选投资方向和投资机会后，需要进行具体项目的投资机会研究。具体项目投资机会研究比一般投资机会研究要深入、具体，需要对项目的背景、市场需求、资源条件、发展趋势以及需要的投入和可能的产出等方面进行研究和分析，并做出大体上的判断。

企业对投资机会的研究，还应结合企业的发展战略和经营目标以及企业内外部资源条件。企业内外部资源条件主要指企业的财力、物力和人力资源，企业的技术和管理水平以及外部技术条件。

（三）投资机会研究的内容和重点

投资机会研究的内容主要包括市场调查、消费分析、投资政策、税收政策等。其研究重点是分析投资环境，如在某一地区或某一产业部门，对某类项目的背景、市场需求、资源条件、发展趋势以及需要投入和可能的产出等方面进行准备性的调查、研究和分析，从而发现有价值的投资机会。

二、初步可行性研究

（一）初步可行性研究的目的

初步可行性研究，又称预可行性研究，是指在投资机会研究的基础上，对项目方案进行初步的技术、经济分析和社会、环境评价，对项目是否可行做出初步的判断。

初步可行性研究的主要目的是判断项目是否具有生命力，是否值得投入更多的人力和资金。

（二）初步可行性研究的内容

我们以工业项目为例，说明初步可行性研究的内容。对一个工业项目而言，初步可行性研究的内容主要包括以下几项：

（1）项目建设的必要性和依据。

（2）市场分析和预测。

（3）产品方案、拟建规模和厂址环境。

（4）生产技术和主要设备。

（5）主要原材料的来源和其他建设条件。

（6）项目建设与运营的实施方案。

（7）投资初步估算、资金筹措与投资使用计划初步方案。

（8）财务效益和经济效益的初步分析。

（9）环境影响和社会影响的初步评价。

（10）投资风险的初步分析。

（三）初步可行性研究的重点和深度

初步可行性研究的重点，主要是根据国民经济和社会发展长期规划、行业规划和地区规划以及国家产业政策，经过调查研究、市场预测，从宏观上分析论证项目建设的必要性和可能性。

初步可行性研究的深度介于投资机会研究和可行性研究之间。在初步可行性研究中，项目投资和成本费用可主要采用相对粗略的估算指标法，有条件的也可采用分类估算法估算。

三、可行性研究

（一）可行性研究的目的和作用

可行性研究一般是在初步可行性研究的基础上进行详细分析、研究，通过对拟建项目的建设方案和建设条件的分析、比较、论证，从而得出该项目是否值得投资，建设方案是否合理、可行的研究结论，为项目的决策提供依据。

可行性研究的作用主要体现在以下几个方面：

（1）可行性研究是投资决策的依据。可行性研究对项目产品的市场需求、市场竞争力、建设方案、项目需要投入的资金、可能获得的效益以及项目可能面临的风险都要得出结论。对于企业投资项目，可行性研究的结论既是企业内部投资决策的依据；同时，对属于《政府核准的投资项目目录》内的项目，可行性研究又是编制项目申请报告的依据。对于政府投资项目，可行性研究是政府投资主管部门审批决策的依据。

（2）可行性研究是筹措资金和申请贷款的依据。银行等金融机构一般都要求项目业主提交项目可行性研究报告，通过对可行性研究报告的评估，分析项目产品的市场竞争力、采用技术的可靠性、项目的财务效益和还款能力，然后决定是否给项目提供贷款。

（3）可行性研究是编制初步设计文件的依据。按照项目建设程序，一般只有在可行性研究报告完成后，才能进行初步设计。初步设计文件应在可行性研究的基础上，根据审定的可行性研究报告进行编制。

（二）可行性研究的依据和要求

可行性研究的依据主要有：①项目建议书（初步可行性研究报告）及其批复文件；②国家和地方的经济社会发展规划、行业部门的发展规划以及企业发展战略规划等；③有关的法律、法规和政策；④有关机构发布的工程建设方面的标准、规范、定额；⑤拟建场（厂）址法人的自然、经济、社会概况等基础资料；⑥合资、合作项目各方签订的协议文件或意向书；⑦与拟建项目有关的各种市场信息资料或社会公众要求。

可行性研究的基本要求包括：①预见性。可行性研究不仅应对历史、现状资料进行研究和分析，更应该对未来的市场需求、投资效益进行预测和估算。②客观公正性。可行性研究必须坚持实事求是的原则，在调查研究的基础上，按照客观情况进行论证和评价。③可靠性。可行性研究应认真研究确定项目的技术经济措施，以保证项目的可靠性，同时，也应否定不可行的项目或方案，以避免投资损失。④科学性。可行性研究必须应用现代科学技术手段进行市场预测，运用科学的评价指标体系和方法分析评价项目的财务效益、经济效益和社会影响，为项目决策提供科学的依据。

（三）可行性研究的主要内容

项目可行性研究的内容，因项目的性质、行业特点有所不同。可行性研究的重点是研究论证项目建设的可行性，必要时还需要进一步论证项目建设的必要性。

项目可行性研究主要包括：项目建设的必要性、市场分析、建设方案、投资估算、融资方案、财务分析、经济分析、经济影响分析、资源利用分析、土地利用及移民搬迁安置方案分析、社会评价或社会影响分析、敏感性分析与盈亏平衡分析、风险分析、结论和建议等内容。

（四）可行性研究及其报告的深度要求

可行性研究及其报告应达到以下深度要求：①可行性研究报告应达到内容齐全、数据准确、论据充分、结论明确的要求，满足决策者定方案、定项目的需要；②可行性研究中选用的主要设备的规格、参数应能满足预订货的要求，引进技术设备的资料应能满足合同谈判的要求；③可行性研究中的重大技术、财务方案，应有两个以上方案的比选；④可行性研究中确定的主要工程技术数据，应能满足项目初步设计的要求；⑤可行性研究阶段对投资和成本的估算应采用分项详细估算法；⑥可行性研究确定的融资方案，应能满足项目资金筹措及使用计划对投资数额、时间和币种的要求，并能满足银行等金融机构信贷决策的需要；⑦可行性研究报告应反映可行性研究过程中出现的某些方案的重大分歧及未被采纳的理由，以供决策者权衡利弊进行决策；⑧可行性研究报告应附有供评估、决策审批所必需的合同、协议和政府相关部门的意见，出具相应行政许可文件。

四、项目申请报告

（一）项目申请报告的目的和作用

项目申请报告是指对《政府核准的投资项目目录》内企业投资的重大项目和限制类项目为获得政府投资主管部门行政许可而报送的项目论证报告。其目的是根据政府关注的公共管理要求，对拟建项目从规划布局、资源利用、征地移民、生态环境、经济和社会影响等方面进行综合论证，为企业投资项目核准提供依据。

项目申请报告是在项目可行性研究的基础上，重点论证项目的外部性、公共性等事项，其作用是维护经济安全、合理开发利用资源、保护生态环境、优化重大布局、保障公众利益和防止出现垄断。

（二）项目申请报告的主要内容

按照企业性质的不同，项目申请报告可分为企业投资项目申请报告、外商投资项目申请报告、境外投资项目申请报告等。

1.企业投资项目申请报告

企业投资项目申请报告一般包括以下几个方面的内容：

（1）申请单位及项目概况。

（2）发展规划、产业政策及行业准入分析。

（3）资源开发及综合利用分析。

（4）节能方案分析。

（5）建设用地、征地拆迁及移民安置分析。

（6）环境和生态影响分析。

（7）经济影响分析。

（8）社会影响分析。

（9）结论与建议。

2.外商投资项目申请报告

根据《外商投资项目核准和备案管理办法》的规定，拟申请核准的外商投资项目应按国家有关要求编制项目申请报告。外商投资项目申请报告应包括以下内容：

（1）项目及投资方情况；

（2）资源利用和生态环境影响分析；

（3）经济和社会影响分析。

外国投资者并购境内企业项目申请报告应包括并购方情况、并购安排、融资方案和被并购方情况，以及被并购后经营方式、范围和股权结构、所得收入的使用安排等。

3.境外投资项目申请报告

根据《境外投资项目核准和备案管理办法》的规定，境外投资项目申请报告主要包括项目名称、投资主体情况、项目必要性分析、背景及投资环境情况、项目实施内容、投融资方案、风险分析等内容。

知识拓展1-4

《国家发展改革委关于发布项目申请报告通用文本的通知》

第三节　投资项目评估

一、投资项目评估的概念

投资项目评估，也称投资项目咨询评估，是投资咨询机构根据政府投资主管部门、金融机构或企业等的委托，在项目投资决策之前，对项目建议书（初步可行性研究报告）、可行性研究报告或项目申请报告开展进一步的分析论证和再评价，权衡各种方案的利弊和潜在风险，判断项目是否值得投资，提出明确的评估结论，并对项目建设方案提出优化建议，从而为决策者进行科学决策或为政府核准项目提供依据的咨询活动。它是在可行性研究的基础上，根据国家有关部门颁布的政策、法规、方法、参数和条例等，从项目（或企业）、国民经济和社会的角度出发，由有关部门（包括银行、中介咨询机构等）对拟投资的项目建设的必要性、建设条件、生产条件、产品市场需求、工程技术、财务效益、经济效益和社会效益等进行全面分析论证，并就该项目是否可行提出相应职业判断的一项技术经济评价工作。它是对可行性研究的再研究。

二、项目评估的作用、原则和依据

（一）项目评估的作用

项目评估的作用主要体现在以下方面：

（1）有助于提高投资项目决策科学化水平，为投资主体和投资管理部门提供可靠的决策依据。

（2）有助于优化建设方案，提高投资效益，避免决策失误给投资主体带来损失。

（3）有助于提高投资项目前期工作质量，避免重复返工造成资源浪费。

（二）项目评估应遵循的原则

项目评估是投资决策的重要手段，投资者、决策机构、金融机构通常都以项目评估的结论作为实施项目决策和提供贷款的主要依据，所以，要保证项目评估结论的客观性。客观、公正地评估项目，需要坚持以下原则：

1. 考察因素的系统性

一个投资项目是否可行既受市场、技术、资源、经济、社会等因素的影响，也受项目技术水平、产品质量、产出物和投入物价格等内部因素的影响，还会受到外部配套条件、金融政策、税收政策和一定时期的区域规划等外部因素的制约。因此，在进行项目评估时，必须全面、系统地考虑，综合分析、评价项目的可行性。

2. 实施方案的最优性

投资决策的实质在于选择最佳投资方案，使投资资源得到最佳利用。项目评估时，应根据项目的具体情况（如生产规模、可利用的资源、投资的时间等）拟订若干个有价值的方案，并通过科学的方法分析、比较选择最佳的实施方案。

3. 选择指标的统一性

在进行项目评估时，判断项目是否可行或选择最佳实施方案需要采用一系列科学合理的技术经济指标，可以根据评估侧重点的不同选择不同的指标，但应力争选用指标的统一性。

4. 选取数据的准确性

项目评估是对有关拟建项目的各方面信息资料进行综合、加工、分析和评价的过程。数据来源可靠与否、准确与否，直接决定着项目评估结论的客观性和公正性。所以，在进行项目评估时，一定要选取数据来源可靠、准确的信息。

5. 分析方法的科学性

在项目评估中，要选择科学合理的分析和评价方法，既要考虑定性方法，又要考虑定量方法，更要考虑定性和定量相结合的方法。

（三）项目评估的依据

在现阶段，可作为项目评估主要依据的有：

（1）有关部门颁布的项目评估方法。

（2）国家计委和建设部发布的《建设项目经济评价方法与参数》。

（3）项目可行性研究报告、规划方案等。

（4）各有关部门的批复文件，如项目建设书、可行性研究报告的批复等。

（5）投资协议、合同、章程等。

（6）有关的方针、政策、法规、规定、办法等。

（7）其他有关信息资料。

三、项目评估的基本程序

就一般项目而言，其评估的程序大致如下：

（一）了解评估项目，做好准备工作

投资咨询公司或项目贷款机构在确定项目评估任务后，应及时组织力量参与待评估项目的有关调查、考察、文件编制和预审等工作。及时了解和掌握建设单位（项目业主）或项目主管部门对项目产品方案、拟建规模、建设地点及资金来源等方面的初步设想，以及对项目投资和效益等方面的希望和要求，确定在评估中需要着重解决的问题，明确评估目标。

（二）成立评估小组，制订工作计划

投资咨询公司或银行评估机构根据国家计委和有关部门下达的委托评估项目的特点及其复杂程度，采取不同的评估方式，成立包括经济、技术与市场分析等方面的专业人员在内的项目评估小组（或专家组），明确分工确定项目负责人，并制订评估工作计划。评估工作计划应明确评估的目的、任务、内容、时间进度、人员分工，以及评估报告编写完成的时间等内容。

（三）调查研究，收集资料，核查整理

评估小组负责人根据评估报告的内容进行明确的分工，各自开展工作，包括数据调查、估算、分析以及指标的计算等。

（四）论证与修改

编写出项目评估报告的初稿以后，首先要由评估小组成员进行分析讨论和论证，提出修改意见。对于评估报告，要注意前后的一致性，提出的每一个问题，要有充分的依据。根据所提出的意见进行修改以后方可定稿。

四、项目评估的内容

项目评估的目标是为投资项目科学决策提供依据。投资项目的性质不同，评估的内容也有所不同。

（一）项目建议书和可行性研究报告的评估

项目建议书和可行性研究报告评估是指项目建议书和可行性研究报告编制完成后，由另一家符合资质要求、委托入选的投资咨询单位再一次对拟建项目的技术、财务、经济、环境、社会、资源利用、投资风险等方面进行论证，对项目建议书和可行性研究报告所作结论的真实性和可靠性进行核实和评价，如实反映项目潜在的有利和不利因素，对项目建设的必要性、可能性和可行性做出明确的结论，为项目决策者提供依据。

1.项目建议书和可行性研究报告评估的范围

项目建议书和可行性研究报告评估通常在以下几种情况下进行：

（1）政府投资项目的项目建议书和可行性研究报告评估，一般都要经过符合资质要求、委托入选的工程咨询机构进行评估论证，项目建议书的评估结论是项目立项的依

据，可行性研究报告评估结论是政府投资决策的依据。

（2）企业投资者为了分析可行性研究报告的可靠性，进一步完善项目建设方案，往往聘请另一家咨询机构对初步可行性研究和可行性研究报告进行评估，作为企业内部决策的依据。

（3）拟对项目贷款的金融机构，一般自行组织专家组，有时委托投资咨询机构对可行性研究报告进行评估，评估结论是金融机构贷款决策的依据。

2.项目建议书、可行性研究报告与项目评估的关系

项目建议书、可行性研究报告的编制与项目建议书、可行性研究报告的评估，是项目前期工作的两项主要内容。两者同处于项目投资的前期阶段，出发点是一致的，都是以市场或社会需求研究为出发点，按照国家有关的法规、政策，将资源条件同产业政策与行业规划结合起来进行方案的选择。同时，两者的内容和方法基本一致，目的和要求基本相同，都是为提高项目投资科学决策的水平，提高投资效益、避免投资失误。因此，它们都属于项目前期工作的重要内容，都是为判定项目是否可行及投资决策所提供的咨询论证工作。但两者之间也存在以下区别：

（1）承担主体不同。项目建议书、可行性研究通常由项目法人或企业主持，按照合同委托咨询机构进行研究；项目评估由项目投资主管部门主持，委托符合资质要求、入选的工程咨询单位进行项目建议书、可行性研究报告的评估。

（2）评估角度和任务不同。可行性研究一般从行业角度出发，论证项目建设的必要性、市场前景、技术和经济的可行性，着重项目投资的微观效益；项目评估主要从国家和社会的角度出发，对报送的项目建议书、可行性研究进行系统的核实、评审，剔除评估结论和建议，着重项目投资的宏观效益。

（3）决策时序和作用不同。项目建议书、可行性研究在先，项目评估在后。项目建议书、可行性研究主要是项目法人和企业内部决策的依据，是项目评估的重要基础和前提；项目评估是可行性研究的延伸，是项目投资决策民主化、科学化的必备条件，其评估结论和建议是政府投资主管部门项目立项和决策的主要依据。

因此，项目建议书、可行性研究是项目投资决策的基础，是项目评估的重要前提。项目评估是可行性研究的延续、深化和再研究，独立地为决策者提供直接的、最终的依据。

（二）项目申请报告评估

项目申请报告评估是政府投资主管部门委托符合资质要求、入选的工程咨询单位对拟建企业投资项目从维护经济安全、合理开放利用资源、保护生态环境、优化重大布局、保障公共利益、防止出现垄断等方面进行评估论证，对项目申请报告中所评估的发展规划、产业政策和行业准入，资源开放和综合利用，节能方案，建设用地、征地拆迁及移民安置，环境和生态影响，经济和社会影响，主要风险及应对措施等内容的符合性、合理性、真实性和可靠性进行核实和评价。

项目申请报告咨询评估报告通常包括以下内容：

（1）申请单位及项目情况。

（2）发展规划、产业政策和行业准入评估。

（3）资源开放和综合利用评估。

（4）节能方案评估。

（5）建设用地、征地拆迁及移民安置评估。

（6）环境和生态影响评估。

（7）经济影响评估。

（8）社会影响评估。

（9）主要风险及应对措施评估。

（10）主要结论和建议。

知识拓展1-5

国家发改委《关于企业投资项目咨询评估报告的若干要求》

本章小结

投资是指经济主体（包括法人和自然人）为未来获得收益而于现在投入生产要素，以形成资产的一种经济活动。

项目评估中研究的投资是指能增加或恢复生产能力的直接投资，即项目投资，而不包括金融投资。

投资决策是指在可行性研究与项目评估的基础上对所投资项目的一些根本性问题进行的判断和决定。它分为企业投资项目决策、政府投资项目决策和金融机构贷款项目决策。

项目分析评价的过程，主要包括投资机会研究、初步可行性研究（项目建议书）、可行性研究、项目申请报告等内容。

投资项目评估是咨询机构根据政府投资主管部门、金融机构或企业等的委托，在项目投资决策之前，对项目建议书（初步可行性研究报告）、可行性研究报告或项目申请报告开展进一步的分析论证和再评价，权衡各种方案的利弊和潜在风险，判断项目是否值得投资，提出明确的评估结论，并对项目建设方案提出优化建议，从而为决策者进行科学决策或为政府核准项目提供依据的咨询活动。

基础知识练习

一、单项选择题（每题的备选项中，只有1个最符合题意）

1.项目投资机会研究的重点是（　　）。

A.从宏观上论证项目建设的必要性和可能性

B.分析投资环境

C.对建设投资和生产成本进行粗略估算

D.筛选投资机会和投资方向

2.投资机会研究的目的是（　　）。

A.发现有价值的投资机会

B.分析投资环境

C.对建设投资和生产成本进行粗略估算

D.筛选投资机会和投资方向

3.初步可行性研究的重点是（　　）。

A.鉴别投资机会　　　　　　　　　B.投资环境分析

C.论证项目建设必要性和可能性　　　D.论证项目建设的可行性

4.关于可行性研究的作用，说法不正确的是（　　）。

A.可行性研究是投资决策的依据

B.可行性研究是筹措资金和申请贷款的依据

C.可行性研究是编制项目初步设计文件的依据

D.可行性研究是进行主要设备、材料预订货的依据

5.可行性研究的重点是（　　）。

A.通过研究，判断项目的投资机会是否具备

B.研究论证项目建设的可行性，必要时还需进一步论证项目建设的必要性

C.论证项目建设的必要性

D.为政府主管部门和企业内部决策提供依据

6.下列项目类型中，（　　）需要编制项目申请报告。

A.政府投资项目　　　　　　　　　　B.政府投资、企业代建的项目

C.实行政府备案制的企业投资项目　　D.政府核准制的企业投资项目

二、多项选择题（每题的备选项中，有2个或2个以上符合题意，至少有1个错误选项）

1.按照决策者的角度，可将项目决策分为（　　）。

A.企业投资项目决策　　　B.政府投资项目决策　　　C.金融机构贷款决策

D.项目审批决策　　　　　E.项目评估决策

2.下列属于可行性研究依据的有（　　）。

A.项目建议书（初步可行性研究报告）及其批复文件

B.项目建设的设计图纸

C.有关的法律、法规和政策

D.合资、合作项目各方签订的协议文件或意向书

E.与拟建项目有关的各种市场信息资料或社会公众要求

3.可行性研究的深度要求包括（　　）。

A.可行性研究中选用的设备的规格、参数应能满足预订货的要求

B.可行性研究中的重大技术、财务方案，应有两个以上方案的比选

C.可行性研究中确定的主要工程技术数据，应能满足项目施工图设计的要求

D.可行性研究阶段对投资和成本的估算应根据需要采用不同的方法

E.可行性研究中引进设备的资料应能满足合同谈判的要求

4.项目申请报告主要从（　　）方面进行论证。

A.维护社会安全　　　　B.项目规划布局　　　　C.项目财务效益

D.资源综合利用　　　　E.经济和社会影响

三、简答题

1.项目评估的作用主要体现在哪些方面？

2.政府投资项目应按怎样的程序进行决策？

3.项目可行性研究包括哪些阶段和内容？

4.项目申请报告适用于哪些项目？其主要内容有哪些？

5.在投资项目评估过程中，应遵循哪些基本原则？其主要依据有哪些？

6.投资项目评估应按怎样的程序进行？

7.投资项目评估根据投资项目的性质，其评估的主要内容有什么不同？

8.说明可行性研究与项目评估的联系与区别。

第一章自测题

第二章 投资项目概况、发展规划、产业政策和行业准入评估

学习目标

通过本章的学习，学生应了解投资项目概况评估的概念以及评估的基本方法；掌握投资项目发展规划评估、产业政策评估、行业准入评估、自主创新和采用先进技术评估以及项目建设必要性评估的内容。

学习要求一览表

能力模块	能力要求	相关知识点
投资项目概况评估	掌握投资项目概况评估的内容	（1）项目提出背景评估 （2）项目发展概况评估 （3）项目投资环境评估
发展规划、产业政策和行业准入评估	掌握投资项目发展规划评估、产业政策评估、行业准入评估、自主创新和采用先进技术评估和项目建设必要性评估的内容	（1）发展规划评估 （2）产业政策评估 （3）行业准入评估 （4）自主创新和采用先进技术评估 （5）项目建设必要性评估

第一节 投资项目概况评估

投资项目概况评估是根据投资者提供的有关资料，围绕项目投资者、项目提出背景、项目的审批程序、项目发展概况和项目投资环境等方面所做的调查、研究、分析、考察与评价工作。通过投资项目的概况评估，可以判断项目提出的背景是否成立、审批是否符合有关规定、项目的发展前景是否能保证项目及时付诸实施，以及项目所处的环境是否有利于项目建设。

一、项目投资者评估

（一）投资者的经济技术实力

投资者的经济技术实力是指投资者现有的资产、负债、人员构成及各项技术经济指标等情况。具有相应的经济技术实力是投资者投资的基本条件，具体包括以下内容：

1.历史沿革

审查分析投资者的创立和发展过程、隶属关系和体制变化的情况，从而掌握企业的特点和发展变化过程。

2.经济实力分析

通过了解投资者的注册资本、固定资产原值与净值（可能的情况下要了解重估值）以及流动资产情况，特别是企业近年来（一般是最近3年）的财务状况，判断投资者的资产拥有量和负债状况，分析投资者是否具有足够的经济实力来保证投资项目的顺利实施。

3.技术实力分析

其主要分析投资者的技术开发组织机构是否健全，专业技术人员数量、专业结构、层次构成，工艺技术装备水平，研究与开发能力等，从而评估投资项目的职工配置合理性和技术水平。

4.经营状况分析

其主要分析投资者目前的利税水平、产销率、市场占有率、产品优良品率等，据此，全面评估与分析投资者的经营状况。

（二）投资者的管理水平

投资者的管理水平是指管理人员特别是高级管理人员的政治业务素质、经历、管理能力、知识结构及年龄结构，其机构的设置及合理性，经营管理方面的主要业绩，已开发的投资项目的管理情况等，据此判断投资者的管理水平，分析其是否具有管理投资项目的能力（包括建设期和生产期）。此外，还应了解投资者尤其是高层管理人员对项目后续发展，包括产品结构、质量和产量等的设想与安排。

（三）投资者的资信程度

投资者的资信程度是指投资者的筹资能力和信用程度。对投资者筹资能力的考察与评估可以通过投资者开户的金融机构进行调查，一般来讲，可以要求有关金融机构或其他部门做出提供资金的允诺。投资者的信用程度是指投资者的金融信用和经营信用。金融信用主要是指借款按期偿还率，通过向为投资者提供贷款的金融机构或其他部门了解借款的偿还情况，看其是否按期归还了借款。经营信用主要是指投资者对供销、技术服务和技术咨询、售后服务等经济合同的履约率，可以通过对有关单位的调查、研究，进而判断投资者经济合同的履约情况。

二、项目提出背景评估

（一）项目宏观背景评估

评估项目的宏观背景主要是评估项目是否符合国家一定时期的方针、政策、规划等，这是项目是否可行的主要依据。

第一，要考察项目是否与有关部门一定时期的方针、政策相符。评估人员应该掌握各级政府一定时期的方针、政策，并分别论述其要点，把项目的动机与这些要点进行比较。

第二，要考察项目是否与各级政府及有关部门的长远规划相符。项目评估人员要充分研究这些规划，并考察项目建设与这些规划的关系，项目是否包括在规划内。

(二)项目微观背景评估

第一，考察项目发起单位，看其经济技术实力如何，能否承担项目。其主要从投资者的规划、管理水平、信誉级别、筹资能力、技术能力、人力等方面进行考察。

第二，考察项目投资的理由，看该项目的投资能给地方、部门和企业带来什么好处；同时，考察项目投资者提出的理由是否充分。

三、项目发展概况评估

项目发展概况是指评估前在项目发展过程中所做的工作，主要指已做过调查研究的项目内容及其成果，已做过的试验试制工作情况和建设地点及可供选择的厂址（路线）的初选意见等。

(一)已做过调查研究的项目内容及其成果

判断一个拟建项目是否具有可行性，需要对有关市场、技术、资源、经济和社会等各方面进行全面考察和系统分析。项目评估人员应了解拟建项目在论证过程中是否考虑了所有重要因素，是否开展过资源调查、市场调查和环境现状调查等工作；做到了什么程度，取得了哪些成果，这些成果是否符合要求；对所有上述问题要在项目发展概况中进行论述和分析并提出结论性意见。

(二)已做过的试验试制工作

已做过的试验试制工作，常指一项科研成果或引进技术在投资项目应用之前所进行的有关试验、试制工作。能够应用于项目的科研成果，至少应在项目评估之前完成中间试验或大试。评估人员要对项目所用技术进行分析，看其是否属于新的科研成果、高新技术或适用技术，是否通过中间试验或大试，有关部门是否出具了相应的鉴定材料，应用条件是否成熟，是否有能力和技术实力消化、吸收引进技术。

(三)建设地点及可供选择的厂址（路线）的初选意见

评估人员应了解从项目建议书到可行性研究阶段所提出的各种厂址（路线）的选择方案，分析各选址方案的自然条件、社会经济条件及其主要优缺点，分析评估各个可供选择的建设地点及厂址位置的初勘、测量、比选等情况，提出初选意见。

四、项目投资环境评估

项目投资环境主要从社会政治环境、经济环境、自然环境、技术环境、物质环境等方面进行评估。

(一)社会政治环境及其评估

社会政治环境是投资环境中最敏感的因素，包括政治环境、社会意识形态和法律建设等。

政治环境重点考察评估项目所在国或地区的政局稳定性、政策的连续性、社会安定情况、政府对投资者的态度，以及政府能力和办事效率等。社会意识形态重点考察项目所在地区人们的风俗习惯、宗教信仰、价值观念、生活方式、社会关系和文化素质等。对法律建设的评估是要考察与项目实施有关的法规的建设是否完善、是否有效，能否保障投资者的权益等。

（二）经济环境及其评估

经济环境评估主要是对经济发展水平、经济结构和生产要素市场及其结构进行评估，分析考察全国或某地区的经济发展现状和趋势、经济发展稳定程度；项目所在地的劳务、资金、生产资料和土地供应等情况，以及市场机制、市场政策、市场规模与发展趋势，并且将其与市场距离、运输条件、税收优惠程度等条件结合起来进行综合分析。

（三）自然、技术和物质环境及其评估

自然、技术和物质环境包括自然环境、技术环境和基础设施等。对自然环境的评估主要考察项目所在地的地理位置和自然资源。对于地理位置，要说明其交通便利程度、地质情况、气候条件等。对于自然资源，要分析各种满足投资需要的物质资源的品种、产量、分布状况、品位高低、可供经营期及是否有投资价值。对技术环境的评估是要考察相应时期的技术政策、科技发展水平、科技人员素质及数量、科技结构与组织结构等。对基础设施的评估主要考察项目所在地的运输条件、通信条件和公用设施等能否满足项目建设和发展的要求。

第二节　项目发展规划、产业政策和行业准入评估

项目建设所涉及的发展规划，通常是指与项目建设密切相关的"三级三类"规划，即国家级、省（自治区、直辖市）级、市县级的总体规划、专项规划和区域规划，例如国民经济和社会发展规划、行业/产业规划、城市规划、城镇体系规划、环境保护规划、安全规划、节能规划等。

项目建设所涉及的产业政策主要是指产业指导目录以及国务院各部门发布的、指导产业发展的工作方案、管理办法、暂行规定、指导意见、通知等，例如《政府核准的投资项目目录》《外商投资产业指导目录》《西部地区鼓励类产业目录》《工业和信息化部关于促进化工园区规范发展的指导意见》等。

项目建设所涉及的行业准入是指国家发展和改革委员会及工业和信息化部为了规范市场，保护企业在规范的市场中良性竞争，根据行业发展情况而设定门槛条件的行业政策。符合准入条件的，允许发展，不符合准入条件的，要限期退出或者整改，例如《稀土行业规范条件》《焦化行业准入条件》等。

通过发展规划、产业政策和行业准入评估，主要论证拟建项目目标是否符合有关规划要求，内容是否衔接和协调，是否符合有关产业结构调整、产业空间布局、产业发展方向、产业创新等政策要求，是否符合相关行业准入标准等。

一、发展规划评估

发展规划评估，就是针对国家发展规划和地方发展规划，分析拟建项目是否符合有关的国民经济和社会发展总体规划、专项规划、行业规划等内容，是否符合相关的区域规划、城市总体规划、城镇体系规划等各类地方规划内容，评价项目目标是否与规划内容相衔接、协调，提出拟建项目与有关内容的衔接性及目标一致性等评估结论。

二、产业政策评估

产业政策评估主要评估拟建项目的工程技术方案、产品方案等是否符合有关产业结

构调整、产业空间布局、产品发展方向、产业技术创新等法律法规、产业政策的要求。

（一）产业结构政策评估

分析拟建项目是否符合国家产业结构调整政策和地方产业结构调整政策，是否有利于促进产业结构升级和技术进步、促进产品更新换代或资源优化配置。

（二）产业技术政策评估

分析拟建项目采用的技术是否属于高新技术，是否贯彻执行了国家技术装备政策，是否拥有自主知识产权和自主创新能力。

（三）产业空间布局和产业发展方向评估

评估拟建项目是否符合国家产业规划和空间布局，是否属于已经批准的行业规划或区域规划内的项目；是否符合地区或区域规划布局，是否与城市规划相一致；是否属于国家或地方的专项规划内容。

三、行业准入评估

分析有关行业准入的法律、法规、规章和国家有关规定对拟建项目的要求，评估拟建项目和项目建设单位是否符合有关行业准入标准的规定。

四、自主创新和采用先进技术评估

对于采用先进技术和科技创新的企业投资项目，分析拟建项目产品技术方案的技术创新水平、先进技术的采用情况、技术路线的先进性、技术装备国产化或本土化程度，评估是否符合增强自主创新能力、建设创新型国家的发展战略要求，是否符合国家科技发展规划要求。

五、项目建设必要性评估

在发展规划、产业政策、行业准入等分析评估的基础上，评估拟建项目目标及功能定位是否合理，是否符合与项目相关的各类规划要求，是否符合相关法律法规、宏观调控政策、产业政策等规定，是否满足行业准入标准、重大布局优化、自主创新和采用先进技术等要求，对项目建设的必要性提出评估结论。

本章小结

投资项目概况评估主要围绕项目投资者、项目提出背景、项目审批程序、项目发展概况和项目投资环境等方面进行。

项目建设必要性评估是指项目评估者从宏观和微观两方面就是否应当组织有关投资项目建设提出建议和评价的工作。

基础知识练习

一、单项选择题（每题的备选项中，只有1个最符合题意）

1.下列选项中，（　　）不属于项目建设所涉及的规划。

A.国民经济和社会发展规划　　　　　　B.企业发展规划

C.行业/产业规划　　　　　　　　　　D.环境保护规划

2.（　　）是投资环境中最敏感的因素。

A.社会政治环境　　B.经济环境　　　　C.自然环境　　　　D.技术环境

3.下列选项中，（　　）不属于自然、技术和物质环境的内容。

A.自然环境　　　　B.技术环境　　　　C.基础设施　　　　D.原材料供应

4.投资项目行业准入评估的依据不包括（　　）。

A.《钢铁行业准入条件》　　　　　　　B.行业/产业规划

C.《焦炭行业准入条件》　　　　　　　D.《稀土行业准入条件》

二、多项选择题（每题的备选项中，有2个或2个以上符合题意，至少有1个错误选项）

1.投资者的经济技术实力评估包括的内容有（　　）。

A.历史沿革　　　　B.项目盈利能力分析　　　　C.经济实力分析

D.技术实力分析　　　　E.经营状况分析

2.投资者的信用程度是指（　　）。

A.金融信用　　　　B.个人信用　　　　C.经营信用

D.履约信用　　　　E.质量信誉

3.产业政策评估主要包括（　　）。

A.产业结构政策　　　　　　　　B.发展规划评估

C.产业技术政策　　　　　　　　D.产业空间布局和产业发展方向评估

E.行业准入评估

三、简答题

1.什么是投资项目概况评估？其作用是什么？

2.投资项目概况评估需要对哪些内容进行评估？

3.项目投资者评估应包括哪些内容？

4.项目提出背景评估的宏观背景和微观背景分别指什么？

5.项目发展概况评估应对哪些内容进行评估？

6.什么是投资环境评估？投资环境包括哪些主要内容？

7.说明拟建项目发展规划评估的内容。

8.说明拟建项目产业政策评估的内容。

9.说明拟建项目行业准入评估的内容。

10.说明拟建项目建设必要性评估的内容。

第二章自测题

第三章 市场分析

学习目标

通过本章的学习，要求学生了解市场研究、市场预测的概念、基本内容和基本方法；掌握市场预测一元线性回归分析、弹性系数法、移动平均法和指数平滑法等定量分析方法；掌握德尔菲法的应用程序及适用范围；掌握SWOT分析方法及应用。

学习要求一览表

能力模块	能力要求	相关知识点
市场调查	掌握市场调查的内容和方法	（1）市场调查的内容 （2）市场调查的程序 （3）市场调查的方法
市场预测	掌握市场预测的内容和方法	（1）市场预测的内容 （2）市场预测的程序 （3）市场预测的基本方法
市场预测的定量分析法	掌握常用定量预测的方法	（1）一元线性回归分析 （2）弹性系数法 （3）移动平均法 （4）指数平滑法
市场预测的定性分析法	掌握德尔菲法	（1）德尔菲法的程序 （2）德尔菲法的运用范围 （3）德尔菲法的利弊分析
市场竞争分析	（1）了解行业竞争结构分析 （2）掌握SWOT分析	（1）行业竞争结构分析 （2）SWOT分析

市场分析是投资项目评估的基础，通过对投资项目投入物和产出物的市场容量、价格、市场竞争格局等进行调查、分析和预测，为确定投资项目的目标市场、生产规模和产品方案提供充分的依据。

市场分析主要包括市场调查、市场预测和市场战略三个层面的内容。

第一节 市场调查

一、市场调查的内容

市场调查的内容因投资项目的不同会有所差异。从投资项目评估的角度出发，市场调查应该包括市场需求调查、市场供应调查、消费调查和竞争者调查等相关内容。

（一）市场需求调查

市场需求调查主要是对产品市场需求的数量、价格、质量、区域分布等相关内容的历史情况、现状和未来的发展趋势进行调查分析。它包括市场有效需求调查、市场潜在需求调查和需求的增长速度调查。有效需求是指消费者在现阶段具有货币支付能力的需求。潜在需求是指消费者在现阶段无法实现，但随着收入的提高或者产品价格的下降，在未来可以实现的有效需求。需求的增长速度是影响投资项目建成投产后市场需求的主要因素，是由现时市场需求预测未来市场需求的关键因素。

（二）市场供应调查

市场供应调查主要是调查产品的市场供应能力、生产能力以及市场供应与市场需求的差距，即调查产品的供应现状、潜在的供应能力。

（三）消费调查

消费调查主要是了解和分析项目产品可能的消费群体、消费者的购买能力和习惯、消费演变的历史和发展趋势等。

（四）竞争者调查

竞争者调查是对同类产品的生产企业的生产技术水平、经营状况和生产规模进行调查，例如企业数量、产品的市场占有率、生产能力、销售数量和渠道、成本状况、管理能力、盈利水平等。目的是了解竞争对手的现状和发展趋势，进而制定有效的竞争策略。

二、市场调查的程序

根据市场调查实践，市场调查一般分为调查准备、调查实施和分析总结三个阶段。

（一）调查准备阶段

调查准备是调查工作的开始，关系到调查工作的顺利开展和调查质量的高低。准备阶段主要是确定调查的目的和基本要求、调查的范围和规模、调查力量的组织等内容，并制订切实可行的调查工作计划和调查方案。

（二）调查实施阶段

调查实施就是实施调查计划、落实调查方案。它是市场调查最重要的环节。在这个阶段，就是组织调查人员深入实际，系统、全面地收集投资项目所需要的各种可靠资料和数据。

（三）分析总结阶段

分析总结阶段是形成调查结果的阶段。调查人员通过分析整理、综合分析等对收集到的资料和数据进行整理、加工，使之系统化和条理化，从而掌握市场需求的情况以及影响市场需求各相关因素之间的联系，揭示市场变化的规律。

三、市场调查的类型与方法

（一）市场调查的类型

按照调查样本范围的大小，市场调查可分为市场普查、重点调查、典型调查和抽样调查。

1.市场普查

市场普查，就是对市场有关母体（又称总体）即所要认识的研究对象的全体，进行逐一、普遍、全面的调查。

市场普查具有收集的信息资料比较全面、系统、准确、可靠的优点，但由于其涉及面广、工作量大、时间较长，而且需要大量的人力和物力，组织工作较为繁重等原因而受到限制。

2.重点调查

重点调查是一种非全面调查。它是在调查对象中只选择少数重点单位所进行的调查。重点调查的特点是省时、省力，能反映总体的基本情况。能否开展重点调查是由调查任务和调查对象的特点所决定的。当调查任务只要求掌握基本情况，而且调查对象中又确实存在重点单位时，方可实施。

重点调查常用于有关产品需求和原材料资源需求的调查。

3.典型调查

典型调查就是在对调查对象作初步了解的基础上，根据调查的目的和要求，有意识地从中选择一部分具有代表性的单位、市场区域或产品，对其进行全面、系统、周密细致的调查，并以此估计总体情况的一种调查方式。典型调查是一种面对面的直接调查，能获得比较真实可靠、生动具体的第一手资料，有利于对事物的性质做出准确的判断，同时能节省人力、时间和经费。

4.抽样调查

抽样调查是根据部分实际调查结果来推断总体的一种调查方法，属于非全面调查的范畴。它是按照科学的原理和计算方法，从若干单位组成的事物总体中，随机抽取部分样本单位来进行调查、观察，用得到的调查数据代表总体、推断总体。抽样调查具有经济性好、实效性强、适应面广、准确性高等特点。

（二）市场调查的方法

市场调查的方法可分为文献调查法、实地调查法、问卷调查法、实验调查法等类型。调查人员应根据收集信息的能力、调查成本、时间要求、样本控制以及人员效应的控制程度等因素合理选择调查方法。

1.文献调查法

文献调查法是利用企业内部和外部现有的各种信息、情报，对调查内容进行分析研究的一种调查方法。

文献资料的来源渠道非常丰富，主要有：①统计部门以及各级、各类政府主管部门公布的有关资料。②各种经济信息中心、专业信息咨询机构、各行业协会和联合会提供的信息和有关行业情报。③国内外有关书籍、报纸、杂志所提供的文献资料，包括各种统计资料、广告资料、市场行情和各种预测资料等。④有关生产和经营机构提供的商品目录、广告说明书、专利资料及商品价目表等。⑤各种国际组织、学会团体、外国使馆、商会所提供的国际信息。⑥国内外各种博览会、展销会、交易会、订货会以及专业性、学术性经验交流会上所发放的文件和材料。⑦互联网资料。

2.实地调查法

实地调查法是一种直接调查法，是指调查人员通过对调查对象的跟踪、记录来获取所需要的第一手资料。这种方法是调查人员直接深入市场或某些场所，用自己的感官或借助观察仪器直接"接触"研究对象，跟踪、记录调查对象的活动、行为和事物的特点，获得所需要的直观、具体、生动的资料。

3.问卷调查法

问卷调查法是调查人员通过面谈、电话咨询、网上调查、了解调查对象的市场行为等方式，来收集市场信息的一种调查方法。由于问卷调查法具有简便易行、经济的优点，因而被广泛、大量使用。其核心是设计问卷，实施问卷调查。

4.实验调查法

实验调查法也称试验调查法，是指实验者按照某种实验假设，通过改变某些影响调查对象活动、行为的因素来观察调查对象消费行为的变化，从而认识实验对象的本质及其发展变化规律的一种调查方法。实验调查法是最复杂、费用较高、应用范围有限的一种方法，但调查结果的可信度较高。

实验调查法主要应用于消费行为的调查。

第二节 市场预测

市场预测，是指在市场调查的基础上，运用预测理论与方法，对决策者关心的变量的变化趋势和未来可能达到的水平做出估计与测算，为决策提供依据的过程。市场预测是为决策提供信息服务的重要手段，是正确决策的基础。

一、市场预测的基本内容

市场预测是市场调查的内容在时间上的延伸。投资项目市场预测的内容主要侧重以下两个方面：

1.市场需求预测

市场需求预测包括国内市场需求预测和产品出口与替代进口分析。

国内市场需求预测主要是预测需求量和销售量。需求量是指未来市场上具有支付能力的需求总量。销售量是指拟建项目的产品在未来市场上的销售数量。

产品出口与替代进口分析，一般通过项目产品与有代表性的国外同类产品在产品价格、成本、设计、质量、花色、包装、生产效率等方面的对比，发现项目产品的优势和劣势、产生的原因和对策，并估计产品出口和替代进口的可能的数量。

2.价格预测

在市场经济条件下，产品价格以均衡价格为基础，供求关系是价格形成的主要影响因素。价格预测除应考察市场供求关系外，还应了解劳动生产率、成本、利润等影响产品价格的因素。通过价格预测，掌握项目产品和投入物未来价格的变化趋势。

二、市场预测的程序

市场预测的程序如图3-1所示。

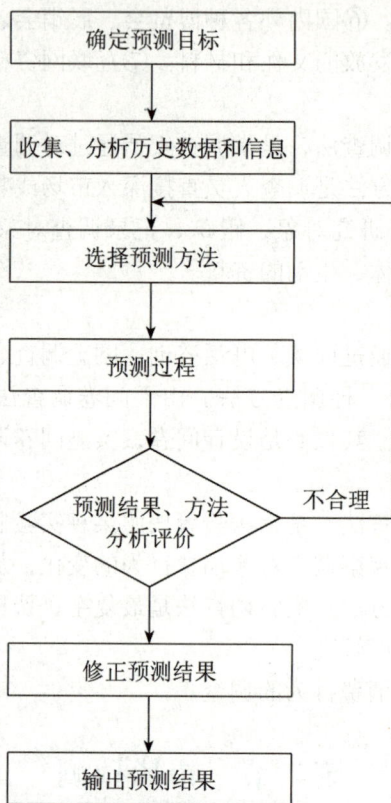

图 3-1　市场预测的程序

三、市场预测的基本方法

市场预测的方法包括定性预测法和定量预测法。

定性预测法是指预测人员根据已经掌握的市场信息资料，凭借专家个人和群体的经验、知识，运用一定的方法，对市场未来的发展趋势、发展规律和发展态势做出主观上的判断和描述。定性预测法主要包括类推预测法、专家会议法和德尔菲法。

定量预测法是指依据市场的历史数据和现状数据，选择和建立合适的数学模型，分析研究市场的发展变化规律并对市场未来的发展做出预测。定量预测法主要包括因果性预测法、延伸预测法和其他方法等。

因果性预测法主要通过寻找变量之间的因果关系，分析自变量对因变量的影响程度，利用数学模型对事物的未来进行预测。因果性预测法包括回归分析法、消费系数法、弹性系数法等，采用因果性预测法要求所收集的历史数据之间存在关联性。

延伸预测法是通过对市场上各种变量的历史数据的分析，发现变量之间的变化规律，然后利用这种变化规律，建立相应的数学模型对事物的未来进行预测。延伸预测法主要包括移动平均法、指数平滑法、趋势外推法和季节变动分析法等，适用于具有时间序列关系的数据预测。

其他方法是指未包括在以上两种方法内的，需要借助复杂的数学模型来模拟现实经济结构，分析经济现象的各种数量关系，进而提高人们认识经济现象的深度、广度和精确度的方法，如经济计量分析、投入产出分析等。

市场预测的方法体系如图3-2所示。

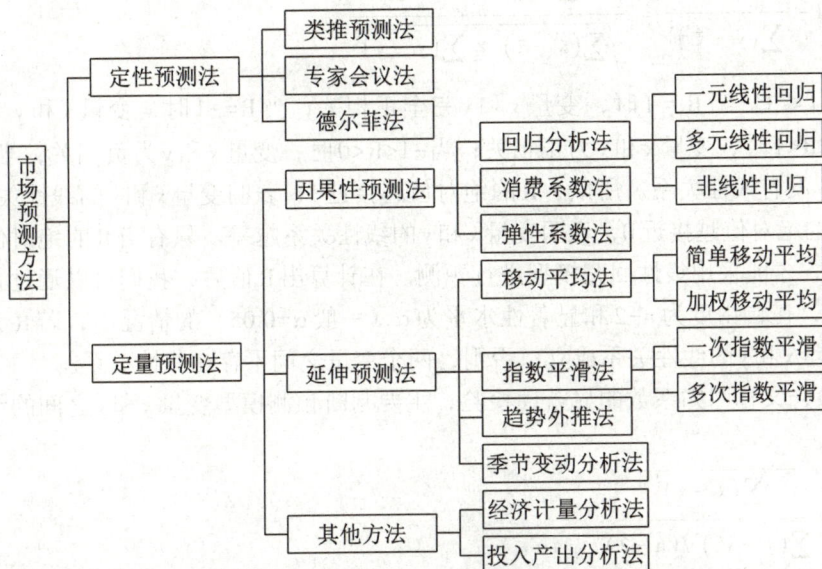

图3-2　市场预测的方法体系

四、一元线性回归分析法

(一) 基本公式

如果预测对象与主要影响因素之间存在着线性关系，将预测对象作为因变量，影响因素作为自变量，它们之间的关系就可以用一元线性回归模型表示为如下形式：

$y=a+bx$

可以利用最小二乘法原理求出回归系数a和b：

$$b=\frac{\sum x_i y_i - \bar{x} \sum y_i}{\sum x_i^2 - \bar{x} \sum x_i}$$

$$a = \bar{y} - b\bar{x}$$

其中，x_i、y_i分别是自变量x和因变量y的观察值，$\bar{x}$、$\bar{y}$分别为x和y的平均值。

$$\bar{x} = \frac{\sum x_i}{n}$$

$$\bar{y} = \frac{\sum y_i}{n}$$

其中，n为样本的数量。

(二) 回归检验

利用回归模型进行预测时，需要对回归系数、回归方程进行检验，以判断预测模型的合理性和适用性。检验方法有方差分析、相关系数检验、t检验等。对于一元线性回归，这些检验的效果都是相同的。一般情况下，选择其中一项检验即可。这里，我们仅介绍相关系数检验和t检验。

相关系数是描述两个变量之间线性相关关系密切程度的数量指标，用R表示。

$$R = \sqrt{1 - \frac{\sum(y_i - y'_i)^2}{\sum(y_i - \bar{y}_i)^2}} = \frac{\sum(x_i - \bar{x})(y_i - \bar{y})}{\sqrt{\sum(x_i - \bar{x})^2 \times \sum(y_i - \bar{y})^2}}$$

其中，$|R| \leq 1$。当 $R = 1$ 时，变量 x 和 y 完全正相关；当 $R = -1$ 时，变量 x 和 y 完全负相关；当 $0 < R < 1$ 时，变量 x 和 y 为正相关；当 $-1 < R < 0$ 时，变量 x 和 y 为负相关；当 $R = 0$ 时，变量 x 和 y 没有线性关系。所以，R 的绝对值越接近 1，表明变量 x 和 y 的线性关系越好；反之，R 的绝对值越接近 0，表明变量 x 和 y 的线性关系越差。只有当 R 的绝对值大到一定程度时，才能采用线性回归模型进行预测。在计算出 R 值后，我们可以通过查相关系数检验表，在自由度为 n-2 和显著性水平为 α（一般 $\alpha=0.05$）的情况下，若 R 大于临界值，则变量 x 和 y 的线性关系成立；否则，两个变量之间不存在线性关系。

t 检验，又称回归系数的显著性检验，主要判断预测模型变量 x 和 y 之间的线性假设是否合理。

$$t_b = b\sqrt{\frac{\sum(x_i - \bar{x})^2}{\sum(y_i - y'_i)^2/(n-2)}}$$

t_b 服从 t 分布，可以通过 t 分布表查得显著性水平为 α、自由度为 n-2 的数值 $t(\alpha/2, n-2)$。如果 t_b 的绝对值大于 $t(\alpha/2, n-2)$，表明回归系数显著性不为 0，参数通过 t 检验，说明变量 x 和 y 之间的线性假设合理；如果 t_b 的绝对值小于 $t(\alpha/2, n-2)$，表明回归系数为 0 的可能性较大，参数未通过 t 检验，说明变量 x 和 y 之间的线性假设不合理。

（三）点预测和区间预测

点预测是指在给定自变量 x 的未来值 x_0 后，利用线性回归模型求出因变量的回归估计值 y'_0。其计算公式为：

$$y'_0 = a + bx_0$$

通常情况下，由于现实情况和影响经济的环境因素会发生一定的变化，使得实际值与预测值之间出现一定的偏差，因此，仅仅进行点预测是没有现实意义的。在预测时，我们不仅要进行点预测，还要预测出实际值与预测值出现偏差的范围，即区间预测。

根据数理统计的原理，对于预测值 y'_0，在小样本统计下（n<30），置信水平为 $100(1-\alpha)\%$ 的预测区间为：

$$y'_0 \pm t(\alpha/2, n-2)S_0$$

其中，$t(\alpha/2, n-2)$ 可通过检验表得到，通常显著性水平 $\alpha = 0.05$。

$$S_0 = S_y\sqrt{1 + \frac{1}{n} + \frac{(x_0 - \bar{x})^2}{\sum(x_i - \bar{x})^2}}$$

$$S_y = \sqrt{\frac{\sum(y_i - y'_i)^2}{n-2}}$$

【例 3-1】2020 年镀锌钢板需求量预测。

2017 年某地区镀锌钢板消费量为 15.32 万元，主要应用于家电业、轻工业和汽车工业等行业，2008—2017 年该地区镀锌钢板消费量及同期第二产业产值见表 3-1。按照该地区"十三五"规划，"十三五"期间该地区第二产业产值增长速度为10%。要求利用一元线性回归分析法预测2020年该地区镀锌钢板的需求量。

表 3-1　　　　　　　　2008—2017 年某地区镀锌钢板消费量与第二产业产值数据

年份	镀锌钢板消费量（万吨）	第二产业产值（千亿元）
2008	3.45	1.003
2009	3.50	1.119
2010	4.20	1.260
2011	5.40	1.450
2012	7.10	1.572
2013	7.50	1.681
2014	8.50	1.886
2015	11.00	1.931
2016	13.45	2.028
2017	15.32	2.274

解答：

（1）建立回归模型。经过绘制散点图，我们发现该地区镀锌钢板消费量与第二产业产值之间存在线性关系，因此将镀锌钢板需求量设为因变量y，第二产业产值为自变量x，建立一元线性回归模型：

$$y = a + bx$$

（2）计算参数。利用最小二乘法原则，计算相关参数：

第二产业产值x历史数据的平均值为：$\bar{x} = \dfrac{\sum x_i}{n} = 1.62$（千亿元）

镀锌钢板消费量y历史数据的平均值为：$\bar{y} = \dfrac{\sum y_i}{n} = 7.92$（万吨）

$\sum x_i y_i = 143.33$

$\sum x_i^2 = 27.68$

$b = \dfrac{\sum x_i y_i - \bar{x} \sum y_i}{\sum x_i^2 - \bar{x} \sum x_i} = 9.590$

$a = \bar{y} - b\bar{x} = -7.55$

（3）相关检验。

相关系数为：

$$R = \sqrt{1 - \dfrac{\sum (y_i - y_i')^2}{\sum (y_i - \bar{y})^2}} = \dfrac{\sum (x_i - \bar{x})(y_i - \bar{y})}{\sqrt{\sum (x_i - \bar{x})^2 \times \sum (y_i - \bar{y})^2}} = 0.961$$

在 $\alpha = 0.05$ 时，自由度=n-2=10-2=8，查相关系数表，得到 $R_{0.05} = 0.632$。

由于：$R = 0.961 > 0.632 = R_{0.05}$

因此，在 $\alpha = 0.05$ 的显著性水平上，检验获得通过，说明第二产业产值与镀锌钢板的需求量之间的线性关系合理，所设立的一元线性回归模型成立，相关计算见表3-2。

表3-2　　　　　　　　　　　　　一元线性回归相关计算表

年份	x_i	y_i	$x_i - \bar{x}$	$y_i - \bar{y}$	$(x_i - \bar{x})(y_i - \bar{y})$	$(x_i - \bar{x})^2$	$(y_i - \bar{y})^2$	y'_i	$(y_i - y'_i)^2$
2008	3.45	1.003	−0.61	−4.49	2.75	0.38	20.18	2.07	1.90
2009	3.50	1.119	−0.50	−4.44	2.21	0.25	19.73	3.18	0.10
2010	4.20	1.260	−0.36	−3.74	1.33	0.13	14.00	4.53	0.11
2011	5.40	1.450	−0.17	−2.54	0.42	0.03	6.46	6.36	0.92
2012	7.10	1.572	−0.09	−0.84	0.07	0.01	0.71	7.09	0.00
2013	7.50	1.681	0.07	−0.44	−0.03	0.00	0.20	8.58	1.17
2014	8.50	1.886	0.27	0.56	0.15	0.07	0.31	10.54	4.16
2015	11.00	1.931	0.32	3.06	0.96	0.10	9.35	10.97	0.01
2016	13.45	2.028	0.41	5.51	2.27	0.17	30.34	11.90	2.40
2017	15.32	2.274	0.66	7.38	4.86	0.43	54.43	14.26	1.12
合计	16.16	79.42			15.00	1.56	155.71		11.89
平均值	1.62	7.94							

（4）需求预测。根据该地区"十三五"规划的要求，"十三五"期间该地区第二产业产值增长速度为10%，则2020年该地区第二产业产值将达到：

$$x_{(2020)} = x_{(2017)}(1 + 10\%)^3 = 2.274 \times (1 + 10\%)^3 = 3.027 (千亿元)$$

进而得到2020年该地区镀锌钢板需求量的点预测为：

$$y_{(2020)} = -7.55 + 9.590 \times 3.027 = 21.48 (万吨)$$

区间预测：

$$S_y = \sqrt{\frac{\sum (y_i - y'_i)^2}{n - 2}} = \sqrt{\frac{11.89}{10 - 2}} = 1.219$$

$$S_0 = S_y \sqrt{1 + \frac{1}{n} + \frac{(x_0 - \bar{x})^2}{\sum (x_i - \bar{x})^2}} = 1.219 \times \sqrt{1 + 0.1 + \frac{(3.027 - 1.62)^2}{1.56}} = 1.153$$

所以，在 $\alpha = 0.05$ 的显著性水平上，2020年该地区镀锌钢板需求量的置信区间为：

$$y'_0 \pm t(\alpha/2, n - 2)S_0 = 21.48 \pm t(0.025, 8)S_0 = 21.48 \pm 2.306 \times 1.153 = 21.48 \pm 2.659$$

即2020年该地区镀锌钢板需求量在（18.82，24.14）区间的概率为95%。

五、弹性系数法

按照经济学的观点，弹性系数是某一变量的相对变化引起另一变量的相对变化的度量，如商品价格、收入的变化引起商品需求量的变化。

一般而言，如果两个变量之间的关系越密切，相应的弹性系数就越大；两个变量之间的关系越是不密切，相应的弹性系数就越小。

弹性系数的内容一般有收入弹性、价格弹性和能源需求弹性等。

（一）收入弹性

收入弹性是在假设商品的价格保持不变的条件下，消费者收入的变化所引起的商品购买量的变化率与消费者收入的变化率之比，即收入弹性=购买量的变化率/收入的变化率。

设 Q_1，Q_2，…，Q_n 为时期 1，2，…，n 的商品购买量；I_1，I_2，…，I_n 为时期 1，2，…，n 的消费者的收入水平；ΔQ 和 ΔI 分别表示购买量与收入的变化量；ε_1 表示收入弹性，则有：

$$\varepsilon_1 = (\Delta Q/Q)/(\Delta I/I)$$

一般来说，收入弹性为正值，说明收入增加，商品需求量上升；反之，说明收入减少，商品需求量下降。

【例 3-2】2020 年照相机需求量预测。

某地区 2010—2017 年照相机销售量和人均收入见表 3-3，预计 2020 年人均收入较 2017 年上升 60%，人口增长控制在 0.4%，要求利用收入弹性系数法预测该地区 2020 年照相机的需求量。

表 3-3　　　　　某地区 2010—2017 年照相机销售量和人均收入

年份	人均收入（元/年）	人口（万人）	照相机销售量（万台）
2010	2 850	680	3.30
2011	3 660	684	3.60
2012	4 650	688	4.15
2013	5 990	692	4.60
2014	7 600	696	5.00
2015	9 800	701	5.55
2016	12 500	707	6.05
2017	15 600	713	6.60

解答：

（1）计算照相机消费收入弹性系数（见表 3-4）。

表 3-4　　　　　某地区 2010—2017 年照相机消费收入弹性系数

年份	收入较上年增长（%）	每万人照相机消费（台/万人）	每万人照相机消费较上年增长（%）	收入弹性系数
2010		48.53		
2011	28.42	52.63	8.45	0.30
2012	27.05	60.32	14.61	0.54
2013	28.82	66.47	10.20	0.35
2014	26.88	71.84	8.08	0.30
2015	28.95	79.17	10.20	0.35
2016	27.55	85.57	8.08	0.29
2017	24.80	92.57	8.18	0.33

从表3-4中可以看出，2010—2017年照相机消费收入弹性系数为0.29~0.54，各年的弹性系数平均值为0.35。因此，取2020年的弹性系数为0.35。

（2）计算2020年照相机需求量的增长率。以2017年为基数，2020年人均收入增长率为60%，则2020年每万人照相机消费增长率为：

人均收入增长率×收入弹性系数=60%×0.35=21%

（3）计算2020年每万人照相机需求量。

2020年每万人照相机需求量=2017年每万人照相机需求量×2020年照相机需求增长率

=92.57×（1+21%）

=112.01（台）

（4）计算2020年该地区人口数量。

2020年人口数量=2017年人口数量×$(1+人口增长速度)^3$=713×$(1+0.4\%)^3$=721.59（万人）

（5）计算2020年该地区照相机需求量。

2020年该地区照相机需求量=721.59×112.01÷10 000=8.08（万台）

（二）价格弹性

价格弹性是在假设收入水平保持不变的条件下，商品价格的变化所引起的商品购买量的变化率与商品价格变化率之比，即价格弹性=购买量的变化率/价格的变化率。

设Q_1，Q_2，…，Q_n为时期1，2，…，n的商品购买量；P_1，P_2，…，P_n为时期1，2，…，n的商品的价格水平；ΔQ和ΔP分别表示购买量与价格的变化量；ε_P表示价格弹性，则有：

$$\varepsilon_P=(\Delta Q/Q)/(\Delta P/P)$$

一般来说，价格弹性为负值，说明价格上升，商品需求量下降；反之，说明价格下降，商品需求量上升。

【例3-3】2018年空调需求量预测。

某地区2011—2017年空调销售量与价格见表3-5，如果2018年空调价格下降到2 180元/台，要求利用价格弹性系数法预测该地区2018年空调需求量。

表3-5　　　　　　　　某地区2011—2017年空调销售量与价格

年份	空调价格（元/台）	空调销售量（万台）
2011	4 998	36
2012	4 586	40
2013	4 076	44
2014	3 680	49
2015	3 188	52
2016	2 850	54
2017	2 358	60

解答：

（1）计算该地区2011—2017年空调价格弹性系数，见表3-6。

表3-6　　　　　　　　　　　　　　　某地区2011—2017年空调价格弹性系数

年份	空调价格（元/台）	价格较上年增长（%）	空调消费量（万台）	空调需求较上年增长（%）	价格弹性系数
2011	4 998		36		
2012	4 586	-8.24	40	11.11	-1.35
2013	4 076	-11.12	44	10.00	-0.90
2014	3 680	-9.72	49	11.36	-1.17
2015	3 188	-13.37	55	12.24	-0.92
2016	2 850	-10.60	61	10.91	-1.03
2017	2 558	-10.25	68	11.48	-1.12

从表3-6中可以看出，2011—2017年该地区空调价格弹性系数为-0.90～-1.35，各年的弹性系数平均值为-1.08。因此，取2018年的弹性系数为-1.08，即价格每降低10%，空调需求量增长10.8%。

（2）计算该地区2018年空调需求增长率。

该地区2018年空调价格为2 180元/台，较2017年价格降低了14.78%，则空调需求量增长率为：

空调价格下降率×价格弹性系数=14.78%×1.08=15.96%

（3）计算该地区2018年空调需求量。

该地区2018年空调需求量=2017年空调消费量×2018年空调需求增长率

$$=68×（1+15.96\%）$$

$$=78.85（万台）$$

微课1

弹性系数分析

六、移动平均法

移动平均法包括简单移动平均法和加权移动平均法。简单移动平均法是把过去历史数据中某一时段的数据的平均值作为未来某时期预测值的一种方法，即对过去某一段时期的历史数据求其算术平均值，并把该数据作为以后时期的预测值。加权移动平均法是在简单移动平均法的基础上，考虑不同时期的历史数据对预测可能产生的影响，给不同时期的数据赋予不同的权重来计算，并将计算结果作为以后时期的预测值。

（一）简单移动平均法

简单移动平均法的计算公式可以表示为：

$$F_{t+1} = \frac{1}{n} \sum_{i=t-n+1}^{t} x_i$$

其中，F_{t+1}为$t+1$期的预测值，n为计算移动平均值时所使用的历史数据的数目，即移动时段的长度。

【例3-4】液晶电视机销售量预测。

某大型商场1—12月液晶电视机销售量见表3-7。要求利用简单移动平均法预测该商场下个年度第一季度的液晶电视机的销售量（n=3）。

表 3-7 　　　　　　　　　　某商场 1—12 月液晶电视机销售量

月份	1	2	3	4	5	6	7	8	9	10	11	12
销售量（台）	70	78	63	56	52	50	58	60	72	84	70	71

解答：

采用 3 个月移动平均法，下个年度 1 月份液晶电视机销售量预测：

$$Q_1 = \frac{x_{10} + x_{11} + x_{12}}{3} = \frac{84 + 70 + 71}{3} = 75（台）$$

2 月份液晶电视机销售量预测：

$$Q_2 = \frac{x_{11} + x_{12} + x_{13}}{3} = \frac{70 + 71 + 75}{3} = 72（台）$$

3 月份液晶电视机销售量预测：

$$Q_3 = \frac{x_{12} + x_{13} + x_{14}}{3} = \frac{71 + 75 + 72}{3} = 73（台）$$

则下个年度第一季度液晶电视机销售量预测为：

$$Q = Q_1 + Q_2 + Q_3 = 75 + 72 + 73 = 220（台）$$

移动平均法计算表见表 3-8。

表 3-8 　　　　　　　　　　移动平均法计算表

月份	序号	实际销售量（台）	3 个月移动平均预测
1	1	70	—
2	2	78	—
3	3	63	—
4	4	56	71
5	5	52	66
6	6	50	57
7	7	58	53
8	8	60	54
9	9	72	56
10	10	84	64
11	11	70	72
12	12	71	76
（下个年度）1	13		75
2	14		72
3	15		73

需要说明的是，简单移动平均法只适用于短期预测，大多数情况下只用于以月度或周为单位的近期预测。简单移动平均法还可以用来对原始数据进行预处理，以消除数据

中的异常因素或除去数据中的周期变动成分。

简单移动平均法具有简单易行、容易掌握的优点，但其只是在处理水平型历史数据时才有效，而在现实经济生活中，由于历史数据往往较水平数据复杂，限制了简单移动平均法的应用范围。

（二）加权移动平均法

为了使预测更符合当前的发展趋势，可以采用加权移动平均法，即对不同时期的序列赋予不同的权重。一般情况下，距离预测期越近的数据对预测结果的影响越大，赋予的权重就越大。例如，对预测期的前 1 期、前 2 期和前 3 期分别赋予 3、2、1 的权重，表示不同时期数据对预测的重要程度。

加权移动平均法的计算公式可以表示为：

$$F_{t+1} = \frac{1}{n} \sum_{i=t-n+1}^{t} x_i p_i$$

其中，p_i 是赋予不同时期历史数据的权重。一般来说，距离预测期越近的数据，权重越大，远期数据的权重较小。

【例 3-5】液晶电视机销售量预测。

某商场 1—12 月液晶电视机销售量见表 3-9。要求利用简单移动平均法预测该商场下个年度第一季度液晶电视机的销售量（n=3）。

表 3-9　　　　　　　　　　　某商场 1—12 月液晶电视机销售量

月份	1	2	3	4	5	6	7	8	9	10	11	12
销售量（台）	70	78	63	56	52	50	58	60	72	84	70	71

解答：

我们对预测期的前 1 期、前 2 期和前 3 期分别赋予 3、2、1 的权重，表示不同时期数据对预测的重要程度。则：

1 月份液晶电视机销售量预测：

$$Q_1 = \frac{x_{10} + 2x_{11} + 3x_{12}}{6} = \frac{84 + 2 \times 70 + 3 \times 71}{6} = 73（台）$$

2 月份液晶电视机销售量预测：

$$Q_2 = \frac{x_{11} + 2x_{12} + 3x_{13}}{6} = \frac{70 + 2 \times 71 + 3 \times 73}{6} = 72（台）$$

3 月份液晶电视机销售量预测：

$$Q_3 = \frac{x_{12} + 2x_{13} + 3x_{14}}{6} = \frac{71 + 2 \times 73 + 3 \times 72}{6} = 72（台）$$

则下个年度第一季度液晶电视机销售量预测为：

$$Q = Q_1 + Q_2 + Q_3 = 73 + 72 + 72 = 217（台）$$

七、指数平滑法

指数平滑法，又称指数加权平均法，是选取各时期权重数值为递减指数序列的均值方法。根据平滑次数的不同，指数平滑分为一次指数平滑、二次指数平滑、三次指数平滑和高次指数平滑。这里，我们只研究一次指数平滑。

（一）指数平滑法的基本公式

对于时间序列 x_1，x_2，…，x_t，一次指数平滑法的公式为：

$$F_t = \alpha x_t + (1 - \alpha) F_{t-1}$$

其中，α是平滑系数，$0 < \alpha < 1$；x_t是历史数据序列在t时的观测值（历史数据）；F_t和F_{t-1}是t时和t-1时的平滑值。

（二）关于指数平滑法的几点说明

（1）一次指数平滑法适用于历史数据呈水平波动、无明显上升或下降趋势情况下的预测，它以本期指数平滑值作为下期的预测值，即：

$$x'_{t+1} = F_t$$

（2）平滑系数α取值大小对预测结果会产生一定的影响，因此在取值时应谨慎选择。一般情况下，当历史数据呈稳定的水平发展时，α值取0.1~0.3；当历史数据波动较大时，α值取0.3~0.5；当历史数据波动很大时，α值取0.5~0.8。

（3）初始平滑值F_0的确定。指数平滑法是一个迭代计算过程，用该方法预测，必须首先确定初始平滑值F_0，即序列起点t=0以前所有历史数据的加权平均值。在实际预测中，一般的处理方法是：当时间序列期数在20个以上时，初始平滑值对预测结果的影响较小，可采用第1期的历史数据代替，即$F_0 = x_1$；当时间序列期数在20个以下时，初始平滑值对预测结果会产生一定的影响，可用前3~5期的历史数据的平均值代替，如$F_0 = (x_1 + x_2 + x_3)/3$。

【例3-6】煤炭销售量预测。

某地区1—12月煤炭销售量见表3-10。要求利用一次指数平滑法预测下年度1月份的煤炭销售量（α取值为0.3）。

表3-10　　　　　某地区1—12月煤炭销售量

月份	t	月销售量（万吨）	月份	t	月销售量（万吨）
1	1	41.67	7	7	38.21
2	2	40.99	8	8	39.36
3	3	40.15	9	9	40.69
4	4	39.75	10	10	41.59
5	5	38.48	11	11	45.08
6	6	37.59	12	12	51.23

解答：

（1）计算初始平滑值。

$$F_0 = (x_1 + x_2 + x_3) \div 3 = (41.67 + 40.99 + 40.15) \div 3 = 40.94 (万吨)$$

（2）计算各月平滑值。

利用一次指数平滑法的计算公式，可以得出：

$$F_1 = \alpha x_1 + (1 - \alpha) F_0 = 0.3 \times 41.67 + (1 - 0.3) \times 40.94 = 41.16 (万吨)$$

$$F_2 = \alpha x_2 + (1 - \alpha) F_1 = 0.3 \times 40.99 + (1 - 0.3) \times 41.16 = 41.11 (万吨)$$

$$F_3 = \alpha x_3 + (1 - \alpha) F_2 = 0.3 \times 40.15 + (1 - 0.3) \times 41.11 = 40.82 (万吨)$$

$$\vdots$$

$$F_{12} = \alpha x_{12} + (1 - \alpha) F_{11} = 0.3 \times 51.23 + (1 - 0.3) \times 41.64 = 44.52 (万吨)$$

因此，下一年度1月份煤炭销售量 $x'_{13} = F_{12} = 44.52$ 万吨，计算结果见表3-11。

表3-11   指数平滑计算表

月份	时序（t）	月销售量（x_i）	一次指数平滑值（F_t）	预测值（万吨）
	0		40.94	
1	1	41.67	41.16	40.94
2	2	40.99	41.11	41.16
3	3	40.15	40.82	41.11
4	4	39.75	40.50	40.82
5	5	38.48	39.89	40.50
6	6	37.59	39.20	39.89
7	7	38.21	38.90	39.20
8	8	39.36	39.04	38.90
9	9	40.69	39.54	39.04
10	10	41.59	40.16	39.54
11	11	45.08	41.64	40.16
12	12	51.23	44.52	41.64
（下一年度）1	13			44.52

八、德尔菲法

德尔菲法是在专家个人判断法和专家会议法基础上发展起来的一种专家调查法。由于德尔菲法具有匿名性、反馈性、收敛性和广泛性的特点，在市场预测中被广泛使用。

（一）德尔菲法运用的程序

德尔菲法一般包括5个工作步骤：

1.建立预测工作组

德尔菲法对预测的组织要求很高。工作组的成员应能正确认识并理解德尔菲法的实质，并具备必要的专业知识和数理统计知识，熟悉计算机统计软件的应用，能进行必要的统计和数据的处理。

2.选择专家

专家的选择是进行德尔菲法预测的关键步骤。选择的专家应与市场预测的专业领域有关，专家组的构成包括技术专家、宏观经济专家、企业管理者、行业管理者等。专家人数可根据预测的规模和重要性程度确定，但一般情况下，专家应在20人左右。

3.设计调查表

调查表的设计质量直接影响预测的结果。调查表所提问题应简单明确，以便对调查结果进行汇总和整理。

4.组织实施调查

调查一般要经过2~3轮。第1轮将预测主体和预测调查表发给专家，给专家较大的自由发挥空间。第2轮将经过统计汇总和修正的第1轮调查结果发给专家，让专家对较为集中的预测事件进行评价、判断，提出进一步的意见，经预测工作组整理统计后，形成初步的预测意见。如有必要，可将第2轮的预测结果制成调查表反馈给专家，进行第3轮的预测。

5.汇总处理调查结果

这是指将调查结果进行汇总，并进行数据处理和统计分析，得出预测结论，一般计算专家估计值的平均值、中位数、众数以及平均主观概率等指标。

（二）德尔菲法的运用范围

德尔菲法在以下情况运用比其他预测方法更能体现其效果：

（1）缺乏足够的资料。在市场预测中，缺乏足够的历史资料或历史资料不完备，难以运用回顾预测或趋势预测。

（2）长远规划或大趋势预测。

（3）影响预测事件的因素太多，难以筛选出少量关键因素，并且这些影响因素又不能不加以考虑。

（4）预测事件的变化主要受政策、方针、个人意志等主观因素的影响，并且影响较大。

（三）德尔菲法的利弊分析

1.德尔菲法的优点

德尔菲法的匿名性、反馈性、收敛性和广泛性的特点，避免了一般集合意见法和其他预测方法的不足，形成了自己特有的优点。

（1）便于独立思考和判断，能克服权威效应和情感效应，使专家排除干扰，独立进行思考、预测。

（2）低成本实现集思广益。通过信函形式征求专家意见，具有费用低的经济性；同时，通过广泛聘请专家，能在较大范围内征求各方面专家的意见，做到集思广益。

（3）有利于探索性地解决问题。德尔菲法通过多轮次征求意见，允许专家修正和完善自己的意见；同时，将不同专家的意见集中起来反馈给专家，可以使专家受到启发，便于修正和完善自己的意见。

（4）应用范围广泛。德尔菲法能解决历史资料缺乏和不足的问题，也可以预测有足够历史资料的事件；能预测近期现实问题，也可以估计远期抽象性问题。

2.德尔菲法的缺点

（1）专家之间缺少沟通和交流，其意见可能存在一定的主观性和片面性。

（2）容易忽视少数人的意见。德尔菲法根据众数理论对专家的意见进行整理，往往忽视了少数人的意见或创意，可能会导致预测结果偏离实际。

（3）存在组织者的主观意向。德尔菲法的多轮反馈都是由组织者对专家的意见进行归纳、整理，其意见的取舍、新资料的提供等直接影响专家意见的修正和意见集中的结果，因而带有明显的主观意向。

九、常用预测方法的比较

常用预测方法的比较见表3-12。

表3-12　　　　　　　　　　常用预测方法的比较

预测方法 因素和条件	定性方法	定量方法			
		延伸预测法		因果性预测法	
	德尔菲法	移动平均法	指数平滑法	回归分析法	弹性系数法
适应范围	长期	近期或短期预测	近期或短期预测	短、中、长期预测	中、长期预测
需要的资料数据	多年历史数据	数据最低要求5~10个		需要多年数据	
精确度	较好	尚好	较好	很好	很好

第三节　竞争能力分析

竞争能力分析旨在帮助投资者了解拟进入行业和项目本身的竞争状况，预测未来竞争力的变化趋势，从而正确估计行业及项目本身的市场地位和可能面临的市场风险；帮助投资者了解市场形势，合理确定项目的市场竞争战略，扬长避短，在市场竞争中取得有利地位。

一、行业竞争结构分析

根据哈佛大学教授迈克尔·波特的观点，一个行业的竞争存在五种基本的竞争力量，即潜在进入者的威胁、替代品的威胁、客户讨价还价的能力、供应商讨价还价的能力以及现有竞争对手之间的抗衡。这五种力量共同决定了行业的竞争强度和获利能力。波特的五因素模型如图3-3所示。

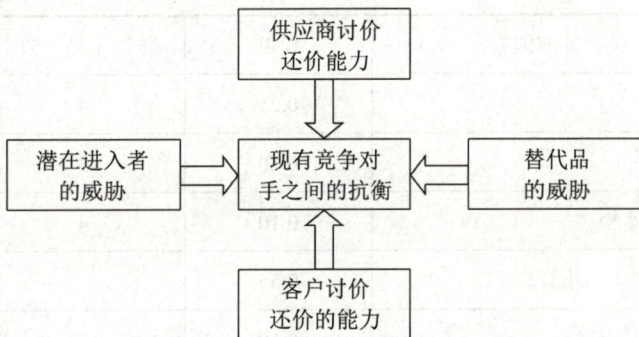

图3-3　波特的五因素模型

二、SWOT分析

SWOT分析，即优势、劣势、机会、威胁分析，它是企业（项目）外部环境分析和内部要素分析的组合分析，一般根据企业（项目）自身的实力，对比竞争对手，分析企业（项目）外部环境变化及影响可能给企业（项目）带来的机会及其面临的挑战，进而制定企业（项目）的最佳战略。

1.优势和劣势分析

企业（项目）的优势和劣势可以通过企业（项目）内部因素来评价。内部因素主要包括研发能力、资金实力、生产设备、工艺水平、产品性能和质量、销售网络、管理能力等方面，一般通过内部因素评价矩阵定量分析其优势、劣势，见表3-13。

表3-13　　　　　　　　　　　某企业内部因素评价矩阵

项目	关键内部因素	权重	得分（-5～5）	加权数
优势	研发能力中等	0.20	2	0.40
	产品性能和质量处于行业领先地位	0.15	4	0.60
	销售网络完善	0.20	4	0.80
	管理能力强	0.15	4	0.60
	小计	0.70		2.40
劣势	资金紧张	0.10	-4	-0.40
	生产设备较陈旧	0.10	-2	-0.20
	工艺水平不高	0.10	-3	-0.30
	小计	0.30		-0.90
综合	合计	1.00		1.50

2.机会和威胁分析

机会和威胁分析主要是分析外部环境给企业（项目）带来的机会和威胁。外部有利因素包括政策扶持、技术进步、供应商良好的关系、银行信贷支持等；外部不利因素包括新产品替代、供应商减少、销售商拖延结款、市场增长缓慢、竞争对手结盟等。机会和威胁分析一般采用企业（项目）外部因素评价矩阵，见表3-14。

表3-14　　　　　　　　　　　某企业外部因素评价矩阵

项目	关键外部因素	权重	得分（-5～5）	加权数
机会	政策扶持	0.25	4	1.00
	技术进步	0.20	3	0.60
	信贷环境宽松	0.10	4	0.40
	小计	0.55		2.00
威胁	新替代产品出现	0.10	-3	-0.30
	竞争对手结盟	0.15	-4	-0.60
	市场成长速度放缓	0.10	-4	-0.40
	供应商减少	0.10	-2	-0.20
	小计	0.45		-1.50
综合	合计	1.00		0.50

3.企业（项目）战略选择

根据企业优势、劣势分析和机会、威胁分析，可以绘制出SWOT分析图，并以此制定企业（项目）应采取的策略，如图3-4所示。

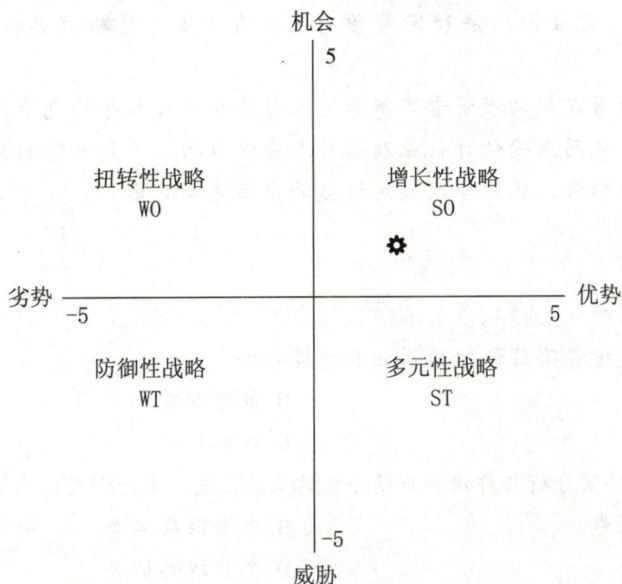

图3-4　企业（项目）SWOT分析图

根据企业在SWOT分析图中的不同位置，应采用不同的战略。在右上角的企业拥有强大的内部优势和众多的机会，应采取增加投资、扩大生产、提高市场占有率的增长性战略。在右下角的企业虽然有较大的内部优势，但由于面临严峻的外部挑战，应采取多元化战略，利用企业自身优势，开展多元化经营，分散风险，寻求新的发展机会。处于左上角的企业，具有较好的外部机会，但由于企业自身缺乏发展的条件，应采取扭转性战略，改变企业内部的不利条件。处于左下角的企业，既面临外部的威胁，企业自身也缺乏发展的有利条件，应采取防御性战略，避免外部威胁的打击，消除内部的不利因素。

微课2

SWOT分析

本章小结

市场分析是进行投资项目评估的基础，是确定投资项目的目标市场、生产规模和产品方案的依据。市场分析主要包括市场调查、市场预测和市场战略三个层面的内容。

市场调查应该包括市场需求调查、市场供应调查、消费调查和竞争者调查等相关内容。市场调查一般分为调查准备、调查实施和分析总结三个阶段。

按照调查样本范围的大小，市场调查可分为市场普查、重点调查、典型调查和抽样调查。

市场预测，是指在市场调查的基础上，运用预测理论与方法，对决策者关心的变量的变化趋势和未来可能达到的水平做出估计与测算，为决策提供依据的过程。

市场预测是市场调查内容在时间上的延伸。投资项目市场预测的内容主要侧重于市场需求预测和价格预测。

市场预测的方法可以分为定性预测法和定量预测法两大类型。定性预测法的核心是专家预测，主要有类推预测法、专家会议法和德尔菲法。定量预测法主要有因果性预测法和延伸预测法。定性预测法和定量预测法各有优劣，应根据具体情况选择适当的方法。

竞争能力分析旨在帮助投资者了解拟进入行业和项目本身的竞争状况，预测未来竞争力的变化趋势，从而正确估计行业及项目本身的市场地位和可能面临的市场风险，帮助投资者了解市场形势，从而合理确定适当的市场竞争战略。

基础知识练习

一、单项选择题（每题的备选项中，只有1个最符合题意）

1.（　　）是投资项目评估的基础和前提条件。

A.市场预测　　　　　　　　　　　　B.市场调查

C.市场分析　　　　　　　　　　　　D.战略分析

2.从投资项目决策分析与评价和市场分析的角度出发，市场调查的内容不包括（　　）。

A.市场需求调查　　　　　　　　　　B.市场供应调查

C.竞争者调查　　　　　　　　　　　D.企业战略调查

3.下列不属于市场需求的调查内容的是（　　）。

A.有效需求　　　　　　　　　　　　B.潜在需求

C.产品价格　　　　　　　　　　　　D.需求的增长速度

4.对市场进行逐一、普遍、全面的调查，以获取全面、完整、系统的市场信息的调查方法是（　　）。

A.市场普查　　　　　　　　　　　　B.重点调查

C.典型调查　　　　　　　　　　　　D.抽样调查

5.调查人员在调查过程中，通过改变某些影响调查对象的因素来观察调查对象消费行为的变化，从而获得消费行为和某些因素之间的内在因果关系的调查方法是（　　）。

A.文案调查法　　　　　　　　　　　B.实地调查法

C.问卷调查法　　　　　　　　　　　D.实验调查法

6.下列不属于因果性预测方法的是（　　）。

A.回归分析法　　　　　　　　　　　B.弹性系数法

C.消费系数法　　　　　　　　　　　D.指数平滑法

7.咨询公司经分析发现，产品供给与价格之间存在一元线性关系，如果产品需求为因变量，平均值为400，价格为自变量，平均值为50，b为5，则a为（　　）。

A.350　　　　　　B.650　　　　　　C.600　　　　　　D.150

8.关于德尔菲法的说法，正确的有（　　）。

A.德尔菲法是在专家会议法的基础上发展起来的一种专家调查法

B.德尔菲法具有反馈性、收敛性和匿名性的特点

C.德尔菲法有利于专家独立进行思考，做出决策

D.德尔菲法不能应用于方案必选、社会评价等领域

9.在波特的五因素模型的竞争力量中，（　　　）是最重要的竞争力量。

A.供应商或客户讨价还价的能力

B.现有企业的竞争

C.替代品的威胁

D.行业新进入者的威胁

10.下列关于SWOT分析的说法，错误的是（　　　）。

A.SWOT分析方法，即优势、劣势，机会、威胁分析

B.外部环境的同一变化给具有不同资源和能力的企业带来的机会与威胁可能完全
　不同

C.机会与威胁分析主要着眼于企业自身的实力及其与竞争对手的比较

D.企业外部环境评价矩阵和内部要素评价矩阵构成了SWOT分析的方法基础

**二、多项选择题（每题的备选项中，有2个或2个以上符合题意，至少有1个错误
选项）**

1.可用于收集原始资料的方法有（　　　）。

A.实地调查法　　　　　　B.问卷调查法　　　　　　C.文案调查法

D.综合调查法　　　　　　E.实验调查法

2.关于不同市场调查方法比较的说法，正确的有（　　　）。

A.文案调查法是一切调查方法中最简单、最常用的方法

B.实地调查法可能不够客观

C.问卷调查法应用广泛

D.实验调查法的调查结果可信度较高

E.实地调查法是最复杂的调查方法

3.投资项目市场预测的内容主要侧重在（　　　）方面。

A.产品方案设计　　　　　　　　　B.市场需求预测

C.产品出口和进口替代分析　　　　D.市场预测方法的选择

E.价格预测

4.关于市场预测方法的说法，正确的有（　　　）。

A.定性预测法的核心是专家预测

B.因果性预测法适用于存在关联关系的数据预测

C.延伸预测法适用于具有时间序列关系的数据预测

D.在市场预测实践中，多采用定量预测的方法

E.定性预测适用于长期预测且精确度较好

5.关于相关系数R判定标准的说法，正确的有（　　　）。

A.当R=1，自变量和因变量完全正相关

B.当R=0，自变量和因变量没有线性关系

C.当R=-1，自变量和因变量完全负相关

D.R的绝对值越接近1，表明其线性关系越不好

E.R的绝对值越接近0，表明其线性关系越好

6.关于弹性系数法的说法，正确的有（　　　）。

A.弹性系数主要衡量某一变量的改变所引起的另一变量的相对变化

B.一般来说，两个变量之间的关系越密切，相应的弹性值就越大

C.弹性系数分析法能够全面、准确、系统地分析两个变量之间的关系

D.一般情况下，收入弹性为正数，价格弹性为负数

E.弹性系数法属于延伸预测方法中的一种方法

7.关于移动平均法的说法，正确的有（　　）。

A.移动平均法分为简单移动平均法和加权移动平均法

B.加权移动平均法是在简单移动平均法的基础上，给不同时期的变量值赋予不同的权重来计算预测值

C.移动平均法从方法论上分类属于平滑技术

D.对于具有趋势性或阶跃型特征的数据，n值取较大一些，以提高预测值对数据变化的反映程度，减少预测误差

E.简单移动平均法适用于短期预测，也可对原始数据进行预处理，以消除数据中的异常因素或除去数据中的周期变动成分

8.德尔菲法在（　　）领域运用较其他方法更能体现其效果。

A.缺乏足够的资料　　　　　　　　　　B.大趋势预测

C.近期现实问题的规划　　　　　　　　D.影响预测事件的因素太多

E.主观因素对预测事件的影响较大

9.关于波特五因素模型的表述，正确的有（　　）。

A.五因素模型又称为五力分析

B.从战略形成的角度来看，五种竞争力量共同决定行业的竞争强度和获利能力

C.对同一行业或不同行业的不同时期，各种竞争力量的作用是不同的

D.现有企业的竞争是五因素中最重要的竞争力量

E.最危险的环境是进入壁垒较高的产业环境

10.关于SWOT的说法，正确的有（　　）。

A.SWOT分析实际上是企业外部环境分析和企业内部因素分析的组合分析

B.能够获得的优势有多大是影响企业竞争优势持续时间的唯一因素

C.外部环境发展趋势分为环境威胁与环境机会

D.当企业处于SWOT分析图的右上角，企业应采取增加投资、扩大生产、提高市场占有率的增长性战略

E.当企业处于SWOT分析图的左下角，企业应采取防御性战略，避开威胁，消除劣势

三、简答题

1.项目评估中，市场调查主要包括哪些内容？

2.项目评估中，市场预测主要包括哪些内容？

3.说明德尔菲法的应用范围及其优缺点。

4.行业竞争结构分析认为市场竞争包括哪五种竞争力量？

四、案例分析题

背景资料：甲家电企业委托乙咨询公司对本企业生产的某品牌家电在A地区的消费

需求进行市场预测，并制定产品业务发展战略。2010—2017年该品牌家电产品在A地区的销售价格和销售量见表3-15。

表3-15　2010—2017年该品牌家电产品在A地区的销售价格和销售量

年份	销售价格（元/台）	销售量（万台）	价格弹性系数
2010	2 000	32.8	
2011	1 900	35.6	-1.71
2012	1 850	37.3	-1.81
2013	1 800	39.2	-1.88
2014	1 790	39.5	-1.38
2015	1 780	39.8	-1.36
2016	1 750	40.9	
2017	1 700	42.6	

乙咨询公司拟采用德尔菲法对未来家电行业发展趋势进行分析预测，为甲企业制定企业发展战略提供数据支持。具体做法如下：①邀请15名专家召开一次座谈会；②在座谈会上，由专家个人填写相关意见；③整理汇总专家个人意见形成会议纪要和结论。

问题：

1.计算该品牌家电2016年、2017年的价格弹性系数。

2.如果甲家电企业决定在2018年将该品牌家电产品价格降至每台1 650元，请用价格弹性系数法预测A地区2018年该品牌家电的销售量。

3.说明价格弹性的正负反映了各指标间怎样的变动关系。

4.指出乙咨询公司在使用德尔菲法进行预测的做法中的不妥之处，并说明正确的方法。

实践操作训练

实训操练

一、实训目的

通过实验，熟悉市场预测方法的类型，熟悉一元线性回归分析法、弹性系数法、移动平均法和德尔菲法的应用范围，掌握并运用一元线性回归分析法、弹性系数法和移动平均法进行市场预测，能熟练地对投资项目进行SWOT分析。

二、实训准备

（1）熟悉市场预测方法的类型。

（2）熟悉不同市场预测方法的使用范围和基本步骤。

（3）掌握一元线性回归分析法、弹性系数法、移动平均法和德尔菲法。

（4）熟练掌握SWOT分析方法。

三、实训内容

1.一元线性回归分析法

某咨询公司收集了某地区2006—2017年地区国民收入与消费总额的数据（见表

3-16）。按照该地区的发展规划，预计国民收入的年增长率为8%。

表3-16   某地区2006—2017年地区国民收入与消费总额   单位：百亿元

年份	国民收入	消费总额
2006	72.85	52.30
2007	80.50	50.60
2008	87.85	55.90
2009	92.86	62.60
2010	95.49	70.85
2011	106.50	76.90
2012	115.25	85.45
2013	125.80	95.50
2014	139.00	102.65
2015	148.50	112.85
2016	163.30	121.20
2017	175.25	126.58

实训要求：请用一元线性回归方法预测2020年当地的消费总额。取显著性水平$\alpha=0.05$，自由度为10的相关系数临界值为0.576，$t(0.025, 10)=2.2281$，$F0.05(1, 10)=4.96$。

2.移动平均法

某商场某年1—12月份洗衣机销售量见表3-17。

表3-17   某商场1—12月份洗衣机销售量   单位：台

月份	1	2	3	4	5	6	7	8	9	10	11	12
销售量	53	46	28	35	48	50	38	34	58	64	45	42

实训要求：请用简单移动平均法和加权移动平均法预测下一年度第一季度该商场的洗衣机销售量。n=3

3.SWOT分析

某公司为了调整企业投资战略，委托一咨询机构运用评价矩阵对公司的内部和外部因素进行了综合评价，评价矩阵见表3-18。

表3-18   某公司内部和外部因素评价矩阵

	关键内部因素	权重	得分		关键外部因素	权重	得分
优势	研发能力强大	0.25	4	机会	一定的政策扶持	0.20	3
	产品性能处于中上水平	0.20	4		宽松的金融环境	0.10	3
	生产设备较先进	0.15	−3		行业技术进步	0.15	2
劣势	资金紧张	0.15	−2	威胁	供应商减少	0.10	−3
	管理不完善	0.15	−3		新的替代产品出现	0.15	−4
	销售渠道不够完善	0.10	−1		销售商拖延结款	0.15	−3
					竞争对手结盟	0.15	−4

实训要求：根据该公司的企业内部及外部因素的评价结果，画出SWOT分析图，指出该公司应选择何种战略，并说明理由。

■ 综合实训案例

案例一

背景资料：

某商贸公司1—8月份商品A的销售额见表3-19。

表3-19　　　　　　　　　　　商品A的销售额　　　　　　　　　　　单位：万元

月份	1	2	3	4	5	6	7	8
销售额	4.56	3.12	3.43	3.92	2.88	3.45	4.12	4.26

实训要求：

（1）简述简单移动平均法的优缺点及适用范围。

（2）请运用简单移动平均法预测第四季度销售额（n=3）。

（3）假设 α =0.3，请建立一次指数平滑法预测模型，并预测9月份的销售额。

（4）简述简单移动平均法与一次指数平滑法的区别与联系。

案例二

背景资料：

某时尚电子产品A，经过多年的市场开发，目前在某地区市场有较好的销售水平，其2010—2017年的产品销售量和人均收入水平见表3-20。M公司作为该产品的主要生产企业，拟在2014年引进新的生产线扩大产品生产，预计改扩建项目可在2019年建成，2019年正式运营。为了保证此次投资的可行性，公司管理层要求市场分析人员对2020年该产品的市场需求进行分析，并合理预测未来10年该产品的市场状况，为项目的财务分析提供依据。

表3-20　　　　　　某地区2010—2017年人均收入和A产品的销售量

年份	2010	2011	2012	2013	2014	2015	2016	2017
人均收入（元/年）	12 500	13 580	17 800	19 200	23 000	25 800	31 000	34 600
销售量（万台）	15	18	25	30	36	40	50	52

实训要求：

（1）经济学家预测，2017—2019年该地区的人均收入将保持5%的年平均增长率，请利用收入弹性系数法预测2019年该产品的销售需求量。

（2）市场分析人员认为电子产品更新换代速度快，10年后该产品可能会进入衰退阶段，产品的价格和需求量变动的幅度较大，决定选择德尔菲法来预测改扩建工程完成后10年间产品的市场需求和价格变动状况。请问市场分析人员选择的预测方法是否正确，并简述理由。

（3）请分析应用德尔菲法进行市场预测有哪些优点和弊端。

第三章自测题一　　　　　　第三章自测题二

第四章 资金时间价值与投资方案的比选

学习要求一览表

能力模块	能力要求	相关知识点
资金时间价值	掌握资金时间价值的计算方法	（1）资金时间价值的本质 （2）现金流量图的绘制 （3）资金时间价值的计算方法
现金流量分析方法	掌握各评价指标的特点与计算	（1）时间性指标与评价方法 （2）价值性指标与评价方法 （3）比率性指标与评价方法
投资方案比选	熟悉投资方案的分类，掌握方案比选的方法	（1）投资方案的分类 （2）计算期相同方案的比选 （3）计算期不同方案的比选 （4）独立方案的比选

第一节 资金时间价值

一、现金流量和现金流量图

（一）现金流量

　　现金流量是指投资项目在各个时间点上实际发生的资金流入和流出。某一时上点，流入项目的资金称为现金流入，记为 CI；流出项目的资金称为现金流出，记为 CO；同一时点上的现金流入量与现金流出量之差（或其代数和）称为净现金流量，记为 NCF

（或 $CI_t - CO_t$）。

1.现金流入

现金流入包括销售收入、项目寿命期末回收的固定资产余值和流动资金。

2.现金流出

现金流出包括投资、成本（费用）和各项税金。

3.净现金流量

净现金流量是指发生在某一时间点上的现金流入与现金流出的差额。

（二）现金流量图

为了比较客观地表示投资项目在各个时间点上的净现金流量，通常采用现金流量图和现金流量表来表示。

现金流量图是把项目寿命期内各时间点的净现金流量，用时间坐标表示出来的一种示意图（如图4-1所示）。

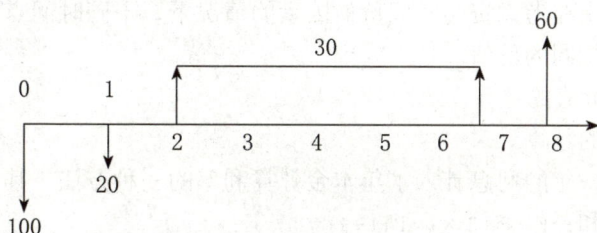

图4-1 某建设项目现金流量图

现金流量图的一般规定：

（1）时间轴表示时间的延续，间隔一般以年为单位；

（2）每个时间点表示该年的年末，亦即下一年的年初；

（3）箭头线表示系统的净现金流量，向上表示净现金流量为正值，向下表示净现金流量为负值。

二、资金时间价值

（一）资金时间价值的含义

资金时间价值是指资金随着时间的推移所具有的增值能力，或同一笔数额的资金在不同时间点上所具有的数量差额。这种增值的大小，受投资利润率、通货膨胀和风险因素的影响。

（二）资金时间价值的计算

1.几个关键术语

（1）年值、现值和终值。

年值表示发生在某一特定时间序列各计算期末的等额资金系列的价值，记为A；现值是指折现到现在时点上的资金数值，记为P；终值是与现值等值的将来时点的资金金额，记为F。

（2）单利和复利。

单利是指本期利息不转入下期本金，下期仍按本金计算利息的一种计息方法。其计算公式为：

$I_n = P \times i$

其本利和计算公式为：

$F = P(1 + n \times i)$

复利是指本期利息转入下期本金，下期按本利和总额计算利息的一种方法。其本利和计算公式为：

$F = P(1 + i)^n$

（3）名义利率和实际利率。

名义利率是以一年为计息期的利率；实际利率是采用复利计算的方法，把各种不同计息期的利率换算成以一年为计息期的利率。它们之间的换算公式为：

$r = R \times m$

$i = (1 + R)^m - 1 = (1 + \dfrac{r}{m})^m - 1$

式中：i——实际利率；r——名义利率；m——每年的计息期数；R——每期利率。

（4）资金等值。

资金等值是指在考虑资金时间价值因素的情况下，不同时间点发生的，数额不等的资金，可能具有相同的价值。

2.资金时间价值的计算

（1）复利值的计算。

复利是将上一年的利息计入本年本金计算利率的一种方法。其计算公式推导如下：

第一年本利和：$F = P + P \times i = P(1 + i)$

第二年本利和：$F = P(1 + i) + P(1 + i)i = P(1 + i)^2$

第三年本利和：$F = P(1 + i)^2 + P(1 + i)^2 i = P(1 + i)^3$

所以，复利本利和的公式为：

$F = P(1 + i)^n$

我们将$(1 + i)^n$称为复利系数，也可表示为$(F/P, i, n)$。

（2）现值的计算。

现值是将未来一笔资金按一定的利率折算到现在时点的资金数额。它是复利值计算的逆运算。其计算公式为：

$P = F\dfrac{1}{(1 + i)^n}$

我们将$\dfrac{1}{(1 + i)^n}$称为现值系数或折现系数，也可表示为$(P/F, i, n)$。

（3）年金复利值的计算。

年金复利值是指在一个时间序列中，在利率一定的情况下连续在每个计息期期末支付一笔等额的资金，在计算期期末所得的本利和。其计算公式为：

$F = A\dfrac{(1 + i)^n - 1}{i}$

我们将$\dfrac{(1 + i)^n - 1}{i}$称为年金终值系数，也可表示为$(F/A, i, n)$。

（4）年金现值的计算。

年金现值是将每年年末的一笔等额资金，按照设定的利率折算到现在时点的资金价值。

其计算公式为：

$$P = A\frac{(1+i)^n - 1}{i(1+i)^n}$$

我们将 $\frac{(1+i)^n - 1}{i(1+i)^n}$ 称为年金现值系数，也可表示为 $(P/A, i, n)$。

（5）偿债基金的计算。

偿债基金是指为了筹集未来需要的一笔资金，在利率一定的情况下，需要在每个计息期期末等额存储的资金数额。其计算公式为：

$$A = F\frac{i}{(1+i)^n - 1}$$

我们将 $\frac{i}{(1+i)^n - 1}$ 称为偿债基金系数，也可表示为 $(A/F, i, n)$，可以看出偿债基金系数和年金复利值系数互为倒数。

（6）资本回收的计算。

资本回收是指为了回收期初的一笔资金，在利率一定的情况下，需要在每个计息期期末等额回收的资金数额。其计算公式为：

$$A = P\frac{i(1+i)^n}{(1+i)^n - 1}$$

微课3

资金时间价值

我们将 $\frac{i(1+i)^n}{(1+i)^n - 1}$ 称为资本回收系数，其也可表示为 $(A/P, i, n)$，可以看出资本回收系数和年金现值系数互为倒数。

第二节　现金流量分析方法

一、项目经济评价指标

（一）项目经济评价指标设定的原则

（1）与经济学原理的一致性原则，即应该符合市场经济效益原则。

（2）项目或方案的可鉴别性原则，即应能检验和区别项目的经济效益和费用的差异。

（3）互斥型项目或方案的可比性原则，即必须满足共同的比较基础与比较条件。

（4）评价工作的可操作性原则，即在评价项目的实际工作中，这些方法和指标是简便易行而确有实效的。

（二）项目经济评价指标分类

1.静态分析方法与指标和动态分析方法与指标

根据是否考虑资金时间价值进行贴现计算分类，项目经济评价常用方法与指标可分为两类：静态分析方法与指标和动态分析方法与指标。静态分析方法与指标的最大特点是不考虑时间因素，计算简便。当对技术方案进行粗略评价，或对短期投资方案进行评价，或对逐年收益大致相等的技术方案进行评价时，可以采用静态分析方法与指标。动态分析方法与指标强调利用复利方法计算资金时间价值，将不同时间内资金的流入和流出换算成同一时点的价值，从而为不同技术方案的经济比较提供了可比基础，动态指标能反映技术方案在未来时期的发展变化情况。

2.财务分析指标和经济分析指标

根据国家发改委、建设部发布的《建设项目经济评价方法与参数》（第三版），项目经济评价可分为财务分析和经济分析，因此，对应的指标分为财务分析指标和经济分析指标。

本章重点针对现金流量分析，将评价指标分为三类：时间性指标、价值性指标和比率性指标。具体划分标准与详细分类结果见表4-1。

表4-1   **项目经济评价常用指标分类表**

划分标准	指标分类	常用指标
是否考虑资金时间价值	静态评价指标	静态投资回收期等
	动态评价指标	净现值、内部收益率、动态投资回收期等
项目评价层次	财务分析指标	财务净现值、财务内部收益率、投资回收期等
	经济分析指标	经济净现值、经济内部收益率等
指标的经济性质	时间性指标	投资回收期（静态、动态）
	价值性指标	净现值、净年值
	比率性指标	内部收益率、净现值率、效益费用比等

二、时间性指标与评价方法

投资回收期是以项目的净收益抵偿投资所需的时间（常用年表示），它是反映项目财务上投资回收能力的重要指标。当项目评价求出的投资回收期不大于行业基准投资回收期或设定的基准投资回收期（P_c）时，认为项目在财务上是可以接受的。

（一）静态投资回收期（P_t）

1.定义

静态投资回收期，不考虑资金的时间价值，指的是以项目的净收益抵偿项目全部投资所需要的时间，一般以年为单位，并从项目建设开始时算起，若从项目投产开始时算起，应予以特别注明。其表达式为：

$$\sum_{t=0}^{P_t}(CI-CO)_t=0$$

2.计算

利用项目投资现金流量表中未经折现的净现金流量和累计净现金流量可以计算项目投资回收期。项目投资现金流量表中累计净现金流量由负值变为零时的时点，即项目投资回收期。其计算公式为：

$$P_t=累计净现金流量开始出现正值的年份数-1+\frac{上年累计净现金流量的绝对值}{当年净现金流量}$$

项目投资回收期短，表明投资回收快，抗风险能力强。对于某些风险较大的项目，特别需要计算投资回收期指标。计算出 P_t 值之后，将静态投资回收期与行业基准投资回收期（P_c）相比较：若 $P_t \leqslant P_c$，可以考虑接受该项目；若 $P_t > P_c$，可以考虑拒绝该项目。

基准投资回收期应有部门或行业标准，企业也可以有自己的标准。

3.优点与不足

静态投资回收期的最大优点是经济意义明确、直观、计算简单，便于投资者衡量建设项目承担风险的能力，同时在一定程度上反映了投资效果的优劣。

静态投资回收期的不足之处主要有两个方面：一是只考虑投资回收之前的效果，不能反映回收期之后的情况，难免有片面性；二是不考虑资金时间价值，无法用以准确地辨识项目的优劣。

由于静态投资回收期的局限性和不考虑资金时间价值，有可能导致评价判断错误，因此，静态投资回收期不是全面衡量建设项目的理想指标，它只能用于粗略评价或者作为辅助指标和其他指标结合起来使用。

(二) 动态投资回收期（P'_t）

1.定义

动态投资回收期（P'_t）考虑了资金的时间价值，指的是使得累计净现金流量的现值之和为零的时点，在计算时常用以下公式来表达：

$$\sum_{t=0}^{P'_t}(CI-CO)_t\,(1+i)^{-t}=0$$

2.计算

动态投资回收期的计算公式为：

$$P'_t = 累计净现金流量折现值开始出现正值的年份数 - 1 + \frac{上年累计净现金流量折现值的绝对值}{当年净现金流量折现值}$$

动态投资回收期的评价准则是：$P'_t \leq n$ 时（n表示基准动态投资回收期），可以考虑接受项目，其中贴现率为行业基准收益率 i_c。

3.优点与不足

动态投资回收期考虑了资金时间价值，优于静态投资回收期；但计算相对复杂，并且不能反映投资回收之后的情况，仍然有局限性。

三、价值性指标与评价方法

价值性评价指标反映一个项目的现金流量相对于基准投资收益率所能实现的盈利水平。最主要、最常用的价值性指标是净现值，在多项目（或方案）选优中还常用净年值。

(一) 净现值（NPV）

1.定义

净现值是指将项目整个计算期内各年的净现金流量，按某个给定的折现率，折算到计算期期初（也就是第一年年初或零点）的现值之和。净现值的计算公式为：

$$NPV(i)=\sum_{t=0}^{n}(CI-CO)_t\,(1+i)^{-t}$$

式中：n——计算期期数；i——设定的折现率。

在项目经济评价中，若NPV≥0，则该项目在经济上可以接受；若NPV<0，则在经济上可以拒绝该项目。当给定的折现率i=i_c（i_c为设定的基准收益率），若NPV（i_c）=0，表示项目达到了基准收益率标准，而不是表示该项目盈亏平衡；若NPV（i_c）>0，则意味着该项目可以获得比基准收益率更高的收益；而NPV（i_c）<0，仅表示项目不能达到基准收益率水平，不能确定项目是否会亏损。

当净现值用于财务分析时，可将其结果称为财务净现值，记为 FNPV；当净现值用于经济分析时，可将其结果称为经济净现值，记为 ENPV。

2.优缺点

净现值是反映项目投资盈利能力的一个重要的动态评价指标，它广泛用于项目经济评价中。其优点在于它不仅考虑了资金的时间价值，对项目进行动态分析，而且考察了项目在整个寿命期内的经济状况，并且直接以货币额表示项目投资的收益性大小，经济意义明确、直观。

但在计算过程中，有两个因素对 NPV 值的影响较大：一个是净现金流量，也就是对 $(CI-CO)_t$ 的预计；另一个是折现率 i，如果 i 选择不当，可能会直接导致评价结论出现错误。

3.折现率 i 的选取

一般来说，折现率 i 的选取有三种情况：

（1）选取社会折现率 i_s，即 $i=i_s$。进行经济分析时，应使用社会折现率 i_s。社会折现率 i_s 通常是已知的。

（2）选取行业（或部门）的基准收益率 i_c，即 $i=i_c$。根据项目的行业特点或企业的隶属关系，选取相应行业或部门规定的基准收益率 i_c。

（3）选取计算折现率 i_0，即 $i=i_0$。从代价补偿的角度，可用以下方法计算折现率：

当投入产出都按时价计算时：

$i_0 = i_{01} + i_{02} + i_{03}$

式中：i_0——计算折现率；i_{01}——仅考虑时间补偿的收益率；i_{02}——考虑社会平均风险因素应补偿的收益率；i_{03}——考虑通货膨胀因素应补偿的收益率。

当投入产出都按实价计算时：

$i_0 = i_{01} + i_{02}$

使用计算折现率 i_0，将使 NPV 的计算更接近于客观实际，但计算 i_0 比较困难。

（二）净年值（NAV）

净年值也称净年金（记作 NAV），是把项目寿命期内的净现金流量按设定的折现率折算成与其等值的各年年末的等额净现金流量值。

求一个项目的净年值，可以先求该项目的净现值，然后乘以资金回收系数进行等值变换求解，即：

NAV（i）=NPV（i）（A/P，i，n）

用净现值 NPV 和净年值 NAV 对一个项目进行评价，结论是一致的，因为：NPV≥0 时，NAV≥0；当 NPV<0 时，NAV<0。就一般项目的评价而言，要计算 NAV，一般先要计算 NPV。因此，在项目经济评价中，很少采用净年值指标。但是，对寿命不相同的多个互斥方案进行选优时，净年值比净现值有独到的简便之处，可以直接据此进行比较，详见本章第三节。

四、比率性指标与评价方法

比率性评价指标主要包括内部收益率和净现值率等。

（一）内部收益率（IRR）

1.定义

内部收益率是指使项目净现值为零时的折现率，记作 IRR。其表达式为：

$$\sum_{t=0}^{n}(CI-CO)_t \cdot (1+IRR)^{-t}=0$$

用 IRR 对单独一个项目进行经济评价的判别准则是：若 $IRR \geqslant i_c$（或 i_s），则项目在经济上是可以接受的；若 $IRR < i_c$（或 i_s），则项目在经济上应予以拒绝。

内部收益率指标的经济含义是项目对占用资金的恢复能力，也可以说内部收益率是指项目对初始投资的偿还能力或项目对贷款利率的最大承受能力。由于内部收益率不是用来计算初始投资收益的，所以不能用内部收益率指标作为排列多个独立项目优劣顺序的依据。

内部收益率用于独立项目财务分析时，其结果称为财务内部收益率，记为 FIRR；当内部收益率用于独立项目经济分析时，其结果称为经济内部收益率，记为 EIRR。

2.计算

一般来说，项目内部收益率一般通过计算机软件中配置的函数计算，若需要手工计算，应先采用试算法，后采用内插法。手工计算内部收益率的基本步骤是：

第一步，用估计的某一折现率对投资项目整个计算期内各年净现金流量进行折现，求得净现值。如果净现值等于零，则所选的折现率为内部收益率；如果净现值大于零，则提高折现率进行试算，直至得到一个接近于零的正的净现值（设此时的折现率为 i_1）。

第二步，继续提高折现率，直至得到一个接近于零的负的净现值（设此时的折现率为 i_2）。

第三步，根据上两步计算所得的正、负净现值及其对应的折现率，利用内插法计算求得内部收益率（IRR），其计算公式为：

$$IRR = i_1 + \frac{NPV_1}{NPV_1 + |NPV_2|} \times (i_2 - i_1)$$

式中：i_1——较低的试算折现率；i_2——较高的试算折现率；NPV_1——与 i_1 对应的净现值；NPV_2——与 i_2 对应的净现值。

利用内插法求内部收益率的计算过程如图4-2所示。

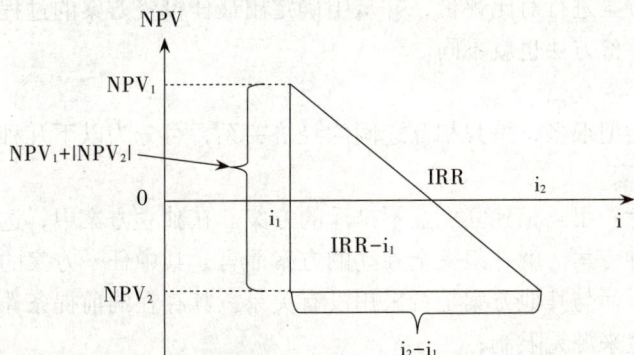

图4-2　利用内插法求内部收益率的计算过程

3.优缺点

（1）与净现值指标一样，内部收益率指标考虑了资金的时间价值，用于对项目进行动态分析，并考察了项目在整个寿命期内的全部情况。

（2）内部收益率是内生决定的，即由项目的现金流量特征决定的，不是事先外生给定的。这与净现值、净年值、净现值率等指标需要事先设定基准折现率才能进行计算比较起来，操作困难较小。因此，在进行财务分析时往往把内部收益率作为最主要的指标。

（3）内部收益率指标计算较为烦琐，非常规项目有多解现象，分析、检验和判别比较复杂。

（4）内部收益率适用于独立方案的经济评价和可行性判断，但不能直接用于互斥方案之间的比选。

（5）内部收益率不适用于只有现金流入或现金流出的项目。

（二）净现值率（NPVR）

所谓净现值率，就是按设定折现率求得的项目计算期的净现值与全部投资现值的比率，记作 NPVR。其计算公式为：

$$NPVR = \frac{NPV}{I_p} = \frac{\sum_{t=0}^{n}(CI-CO)_t(1+i)^{-t}}{\sum_{t=0}^{n}I_t(1+i)^{-t}}$$

式中：I_p——项目投资现值。

微课4

内部收益率

净现值率表明单位投资的盈利能力或资金的使用效率。净现值率的最大化，将使有限投资取得最大的净贡献。当用净现值率评价单个项目或方案时，若 NPVR≥0，方案可行，可以考虑接受；若 NPVR <0，方案不可行，应予拒绝。当净现值指标用于多方案比较时，虽然能反映每个方案的盈利水平，但是由于没有考虑各方案投资额的大小，因而不能直接反映资金的利用效率。为了考察资金的利用效率，可采用净现值率指标作为净现值的补充指标。

第三节　投资方案比选

投资方案比选是指在项目评估的过程中，按照一定的方法和程序，对符合拟建项目目标的多个备选方案进行对比评价，并从中确定出最佳投资方案的过程。投资方案类型不同，所选用的评价方法也就不同。

一、投资方案的分类

投资方案的类型很多，按其相互之间的经济关系，可分为以下几种类型：

（一）独立方案

独立方案是指一组互相独立、互不排斥的方案。在独立方案中，选择某种方案，并不排斥选择另一种方案。就一组完全独立的方案而言，其中任一方案的选用与否只与自身的可行性有关，而与其他方案是否采用没有关系。其存在的前提条件是：

（1）投资资金来源无限制；

（2）投资资金无优先使用的排列顺序；

（3）各投资方案所需的人力、物力均能得到满足；

（4）不考虑地区、行业之间的相互关系和影响；

（5）每一投资方案是否可行，仅仅取决于该方案的经济效益。

（二）互斥方案

互斥方案是指各个投资方案之间存在着互不相容、互相排斥的关系，进行方案比选时，在多个备选方案中只能选择一个，其余均必须放弃，不能同时存在。

（三）相关方案

相关方案是指各个方案之间，其中某一方案的采用与否会对其他方案的现金流量带来一定的影响，进而影响其他方案的采用与拒绝。

二、投资方案比选的依据和原则

投资方案比选可按方案的全部因素（相同因素和不同因素）计算各方案的全部经济效益和费用，进行全面的分析对比；也可仅就不同因素计算相对经济效益和费用，进行局部的分析对比。在进行方案比选时，应注意各个方案之间的可比性，遵循效益与费用计算口径一致的原则，必要时还应考虑相关效益和相关费用。本章主要介绍互斥方案和可转化为互斥关系的独立方案的比较与选择。

三、互斥方案的比选

在方案互斥的条件下，经济效果评价包含两部分内容：一是考察各个方案自身的经济效果，即进行绝对效果检验；二是考察哪个方案较优，即相对效果检验。两种检验的目的和作用不同，通常缺一不可。

（一）计算期相同的方案

对于计算期相同的互斥方案，通常将方案的计算期设定为共同的分析期，这样在利用资金等值原理经济效果评价时，各方案在时间上才具有可比性。在进行计算期相同方案的比选时，若采用价值性指标，则选用价值性指标最大者为相对最优方案；若采用比率性指标，则需要考察不同方案之间追加投资的经济效益。

1. 净现值法

在多个互斥方案中，只有通过绝对效果检验的最优方案才是唯一被接受的方案。对于净现值法而言，可表达为净现值大于或等于零且净现值最大的方案为相对最优方案。

2. 费用现值法

对于仅有或仅需计算费用现金流量的互斥方案，只需进行相对效果检验，判别准则是：费用现值最小者为相对最优方案。这类问题的特点是，无论选择哪一种方案，其效益或效果是相同的。这时费用最小的方案就是最好的方案，这就是所谓的最小费用法。

3. 差额投资内部收益率法

差额投资内部收益率（ΔIRR）又称增量投资内部收益率，也叫追加投资内部收益率，它是指相比较的两个方案各年净现金流量差额的现值之和等于零时的折现率。其计算公式为：

$$\sum_{t=0}^{n}\left[(CI-CO)_2-(CI-CO)_1\right]_t(1+\Delta IRR)^{-t}=0$$

式中：$(CI-CO)_2$——投资额大的方案年净现金流量；$(CI-CO)_1$——投资额小的方案年净现金流量。

采用差额投资内部收益率法对互斥方案进行比选的基本步骤如下：

（1）计算各备选方案的 IRR。

（2）将 IRR≥i_c 的方案按投资额由小到大依次排列。

（3）计算排在最前面的两个方案的差额内部收益率 ΔIRR，若 ΔFIRR≥i_c 或 ΔEIRR≥i_s，则说明投资额大的方案优于投资额小的方案，保留投资额大的方案；反之，若 ΔFIRR＜i_c 或 ΔEIRR＜i_s，则保留投资额小的方案。

差额投资内部收益率的计算与内部收益率的计算方法相同，用差额投资内部收益率与用价值性评价指标比选的结论是一致的。在应用中需注意，用差额投资内部收益率对多方案进行评价和比选时，其前提是每个方案都是可行的。

（二）计算期不同的方案

计算期不同的互斥方案在进行经济效果比选时，关键在于使其比较的基础相一致，通常可以采用计算期统一法、净年值法和费用年值法进行方案的比选。

1.计算期统一法

计算期统一法就是对计算期不等的比选方案选定一个共同的计算分析期，在此基础上，再按计算期相同的方案进行比选。通常有以下两种处理方法：

（1）计算期最小公倍数法。该方法取各备选方案计算期的最小公倍数作为共同的计算分析期，备选方案在共同的计算分析期内可能按原方案重复实施若干次。

（2）最短计算期法。最短计算期法也称研究期法，是选择该方案中最短的计算期作为各方案的共同计算期。

采用计算期最小公倍数法和最短计算期法进行方案比选，其结论是一致的。

2.净年值法

在对计算期不同的互斥方案进行比选时，净年值法是最为简便的方法，当参加比选的方案数目众多时，尤其如此。净年值的计算公式为：

$$NAV = [\sum_{t=0}^{n}(CI-CO)_t(P/F,i_c,t)](A/P,i_c,n)$$

净年值法的判别准则为：净年值大于或等于零且净年值最大的方案为相对最优方案。

用净年值法进行计算期不同的互斥方案比选，实际上隐含着这样一种假定：各备选方案在其寿命结束后均可按原方案重复实施或以与原方案经济效益水平相同的方案持续。因为一个方案无论重复实施多少次，其净年值是不变的，所以净年值法实际上假定了各方案可以无限多次重复实施。

3.费用年值法

费用年值法也称年费用法。当两种方案效益相同或基本相同但又难以计算时，可采用费用年值法进行方案比较。年费用的计算公式为：

$$AC = PC(A/P,i_c,n) = \frac{PC}{(P/A,i_c,n)}$$

式中：AC——等额年费用，其余各符号的含义同前。

应用费用年值法的判别标准是：年费用最小的方案为最优方案。

四、独立项目的比选

独立项目的比选分为两种情况：第一种情况是，投资的资金对所有项目不构成约束，也就意味着，分别计算各项目的NPV或IRR，只要这个项目的NPV大于等于0，或IRR大于或等于基准折现率，那么就可以选择该项目；第二种情况是，资金不足以分配到全部的项目，这时就形成了所谓的资金约束条件下的优化组合问题，常见的基本解法是互斥组合法。

采用互斥组合法的步骤为：首先，需要构造互斥型方案组合：根据排列组合的原理，每个项目均有两种可能，选择或者拒绝，因此，N个独立项目可以构成2^N个互斥型方案；其次，计算各组合的价值型指标，再根据寿命相等的互斥方案的选优原理进行比较选优；最后，考虑资金限制，找出相对最优组合方案。

需要注意的是，这种方法适用于方案数目较少的情况。若方案数目较多，方案组合数目就会很大，使用该方法会显得太烦琐。

本章小结

资金时间价值是指资金随时间推移所具有的增值能力。

资金等值是指在考虑资金时间价值因素的情况下，不同时间点发生的、数额不等的资金，可能具有相同的价值。

资金等值计算包括现值、终值、年金终值、年金现值、偿债基金、资本回收的计算等内容。

资金时间价值计算公式见表4-2。

表4-2　　　　　　　　　　　资金时间价值计算公式

公式名称	已知项	欲求项	系数符号	计算公式
复利值	P	F	$(F/P, i, n)$	$F = P(1+i)^n$
现值	F	P	$(P/F, i, n)$	$P = F\dfrac{1}{(1+i)^n}$
年金复利值	A	F	$(F/A, i, n)$	$F = A\dfrac{(1+i)^n - 1}{i}$
年金现值	A	P	$(P/A, i, n)$	$P = A\dfrac{(1+i)^n - 1}{i(1+i)^n}$
偿债基金	F	A	$(A/F, i, n)$	$A = F\dfrac{i}{(1+i)^n - 1}$
资金回收	P	A	$(A/P, i, n)$	$A = P\dfrac{i(1+i)^n}{(1+i)^n - 1}$

现金流量分析方法将评价指标分为时间性指标、价值性指标和比率性指标三类。这些指标的计算方法、优缺点、评判标准不尽相同，在使用中需要根据项目的具体情况进行选择。

投资方案比选既包括技术条件、建设条件、生产条件、投资时点、生产规模等的比选，也包括经济效益和社会效益等的比选。

独立方案是指一组互相独立、互不排斥的方案。在独立方案中，选择某种方案，并不排斥选择另一种方案。

互斥方案是指各个投资方案之间存在着互不相容、互相排斥的关系，进行方案比选时，在多个备选方案中只能选择一个，其余均必须放弃，不能同时存在。

互斥方案的比选需要根据方案的寿命期是否相同而采用不同的方法进行比选。

独立项目的比选主要是采用互斥组合法。

基础知识练习

一、单项选择题（每题的备选项中，只有1个最符合题意）

1.关于名义利率与年有效利率的说法，错误的是（　　）。

A.一年内计息周期不止一次的，年利率即为有效利率

B.名义利率除以年计息周期数可得到计息周期利率

C.当名义利率相同、计息次数不同时，年末本利和不同

D.每年计息一次时，名义利率等于有效利率

2.某企业发行2年期债券，每张债券面值为1 000元，票面利率为10%，每年计息4次，到期一次还本付息。则该债券的有效年利率和到期本利和分别为（　　）。

A.9.2%，925.60元　　　　　　　　　　B.10%，1 000元

C.10.38%，1 218.37元　　　　　　　　D.12.1%，1 260元

3.某企业从银行贷款1 000万元用于项目建设，贷款年利率为8%，计划于每年年末等额偿还，偿还期为8年，则该企业每年年末应偿还（　　）万元。

A.125.00　　　　　B.135.50　　　　　C.174.00　　　　　D.197.64

4.某项目投资现金流量表的数据见表4-3，则该项目的静态投资回收期为（　　）年。

表4-3　　　　　　　　　　　　　某项目投资现金流量表　　　　　　　　　　　　单位：万元

计算期	0	1	2	3	4	5	6	7
现金流入			600	1 000	1 000	1 000	1 000	1 000
现金流出	600	900	300	500	500	500	500	500

A.4.4　　　　　B.5.4　　　　　C.5.5　　　　　D.6.5

5.按照设定的折现率计算的某项目的净现值NPV=0，该结果表明（　　）。

A.盈亏平衡

B.达到了基准收益率标准

C.可以获得比基准收益率更高的收益

D.不能达到基准收益率水平

6.某项目投资现金流量表的数据见表4-4，若项目所在行业的基准收益率为10%，则该项目的净现值为（　　）万元。

表4-4　　　　　　　　　　　　　某项目投资现金流量表　　　　　　　　　　　　单位：万元

计算期	0	1	2	3	4	5	6	7
现金流入			600	1 000	1 000	1 000	1 000	1 000
现金流出	600	900	300	500	500	500	500	500

A.1 300　　　　　B.396.01　　　　　C.395.70　　　　　D.1813.80

7.经计算，基准折现率为12.3%时，项目的净现值为45万元，当基准折现率为12.7%时，项目的净现值为-13万元，则项目的内部收益率为（　　）。

A.12.61%　　　　B.11.33%　　　　C.10.21%　　　　D.13.25%

8.若各个项目（方案）之间互不相容、互相排斥，则项目（方案）之间的关系属于（　　）。

A.互斥关系　　　B.独立关系　　　C.组合关系　　　D.相关关系

9.某企业现有三个独立的投资方案，期初投资总额及计算期净现值见表4-5。若企业可用于投资的金额为600万元，则该企业应选择的组合方案是（　　）。

见表4-5　　　　　　三个投资方案期初投资总额及计算期净现值　　　　　　单位：万元

方案	投资总额	净现值
甲	200	80
乙	300	50
丙	400	20

A.甲、乙方案组合　　　　　　　　B.甲、丙方案组合

C.乙、丙方案组合　　　　　　　　D.甲、乙、丙方案组合

10.独立方案比选采用效益费用比法时，方案在经济上可以接受的判别标准是（　　）。

A.效益/费用大于1

B.效益现值必须大于费用现值

C.效益-费用等于0

D.效益-费用小于0

二、多项选择题（每题的备选项中，有2个或2个以上符合题意，至少有1个错误选项）

1.从项目系统角度看，现金流量的内容有（　　）。

A.现金流入量　　　B.现金流出量　　　　　C.经营现金流量

D.投资现金流量　　　E.净现金流量

2.某项目筹集到一笔100万元的商业银行贷款，年利率为12%，按季度计息，2年后还本付息。则下列选项中，正确的有（　　）。

A.该贷款的名义年利率为12%

B.该贷款的年有效利率为12%

C.该贷款的年有效利率为12.55%

D.该贷款到期的本利和为125.10万元

E.该贷款到期的本利和为126.68万元

3.在对投资方案进行经济评价时，在经济上可以考虑接受的情形有（　　）。

A.投资回收期大于基准投资回收期

B.净现值大于或等于零

C.净年值大于或等于零

D.净现值率大于或等于1

E.内部收益率大于或等于基准收益率

4.下列关于经济评价指标的说法，正确的有（　　　）。

A.比率性指标主要包括内部收益率、效益费用比和净现值率

B.寿命期不同的多个互斥方案的比选，应优先使用净现值指标进行比较

C.净现值率是最主要、最常用的价值性指标

D.我国进行项目经济评价时一般把内部收益率作为最主要的指标

E.内部收益率指标可以作为多个独立方案选优的比较指标

三、简答题

1.什么是资金时间价值？其本质是什么？

2.什么是现金流量、现金流入、现金流出、净现金流量？

3.现金流量图包括哪些要素？

4.投资项目评价指标有哪些类型？各有哪些优缺点？

5.投资方案比选中将方案分为哪些类型？

6.互斥方案比选应注意什么问题？有哪些主要方法？

7.独立方案比选有哪两种情况？

四、案例分析题

背景资料：某地区拟建设水坝以减少洪水灾害损失，共设计了4个互相独立的修建方案。寿命期预计均为75年，预期水灾年损失、投资及年维护费用资料见表4-6，设定的基准收益率为4%。

表4-6　　　　　各方案的预期水灾年损失、投资及年维护费用资料　　　　　单位：万元

方案	投资	年维护费	预期水灾年损失
不建设	0	0	240
A	1 120	29	150
B	880	21	170
C	720	18	200
D	480	12	215

问题：从A、B、C、D4个方案中选择最优方案。

实践操作训练

■ 实训操练

一、实训目的

通过实验，了解资金时间价值的本质，掌握资金时间价值的计算；熟悉现金流量分析方法，以及项目（方案）的类型；能够熟练应用各种指标对不同的项目进行评

价，掌握计算期相同情况下互斥方案的比选方法和计算期不同情况下互斥型方案的比选方法。

二、实训准备

（1）掌握实际利率的计算；

（2）掌握资金时间价值计算的方法；

（3）掌握时间性指标静态投资回收期、动态投资回收期的计算；

（4）掌握价值性指标净现值、净年值的计算；

（5）掌握比率性指标内部收益率、净现值率的计算；

（6）掌握计算期相同情况下互斥方案的比选；

（7）掌握计算期不同情况下互斥方案的比选。

三、实训内容

1.有效年利率（实际年利率）

已知年名义利率为10%。

实训要求：计算年、半年、季、月、日的有效年利率（实际年利率）。

2.现值

如果某人希望10年后从银行取出10 000元，年利率为12%（按复利计算）。

实训要求：计算此人现在应存入银行的资金数。

3.年金现值

设立一项基金，计划在从现在开始的10年内，每年年末从基金中提取100万元的资金，年利率为12%。

实训要求：计算现在应在该基金中存入的资金数。

4.偿债基金

某企业为了在8年后有一笔100万元的资金用来进行企业主要生产设备的更新和改造，年利率为15%。

实训要求：计算从现在开始该企业每年年末应存入银行的资金数。

5.资本回收值

某项目投资150万元，计划在未来6年内回收全部投资，年利率为12%。

实训要求：计算每年年末需回收的资金数额。

6.静态投资回收期

某项目的净现金流量见表4-7。

实训要求：计算该项目的静态投资回收期。

表4-7   某项目净现金流量表   单位：万元

年　份	1	2	3	4	5	6
净现金流量	-100	-200	100	250	200	200

7.动态投资回收期

某项目各年的净现金流量见表4-8（$i_c=10\%$）。

实训要求：计算该项目的动态投资回收期。

表4-8 某项目净现金流量表 单位：万元

项　目 \ 年　份	0	1	2	3	4	5
税后净现金流量	−34 560	9 582	14 414	14 414	14 414	18 321
累计税后净现金流量	−34 560	−24 978	−10 564	3 850	18 264	36 585

8.内部收益率法

经初步计算，某投资项目FNPV（i=16%）=210.29万元，FNPV（i=20%）=78.70万元，FNPV（i=23%）=−60.54万元。

实训要求：计算该项目的财务内部收益率。

9.净现值法

现有A、B、C三个互斥方案，其寿命期均为16年，各方案的净现金流量见表4-9，已知i_c=10%。

表4-9 各方案净现金流量表 单位：万元

方　案 \ 年　份	建设期		生产期		
	1	2	3	4～15	16
A	−2 024	−2 800	500	1 100	2 100
B	−2 800	−3 000	570	1 310	2 300
C	−1 500	−2 000	300	700	1 300

实训要求：用净现值法选择最佳方案。

10.差额投资内部收益率法

某建设项目有A、B、C三个方案，其寿命期均为10年，各方案的初始投资和年净收益见表4-10，已知i_c=10%。

表4-10 各方案的净现金流量表 单位：万元

方　案 \ 年　份	0	1～10
A	−170	44
B	−260	59
C	−300	68

实训要求：用差额投资内部收益率法选择最佳方案。

11.计算期统一法

某建设项目有A、B两个方案，其净现金流量见表4-11，已知i_c=10%。

表4-11 各方案的净现金流量表 单位：万元

方　案 \ 年　份	1	2～5	6～9	10
A	−300	80	80	100
B	−100	50	—	—

实训要求：利用计算期统一法对方案进行比选。

12.年值法

某建设项目有A、B两个方案，其净现金流量见表4-12，已知 $i_c=10\%$。

表4-12　　　　　　　　　　　　各方案的净现金流量表　　　　　　　　　　单位：万元

方案 年份	1	2~5	6~9	10
A	−300	80	80	100
B	−100	50	—	—

实训要求：试用年值法对方案进行比选。

13.年费用比较法

某项目有A、B两个不同的工艺设计方案，均能满足同样的生产技术需求，各方案净现金流量见表4-13，已知 $i_c=10\%$。

表4-13　　　　　　　　　　　　各方案的净现金流量表　　　　　　　　　　单位：万元

方案	投资（第1年年末）	年经营成本（第2~10年年末）	寿命期
A	600	280	10
B	785	245	10

实训要求：试用年费用比较法选择最佳方案。

第四章自测题一　　　　　　　　　　　　第四章自测题二

第五章　投资项目建设方案评估

学习目标

　　通过本章的学习，要求学生了解和熟悉投资项目产品方案的选择、生产规模的确定、工艺技术方案评估、设备选择方案评估、场（厂）址选择评估、工程方案评估和原材料与燃料供应方案评估的内容和基本方法，能够运用所学知识对相关评估内容进行分析。

学习要求一览表

能力模块	能力要求	相关知识点
产品方案选择	了解产品方案选择应考虑的因素；熟悉选择项目产品方案的方法	(1) 影响产品方案选择的因素 (2) 确定产品方案的方法
生产规模确定	了解确定生产规模应考虑的因素；熟悉确定生产规模的方法；掌握建设规模合理性分析的内容	(1) 影响生产规模的因素 (2) 确定生产规模的方法 (3) 建设规模合理性分析的内容
工艺技术方案评估	了解工艺技术方案评估的内容；熟悉工艺技术方案比选的内容；了解工艺技术方案比选的方法	(1) 工艺技术方案评估的内容 (2) 工艺技术方案比选的内容 (3) 工艺技术方案比选的方法
设备选择方案评估	了解设备选择方案评估的内容；熟悉设备选择的具体要求及设备方案比选的内容	(1) 设备选择方案评估 (2) 设备选择的具体要求 (3) 设备方案比选的内容和方法
场（厂）址选择评估	了解场（厂）址选择的概念；熟悉场（厂）址选择应考虑的因素；掌握场（厂）址选择的原则和比选的内容	(1) 场（厂）址选择应考虑的因素 (2) 场（厂）址选择的原则 (3) 场（厂）址比选的内容
工程方案评估	了解工程方案选择的基本要求；熟悉工程方案评估的内容；掌握总图运输方案比选的内容	(1) 工程方案选择的基本要求 (2) 工程方案评估的内容
原材料与燃料供应方案评估	熟悉原材料供应方案应考虑的因素及燃料供应方案应考虑的因素；了解原材料、燃料供应方案比选的内容	(1) 原材料供应方案评估 (2) 燃料供应方案评估

第一节　产品方案的选择

产品方案，是指拟建项目生产的产品（主导产品、辅助产品或副产品）品种和提供的服务种类及其组合，它包括产品品种、产量、规格、质量标准、工艺技术、材质、性能、用途、价格、内外销比例等。产品方案需要在产品组合的基础上形成。对于生产多种产品的建设项目，其主要产品的种类及生产能力的组合，应与其技术、设备、原材料及燃料供应等方案协调一致。

一、产品方案选择应考虑的因素

产品方案选择一般应考虑以下主要因素：

1.国家产业政策和技术政策

项目产品方案应符合国家产业政策、能源政策、技术政策、行业准入标准及优化经济结构等需要，优先选择国家鼓励发展的产品，优先考虑同类主流产品和主流技术。

2.市场需求和专业化协作

项目产品方案应以市场需求为导向，根据目标市场确定产品的品种、数量、质量，并能较好地适应市场变化的要求。同时还应从社会和区域的角度考察产品方案是否有利于专业化协作，是否符合与上下游产品链、产品链的衔接要求。

3.资源综合利用、循环经济和低碳经济要求

产品方案应符合资源综合利用、循环经济和低碳经济的要求。对共生型资源开发或在生产过程中产生多种副产品的项目，在确定产品方案时，应按照循环经济的要求，重视资源的综合利用，提出主导产品和辅助产品的组合方案。

4.环境条件和生产供应条件

产品方案应考虑环境保护要求和可能提供的环境容量，以及环境治理设施投资等因素。同时应遵循地方和行业对原材料、辅助材料、燃料、动力供应的相关规定和规范，考虑原材料、辅助材料、燃料、动力供应的稳定性、可得性及其数量、质量、价格等，以此来确定产品方案。

5.技术水平和运输存储条件

产品方案应与可能获得的技术装备水平相适应，产品的生产工艺要成熟，设备要先进可靠，确保项目投产后能生产出合格产品。同时，对生产、包装、运输、储存有特殊要求的项目，在确定产品方案时应考虑产品对包装、运输、储存的特殊要求，并与物流业的发展水平相适应。

二、产品方案的比选

按照上述要求分析，提出不同的产品组合方案，选定适合拟建项目的比较因子进行比选，择优推荐。

第二节　生产规模的确定

生产规模也称建设规模，是指项目在正常的生产运营年份达到的生产（服务）能力或使用效益。

一、确定生产规模应考虑的因素

(一)合理的经济规模

合理的经济规模是指项目投入产出处于较优状态,资源和资金可以得到充分利用,并可获得最佳经济效益的规模。拟建项目生产规模应符合国家和行业主管部门规定的相关产业项目的经济规模标准,也可根据技术装备水平和市场需求的变化,参考世界发达国家公认的经济规模来确定拟建项目的生产规模。

(二)市场容量与竞争力

市场对拟建项目的产品品种、规格和数量的需求,从产出方向上制约着拟建项目的规模。因此,应根据市场调查和需求预测得出的市场容量,充分考虑产品的竞争力和营销策略,分析项目产品的目标市场和可能占有的市场份额,进而确定拟建项目的建设规模。

(三)环境容量和自然资源供应量

土地、生物、水、矿产和人力等资源,各类原材料、零部件、燃料、电力以及交通运输、通信、建筑材料、施工能力等,都可能对拟建项目的生产规模产生影响。

(四)技术经济社会条件和现代化建设要求

生产技术决定着主导设备的技术经济参数,并往往与设备标准化、系列化相关联。研究生产规模时,应对拟选技术对应的标准规模、主导设备和装置制造商的水平等因素进行综合考虑。

二、确定生产规模的方法

(一)经验法

经验法是根据国内外同类或类似企业的经验数据,考虑生产规模的制约和决定因素确定拟建项目生产规模的一种方法。经验法在实践中运用最为普遍。

在确定拟建项目生产规模之前,首先要找出与该项目相同或类似的项目,特别是要找出几个生产规模不同的项目,并计算出各不同生产规模项目的主要技术经济指标,如财务内部收益率、投资利润率和投资回收期等;然后综合考虑制约和决定该拟建项目生产规模的各种因素,确定一个适当的规模。

【例5-1】拟建一个生产某电子产品的项目,同类项目的生产规模是年产40万台、60万台、100万台、200万台、300万台和400万台。通过调查并计算,已知各种生产规模项目的投资和财务内部收益率数据如表5-1所示。

表5-1　　　　　各种生产规模项目的投资和财务内部收益率

建设规模（万台/年）	40	60	100	200	300	400
投资额（万元）	10 000	13 000	16 000	22 000	27 000	31 000
财务内部收益率（%）	9.30	10.55	15.45	21.60	27.80	27.20

解答:

从表5-1可以看出,年产300万台的生产规模是最佳生产规模,但投资额比较大,需要27 000万元。通过对影响生产规模的各种因素进行研究,该项目主要受资金供应和市场需求的制约,能筹措到的资金为16 000万元,可能的市场份额在150万台和200万台之间。结合两个因素,该项目只能选择年产100万台的生产规模。

（二）规模效果曲线法

规模效果曲线法是通过研究随着拟定生产规模的不断扩大，企业销售收入与成本曲线变化的关系，来确定项目最适宜的生产规模的一种方法。由于销售收入与成本曲线也叫规模效果曲线，所以这种方法也称规模效果曲线法，如图5-1所示。

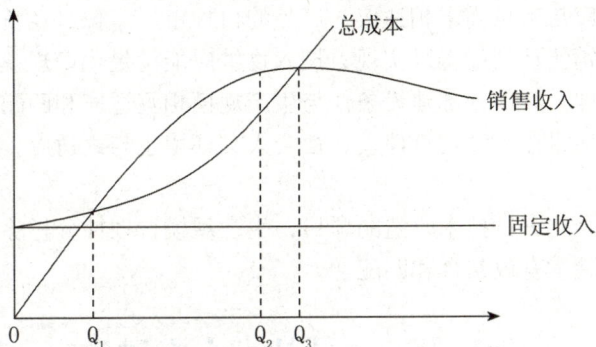

图5-1　规模效果曲线图

从图5-1可以看出：当生产规模达到Q_1时，企业实现盈亏平衡；当生产规模超过Q_1时，企业开始取得净收益；当生产规模达到Q_3时，企业又到了盈亏平衡状态；当生产规模超过Q_3时，企业进入亏损状态。Q_1到Q_2之间的企业规模效应是递增的，也就是说，收益的增加幅度大于生产规模的增加幅度；当生产规模超过了Q_2时，企业规模收益递减，也就是说，收益的增加幅度小于生产规模增加的幅度，甚至生产规模扩大使边际收益为负值。据此认为，Q_1到Q_2是规模经济区，在这个区域内，Q_2不但是规模经济的临界点，也是最佳经济规模点，因为在这一点上，边际收入等于边际成本。从理论上讲，应当以Q_2作为拟建项目的生产规模。但在实践中，由于受多种因素的制约和限制，常常不能达到这一规模，一般会小于Q_2。Q_1是第一个盈亏平衡点，不能选择这样的规模。按照规模效果曲线法确定拟建项目生产规模的方法是：首先确定规模经济区，然后在这个区间内，考虑制约和影响生产规模的多种因素，选择距Q_2点最近的规模。

（三）生存技术法

生存技术法是把某一行业按照生产规模进行分类，然后计算各时期不同生产规模企业所占份额及其变化，以此判断该规模登记的效率和生存能力的强弱。

三、建设规模合理性分析

对拟建项目进行合理性分析主要包括以下内容：

（一）产业政策和行业特点的符合性

为了保证国民经济健康有序发展，节约有限的资源，国家和相关行业制定了某些重要产品的生产经济规模标准，也制定了鼓励发展、限制发展和禁止发展产业目录。这些政策都是经专门研究和分析论证后出台的，具有一定的权威性和合理性。项目生产规模设计是否符合国家和行业的产业政策是考虑其合理性的首要因素。

（二）收益的合理性（经济性）

生产规模的变动会引起收益的变动，适度的生产规模可取得降低费用、提高竞争力和获得较高经济效益的效果。生产规模的经济性是建设方案总体设计时需要考虑的重要问题。

（三）资源利用的合理性

投资项目的建设和运营，要以资源耗费为基础。从资源利用的合理性角度考察生产规模的合理性，主要是考虑资源利用的可靠性、有效性和经济性。

（四）与外部条件的适应性与匹配性

项目建设规模应与市场需求相适应，产品的目标市场定位、竞争能力和营销策略都应保证项目产品的销售计划能得以实现；投入物供应能满足生产规模的要求，确保来源稳定可靠、价格合理。其他外部建设条件与生产规模相互适应和匹配是指环境容量能够容纳该生产规模的项目在当地进行建设，社会人文环境也与之适应，交通、供电、供水能力等与之相匹配。

对于依托现有企业进行技术改造的项目，生产规模合理性分析除上述内容外，还应分析是否能与现有装置有效结合和匹配。

第三节　工艺技术方案评估

工艺技术方案是项目技术条件的核心和基础，是设备方案选择的依据，也是进行厂区总图运输、公用辅助工程设计和布局的依据。

一、工艺技术方案的评估内容

工艺技术方案的评估是以技术方案决策为基本方法的，即通过对备选工艺技术方案在先进性、可靠性、合理性、适用性、安全性、经济性以及环保性等方面进行考察论证，选择符合建设项目实际并具有较好经济效益的工艺技术方案。

（一）先进性

技术的先进性主要体现在产品性能好、产品使用周期长、单位产品物耗能耗低、劳动生产率高、自动化程度高、平稳运行周期长等方面。拟建项目应尽可能采用先进技术和高新技术，保持一定时期的国际领先或国内领先。

（二）可靠性

工艺技术方案的可靠性是指选择的工艺技术和工艺流程是否成熟、项目建成后能否按预定目标正常运转并生产出合格产品。它有两个重要标志：一是生产的单个产品的技术参数指标是否合格；二是该方案的产品质量是否稳定，即正品率的高或低。

（三）合理性

合理的工艺流程应满足以下条件：产品能满足技术方案的要求；原材料从投入到形成成品的过程流畅、便捷且具有连续性；便于提高劳动生产率和设备利用率。

（四）适用性

拟建项目采用的工艺技术应尽可能与项目的生产规模相匹配，与原材料路线、辅助材料和燃料相匹配，与设备相匹配，与资源条件、环保要求、经济发展水平、员工素质和管理水平相适应，与项目建设规模相适应。

（五）安全性

拟建项目所采用的工艺技术，在正常使用过程中应确保安全生产运行。

（六）经济性

拟建项目采用的工艺技术应尽可能做到消耗少、投资少、成本低、利润高，提高拟建项目的效益。

（七）环保性

拟建项目采用的工艺技术要符合清洁生产对工艺技术的要求；体现循环经济减量化原则，从源头减少污染物的排放，满足减少环境友好型社会的要求；尽可能采用低碳化、循环化和集约化的技术。

二、工艺技术方案的比选

（一）比选内容

工艺技术方案比选的内容与行业特点有关，主要包括技术特点、原料适应性、工艺流程、关键设备结构及性能、产品物耗和能耗、控制水平、操作弹性及稳定性、本质安全和环保、配套条件、建设费用和运营费用、效益等方面，应突出创新性和技术特点，重视对专利、专有技术的分析。

（二）比选方法

工艺技术方案比选通常采用定性分析和定量分析相结合的方法进行，通过原材料和辅助材料的物耗能耗指标、产品收率、原料损失率、产品质量等指标进行技术分析；利用单位产品成本、单位产品投资、技术使用权费用等指标进行综合分析；对影响技术先进性、适用性和可靠性的相关风险因素进行定量或定性分析。

第四节　设备选择方案评估

工艺技术方案确定之后，需要对主要设备方案进行研究论证、比选，以保证工艺技术方案的实施。

一、设备选择的内容和要求

（一）设备选择的内容

设备选择要完成对主要设备的型号、规格、数量、技术性能指标和价格等因素的考察，即比较和选择各设备方案对建设规模的满足程度、对产品质量和生产工艺要求的保障程度、设备使用寿命、物耗指标、操作要求、备品备件保障程度、安装试车技术服务以及所需的设备投资等。通过比较，选择出可以达到既定生产能力所需要的、最佳的和高效能的设备类型。

（二）设备选择的具体要求

（1）根据工艺技术和生产能力要求选用主要设备，满足生产能力、生产工艺和产品技术的标准要求。

（2）优先选用国内已经生产并能达到工艺要求，质量可靠、性能先进的国产设备；设备要在符合国家或行业技术标准的前提下，实现长周期稳定运行，在保证设备性能的前提下，力求经济合理。

（3）引进设备，要研究工艺上的成熟可靠性；技术上的先进性和稳定性；要充分考虑引进制造技术或合作制造、零配件的国内供应以及超限设备运输的可能性。

（4）引进设备与国产设备、不同国家及不同制造商制造设备、技术改造项目与原有设备要相互匹配；主要设备之间、主要设备与其他设备之间要相互适应。

（5）设备选用应符合安全、节能、环保的要求，尽可能选择节能设备。

（6）设备选用应考虑管理与操作的适应性，还要考虑设备日常维护保养、零部件更换和维修的方便性。

二、设备方案比选

评估人员在对国内外设备制造、供应以及运行状况进行充分调查研究的基础上，对拟选的主要设备做多方案比选，提出推荐方案。

（一）比选内容

主要设备比选一般从设备参数、性能、物耗能耗、环保、投资、运营费用、对原料的适用性、对产品质量的保证程度、备品备件保证程度、安装试车技术服务等方面进行论证。

（二）比选方法

设备方案的比选主要采用定性分析的方法，将各设备方案的内容进行对比分析，择优选取。必要时可以采用定量分析的方法，根据设备投资和运营消耗，通过计算运营成本、寿命周期费用现值差额和投资回收期等指标，择优选取。

第五节　场（厂）址选择评估

一、场（厂）址选择的概念

场（厂）址选择，是指按照国家生产力布局的要求，或者项目所在行业规划、区域规划、流域规划、路网管网规划及城市规划的要求，结合拟建项目性质、功能条件要求等，对项目建设地址或地点进行比选。项目评估阶段场（厂）址选择的主要任务就是对可行性研究报告中已经确定的工程项目建设地区和建设地点进行独立的分析研究，选择具体坐落位置。

建设方案的场（厂）址选择是项目决策的重要内容。拟建项目在确定了建设规模、生产工艺以及投入物料等基本问题后，应根据拟建项目的特点和要求，对场（厂）址进行深入细致的调查研究，进行多点、多方案比较后再择优选定场（厂）址。

二、场（厂）址选择应考虑的因素

（一）自然环境因素

自然环境因素包括自然资源条件和自然条件。自然资源条件包括矿产资源、水资源、土地资源、能源、海洋资源等，自然条件包括气象条件、地形地貌、工程地质、水文地质等。这些条件对项目的选址影响很大。

（二）交通运输因素

交通运输因素是指供应和销售过程中用车、船、飞机以及管道、传送带等对物资的运输，包括铁路、公路、水路、空运、管道等运输设施及运输能力。这些因素会影响项目原料和产品运输的成本，以及运输的便捷性。

（三）市场因素

市场因素包括销售市场、原材料市场、动力供应市场。场（厂）址距离市场的远近，不仅直接影响项目的效益，还会对产品或原料的可运性产生影响，在一定程度上还会影响产品或原料种类的选择。

（四）劳动力因素

劳动力因素与生产成本、劳动效率、产品质量密切相关，主要包括劳动力市场与分布、劳动力资源、劳动力素质、劳动力费用等。

（五）社会和政策因素

社会因素包括地区分类和市县等别，社会经济发展的总体战略布局，少数民族地区发展政策，西部开发、中部崛起、东北老工业基地振兴政策，发展区域特色经济政策，国家安全等因素；建设项目对公众生存环境、生活质量、安全健康带来的影响及公众对建设项目的支持或反对态度，都会影响拟建项目的场（厂）址选择。

（六）人文条件因素

人文条件因素包括拟建项目地区民族的文化、习俗等。

（七）集聚因素

建设项目拟选地区产业的集中布局能带来集聚效应，实现物质流和能量流的综合利用，能有效减少产品成本，降低费用，带来大型化、集约化和资源共享，节约总建设投资，减少总建设周期。

三、场（厂）址选择的原则和比选内容

（一）场（厂）址选择的原则

（1）符合国家、地区和城乡规划的要求。

（2）满足对原材料、能源、水和人力的供应，满足生产工艺和营销的要求。

（3）节约和效益原则，尽力做到降低建设投资，节省运费，提高利润。

（4）安全原则，要防地质灾害，防战争危害。

（5）实事求是原则，对多个场（厂）址进行调查研究，进行科学的分析、比较和遴选。

（6）本着节约用地的原则，尽量不占或少占农田。

（7）以人为本，减少对生态和环境的影响。

（二）场（厂）址选择的比选内容

1.建设条件比较

场（厂）址的建设条件包括地理位置、土地资源、地势条件、工程地质条件、土石方工程量条件、动力供应条件、资源及燃料供应条件、交通运输条件、生活设施及协作条件等。

2.投资费用比较

投资费用包括场地开拓工程、基础工程、运输工程、动力供应及其他工程费用等。

3.运营费用比较

运营费用包括不同场（厂）址带来的原材料、燃料运输费、产品运输费、动力费、排污费和其他运营费用方面的差异。

4.环境保护条件比较

环境保护条件包括场（厂）址位置与城镇规划的关系、与环境敏感区的关系、与风向的关系、与水环境质量的关系、与公众利益的关系等。

5.安全条件比较

对于生产、储存危险化学品的项目，应当对拟建场（厂）址进行安全条件论证。

评估人员通过方案比较，编制场（厂）址选择报告，提出场（厂）址推荐意见，描述推荐方案场（厂）址概况、优缺点和推荐理由，以及项目建设对自然环境、社会环境、交通、公用设施等的影响。

第六节　工程方案评估

工程方案选择是在已选定项目建设规模、工艺技术方案和设备方案的基础上，研究论证主要建筑物、构筑物的建造方案和辅助设施的布置方案。

一、工程方案选择的基本要求

（一）满足生产使用功能

确定项目的工程内容、建筑面积和建筑结构时，应确定满足生产使用的要求，分期建设的项目应留有扩展余地。

（二）满足已选定的厂址的要求

在已选定的厂址范围内，合理布置建筑物、构筑物以及妥善安排地上、地下管网的位置。

（三）符合工程标准规范

建筑物、构筑物的基础、结构和所采用的建筑材料，应符合政府部门或者专门机构公布的技术标准规范要求，确保工程质量。

（四）经济合理

工程设计方案在满足使用功能、确保质量的前提下，应力求降低造价、节约建设资金。技术改造项目的工程设计方案，应合理利用现有场地、设施，并力求使新增的设施与原有设施相协调。

二、工程方案的评估内容

（一）总图运输方案评估

总图运输方案主要依据确定的建设规模，结合场地、物流、环境、安全、美学等条件和要求，对工程总体空间和设施进行的合理布置。总图运输方案应根据项目的性质和特点进行综合考虑。

1.总图运输方案评估内容

（1）总体布置

总体布置是对厂区、居住区、相邻企业、水源、电源、热源、渣场、运输、平面竖向、防洪排水、外部管线及机械化运输走廊、发展预留、施工用地等进行全面规划。总体布置应在批准的城镇总体规划、工业园区布局规划基础上，结合项目所在区域的自然条件等进行，要满足项目生产、运输、防震、防洪、防水、安全、卫生、环境保护和职工生活设施的需要，经多方案技术经济比选后，择优确定。

（2）厂区总平面布置

厂区总平面布置应在总体布置的基础上，根据项目性质、规模、生产流程、交通运输、环境保护、防火、防爆、安全、卫生、检修、生产、经营管理、厂容厂貌和发展的要求，结合当地自然条件、场外设施分布、远期发展等因素，紧凑、合理布置，经多方案比选后确定。

（3）厂区竖向布置

厂区竖向布置主要是根据工厂的生产工艺、运输要求，结合场地排水、厂区地形、工程地质、水文地质等条件，确定建设场地上的高程（标高）关系，合理组织场地排水。竖向布置应与总体布置和总平面布置相协调，充分利用、合理改造自然地形，提供高程合理的用地；应满足生产工艺、场内外运输装卸、管道敷设对坡向、坡度、高程的要求；应充分利用地形，选择适当的竖向布置形式，合理确定建筑物、构筑物和铁路、道路的标高，力求减少土石方工程量，保证物流、人流的良好运输与通行；应保证场地排水通畅，不受潮水、内涝、洪水的威胁。

（4）厂区道路布置

厂区道路布置涉及道路形式、路面宽度、纵坡、道路净空及路面结构的选择。道路布置应根据国家规范、生产规模、企业类型、道路类别、使用要求、交通量等综合考虑确定。满足生产（包括安装、检修）、运输和消防的要求，做到厂内外货物运输畅通、行人方便，尽量做到主要人流、物流线路短捷，运输安全，工程量小。

（5）厂外、厂内布置

厂外、厂内布置主要确定原料供应物流、销售物流的运输方案（厂外运输方案）和生产物流的运输方案（厂内运输方案）。

厂外运输应根据厂外运进、厂内运出的实物量、物态特性、包装方式、产地、运距、可能的运输方式，结合线路能力、运费、运输工具来源、运力、运输可靠程度、安全程度、承运公司资质等因素，经技术经济比选进行确定。

厂内运输应根据项目生产的特点、生产规模、货物运输的要求、运输距离，经技术经济比选进行确定。

（6）厂区绿化

厂区绿化布置是总平面布置的重要内容，也是环境保护的重要措施。工业项目应严格控制厂区绿化率，用地范围内不得建造"花园式工厂"，工厂绿化率应符合有关标准和规范的要求。

2.总图运输方案比选

（1）技术指标比选

技术指标比选主要是通过投资强度、建筑系数、容积率、行政办公及生活服务设施用地所占比重、绿化洗漱、场地利用系数等指标对总图运输方案进行比选。

（2）总图布置费用比选

总图布置费用比选主要通过土石方费用、地基处理费用、地下管线费用及防洪抗震设施费用等进行比选。

（3）其他比选内容

其他比选内容主要是进行功能比选、拆迁方案比选和运输方案比选。功能比选主要比选生产流程的短捷、流畅、连续程度，项目内部运输的便捷程度以及安全生产满足程度等。拆迁方案比选主要是对拟建项目占用土地内的原有建筑物和构筑物的数量、面积、类型、可利用的面积、需拆迁部分的面积、拆迁后原有人员及设施的去向、项目需支付的补偿费用等，进行不同拆迁方案的比选。运输方案的比选主要是在满足生产功能条件的前提下，进行技术经济比选。

（二）土建工程方案评估

土建工程方案评估是在已确定的工程项目建设规模和技术、设备方案的基础上，对拟建项目的主要建筑物和构筑物的建造方案进行评价，比选出较优的方案。

对于一般工业项目的土建工程方案，主要评估其建筑特征（面积、层数、高度、跨度），建筑物、构筑物的结构形式，以及特殊建筑要求（防火、防爆、防腐蚀、隔音、隔热、防渗等），大型油罐及建筑物、构筑物的基础工程方案，抗震设防措施等。

对于民用建筑的土建工程方案，主要评估其建筑物形式、体量、结构、装饰灯等方案。对于大型建筑物、重要建筑物采用的工程方案应通过经济技术比选确定，做到技术先进、经济合理、安全适用、施工方便。

第七节　原材料与燃料供应方案评估

原材料、燃料和动力是项目建设和生产过程中的基本要素和重要的物质保障。在研究确定拟建项目建设规模、产品方案、工艺技术方案的同时，要明确项目所需主要原材料的品种、数量、规格、质量的要求，对价格进行分析研究，并结合场（厂）址方案的比选确定其供应方案。

一、原材料与燃料供应方案选择应考虑的因素

（一）原材料供应方案选择应考虑的因素

1.原材料的品种、质量、性能

原材料是项目投产后生产运营所需的主要投入物。应根据项目产品方案和工艺技术方案，研究确定项目所需原材料的品种、质量和性能（含物理性能和化学成分）。

2.原材料需求量

应根据项目产品方案所提出的各种产品的品种、规格以及建设规模和物料消耗定额，计算各种物料的年消耗量。为了保障正常生产，应根据生产周期、生产批量、采购运输条件等，计算各种物料的经常储备量、保险储备量、季节储备量和物料总储备量，作为生产物流方案研究的依据。

3.原材料供应必须进行多方案比选

原材料来源必须明确、可靠。对于外购原材料的项目，应对原材料供应和价格进行预测，并分析各种供应方案，分析供应商的概况、供应周期、原材料供应质量、数量的稳定性与可靠性等情况；对于由内部供应原材料的项目，应计算并说明有关单位之间的物料平衡，并提出优选方案。

（二）燃料供应方案选择应考虑的因素

项目所需燃料是指项目生产工艺、公用和辅助设施、其他设施所用燃料。

（1）项目所需燃料类别、质量标准、所需燃料数量，应根据项目对燃料类别的特殊需求以及燃料的可得性，经过技术经济比较进行确定。选择燃料品种应满足环境保护的要求。

（2）应根据项目所需燃料类别、质量标准、所需燃料数量、燃料供应方式的稳定性和可靠性，对燃料来源、价格、运输条件等进行多方案比选。

（3）应对项目所选辅助材料和燃料被替代的可能性与经济性进行分析研究。

二、原材料与燃料供应方案比选

主要原材料和燃料的供应方案应通过多方案比较确定。在满足生产类别、质量、性能、数量要求的条件下，主要比较：

（1）采购的可靠性、稳定性和安全性；

（2）价格（含运输费用）的经济性；

（3）采购过程中可能面临的风险；

经过比选，最后提出推荐方案。

知识拓展5-1

建设方案技术比选的简单评分法和加权评分法

本章小结

投资项目确定产品方案应结合国家产业政策和技术政策，市场需求和专业化协作，资源综合利用、循环经济和低碳经济，环境条件和生产供应条件，技术水平和运输存储条件，并选定适合拟建项目的比较因子进行比选，择优推荐。

生产规模也称建设规模，是指项目在正常的生产运营年份达到的生产（服务）能力或使用效益。

投资项目生产规模应结合合理的经济规模、市场容量与竞争力、环境容量和自然资源供应量、技术经济社会条件和现代化建设要求以及资金的可供应量等因素综合确定。

生产规模确定的方法主要有经验法、规模效果曲线法、生存技术法等。

建设规模的合理性主要从产业政策和行业特点的符合性，收益合理性（经济性），资源利用的合理性及与外部条件的适应性与匹配性等方面进行分析。

工艺技术方案的评估主要从工艺技术的先进性、可靠性、合理性、适用性、安全性、经济性和环保性等方面展开。

工艺技术方案比选的内容主要包括技术特点、原料适应性、工艺流程、关键设备结构及性能、产品物耗和能耗、控制水平、操作弹性及稳定性、本质安全和环保、配套条件、建设费用和运营费用、效益等方面。

工艺技术方案比选通常采用定性分析和定量分析相结合的方法进行。

设备选择应从满足生产工艺、技术标准，经济合理，设备间的相互适应性，节能，与管理操作的适应性等方面综合考虑。

主要设备比选一般从设备参数、性能、物耗能耗、环保、投资、运营费用、对原料的适用性、对产品质量的保证程度、备品备件保证程度、安装试车技术服务等方面进行论证。

设备方案的比选主要采用定性分析的方法，必要时可采用定量分析的方法。

场（厂）址选择应考虑自然环境因素、交通运输因素、市场因素、劳动力因素、社会和政策因素、人文条件因素和集聚因素等。

场（厂）址选择的比选内容主要包括建设条件比较、投资费用比较、运营费用比较、环境保护条件比较和安全条件比较。

工程方案应满足生产使用功能、适应已选的场址、工程标准规范、经济合理的要求。

工程方案的评估主要包括总图运输方案评估和土建工程方案评估。

总图运输方案评估包括总体布置、厂区总平面布置、厂区竖向布置、厂区道路布置、厂外和厂内布置、厂区绿化等内容。

总图运输方案比选包括技术指标比选、总图布置费用比选、功能比选、拆迁方案比选和运输方案比选等。

土建工程方案评估对拟建项目的主要建筑物和构筑物的建造方案进行评价，比选出较优的方案。

原材料供应方案考虑原材料的品种、质量、性能，原材料需求量等因素。燃料供应方案应考虑燃料的可得性、供应数量、供应方式的稳定性和可靠性以及被替代的可能性与经济性等。主要原材料和燃料的供应方式应通过多方案比较确定。

基础知识练习

一、单项选择题（每题的备选项中，只有1个最符合题意）

1.产品方案在（　　）研究的基础上形成。

A.竞争状况　　　　　　　　　　B.产品组合

C.市场容量　　　　　　　　　　D.资源分析

2.建设规模是指所设定的正常运营年份项目可能达到的（　　　）。

A.生产或服务能力　　　　　　　B.供应能力

C.销售能力　　　　　　　　　　D.盈利能力

3.项目投入产出处于较优状态，资源和资金可以得到充分利用，并可获得最佳经济效益的规模是指（　　）。

A.理想经济规模　　　　　　　　B.最优经济规模

C.合理经济规模　　　　　　　　D.最优效益规模

4.生产工艺技术方案比选时，一般采用（　　）方法。

A.定性分析　　　　　　　　　　B.定量分析

C.定性分析与定量分析相结合　　D.动态分析与静态分析相结合

5.总图运输方案的比选主要从（　　）方面进行比选，择优推荐。

A.功能比选　　　　　　　　　　B.运输方案的比选

C.功能和技术指标比选　　　　　D.拆迁方案的比选

6.项目所需原材料的品种、质量、性能应根据项目的（　　）研究确定。

A.建设规模方案　　　　　　　　B.产品方案

C.生产物流方案　　　　　　　　D.产品方案和工艺技术方案

二、多项选择题（每题的备选项中，有2个或2个以上符合题意，至少有1个错误选项）

1.产品方案研究中应考虑的因素包括（　　　）。

A.国家产业政策和技术政策　　　B.环境条件和生产供应条件

C.市场需求和专业化协作　　　　D.资金的可供应量

E.运输和储存条件

2.关于建设规模研究应考虑的因素和内容的说法，正确的有（　　　）。

A.合理经济规模是指项目投入产出处于较优状态，资源和资金可以得到充分利用，并可获得最佳经济效益的规模

B.建设规模的确定要研究该类产品生产技术的先进性、可得性和可靠性

C.建设规模的确定既要考虑当地环境的承受能力，还要考虑企业污染物总量控制的可能性

D.不同行业、不同类型的项目，在确定建设规模时应考虑的因素都是相同的

E.依托老企业进行改扩建与技术改造的项目应充分考虑拟建项目生产规模与企业现有生产规模的关系

3.通过多方案比选及综合分析选择的场（厂）址，应满足（　　）条件。

A.符合国家政策 　　　　B.投资省、建设快

C.运营费用低 　　　　　D.经济效益、环境效益好

E.经济效益和社会效益好

4.项目场（厂）址比较的内容包括（　　）。

A.建设条件比选 　　　　B.投资费用比选 　　　　C.安全条件比选

D.运营费用比选 　　　　E.经济效益和环境效益比较

5.工程方案选择的基本要求包括（　　）。

A.满足生产使用功能 　　B.满足已选定的厂址的要求

C.符合工程标准规范 　　D.经济合理 　　　　　　E.安全生产

三、简答题

1.建设规模合理性分析包括哪些内容？

2.场（厂）址选择应考虑哪些因素？

3.工艺技术方案评估的内容包括哪些？

4.总图运输方案评估的内容包括哪些？

实践操作训练

■ 实训操练

一、实训目的

通过实训，熟悉影响产品方案选择的主要因素，掌握产品方案选择的方法；熟悉影响项目生产规模的因素，掌握确定生产规模的方法；掌握设备方案选择的方法；熟悉影响场（厂）址选择的主要因素，掌握场（厂）址选择的基本方法。

二、实训准备

（1）掌握产品方案选择的方法。

（2）熟悉影响项目生产规模的因素。

（3）掌握确定生产规模的方法。

（4）掌握设备方案选择的方法。

（5）熟悉影响场（厂）址选择的主要因素。

（6）掌握场（厂）址选择的基本方法。

三、实训内容

1.生产规模的确定

某项目拟生产某种型号的变频空调，预计每年的销售收入为$S=800X-0.03X^2$，年固定成本总额为$F=400\,000$元，年变动成本为$V(x)=200X+0.03X^2$，年总成本$C=400\,000+$

$200X+0.03X^2$。

实训要求：

（1）试确定该项目的规模经济区域。

（2）找出项目的最佳经济规模点，确定项目最佳规模。

（3）通过数据分析作出该项目的规模效果曲线图。

2.设备方案的比选

某施工企业拟购买一台新塔式起重机，在能满足施工需要的前提条件下，有两种起重机可以选购。

方案A：从国外进口起重机A，该起重机购置价格较高，为200 000元，在第6年年末的残值为80 000元，运行费用前3年为每年50 000元，后3年为每年60 000元。

方案B：选用国产起重机B，该起重机购置费用较低，为150 000元，第6年年末的残值为60 000元，其运行费用前3年为每年55 000元，后3年为每年65 000元。

实训要求：假设企业基准收益率是15%。试用费用现值法和费用年值法为该施工企业选择一台合适的塔式起重机。

■ 综合实训案例

背景资料：

某发动机厂欲新建厂区，现有两个厂址可供选择，在众多影响因素中选取了8个主要因素进行考察，每种因素的重要性及两个厂址的考察结果见表5-3。

表5-3　　　　　　　　　　发动机厂厂址方案比较表

序　号	指标（判断因素）	权　重	甲方案	乙方案
1	厂址位置	15%	某市半山工业区	某市重型汽车厂附近
2	占地面积	15%	占地面积14.8万平方米	占地面积26万平方米
3	可利用固定资产原值	10%	2 900万元	4 500万元
4	可利用原有生产设备	10%	生产性设施5万平方米	没有
5	土方工程量	10%	填方6万平方米	无较大土方工程施工
6	交通运输条件	5%	无铁路专用线	有铁路专用线
7	动力供应	20%	有供电专线	有供电专线
8	所需投资额	15%	7 000万元	5 500万元

评估人员分别对甲、乙两个方案进行打分，结果见表5-4。

表5-4　　　　　　　　　　　发动机厂厂址方案评分表

序　号	指标（判断因素）	权　重	甲方案	乙方案
1	厂址位置	15%	60	90
2	占地面积	15%	70	80
3	可利用固定资产原值	10%	30	80
4	可利用原有生产设备	10%	90	20
5	土方工程量	10%	20	90
6	交通运输条件	5%	20	80
7	动力供应	20%	90	90
8	所需投资额	15%	40	60

实训要求：用评分优选法对甲、乙两个方案进行比选。

第五章自测题

第六章　投资项目投资估算

通过本章的学习，学生应熟悉投资估算的要求和依据，掌握投资的构成内容及估算方法，能熟练进行项目的投资估算。

学习要求
一览表

能力模块	能力要求	相关知识点
投资估算的要求与依据	掌握项目总投资的构成内容	(1) 项目总投资的构成 (2) 投资估算的要求 (3) 投资估算的依据
建设投资估算	掌握建设投资的构成及估算方法	(1) 建设投资估算步骤 (2) 建筑工程费的估算 (3) 设备购置费的估算 (4) 安装工程费的估算 (5) 工程建设其他费用的估算 (6) 预备费的估算
建设期利息估算	掌握建设期利息估算的方法	(1) 名义利率与实际利率的换算 (2) 建设期利息的估算方法
流动资金估算	掌握流动资金的构成和估算方法	(1) 流动资金的构成 (2) 流动资金的扩大指标估算法 (3) 流动资金的分项详细估算法

投资估算是对项目进行经济分析和评价的基础之一。投资估算是指在对项目的建设规模、技术方案、设备方案、工程方案及项目实施进度等进行研究并基本确定的基础上估算项目投入总资金并测算建设期分年资金需要量。通过投资估算，为投资者制订项目融资方案提供依据。

第一节　投资估算的要求与依据

一、项目总投资的构成

项目总投资由建设投资、建设期利息和流动资金构成。

建设投资是指项目在筹建与建设期间所需要的全部建设费用。它包括工程费用、工程建设其他费用和预备费，其中，工程费用包括建筑工程费、设备购置费和安装工程费，预备费包括基本预备费和涨价预备费。

建设期利息是项目在建设期使用债务资金时发生的并计入固定资产原值的利息，包括借款（或债券）利息及手续费、承诺费、管理费等。

流动资金是项目运营期内长期占用并周转使用的营运资金。

项目总投资的构成如图6-1所示。

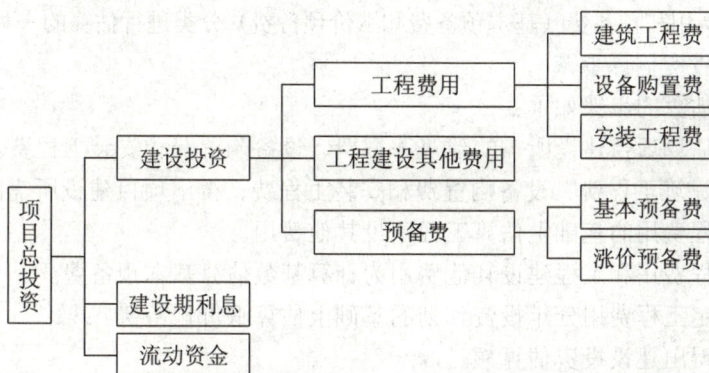

图6-1　项目总投资的构成

二、投资估算的要求

投资估算应达到以下要求：

（1）估算的范围应与项目建设方案所涉及的范围及所确定的各项工程内容相一致。

（2）估算的工程内容和费用构成齐全、计算合理、实事求是，不搞假数字，不提高或者降低估算标准，不重复计算或者漏项计算，为决策提供客观、真实的数据。

（3）估算应做到方法科学、基础资料完整、依据充分。

（4）估算选用的指标与具体工程之间存在标准或者条件差异时，应进行必要的换算或者调整。

（5）估算的准确度应能满足投资项目决策的要求。在项目评估阶段，误差率应在±10%以内。

三、投资估算的依据

投资估算应做到方法科学、依据充分。其主要依据有：

（1）专门机构发布的建设工程造价费用构成、估算指标、计算方法以及其他有关计算工程造价的文件。

（2）专门机构发布的工程建设其他费用计算方法和费用标准以及政府部门发布的物价指标。

（3）部门或行业制定的投资估算方法和估算指标。

（4）拟建项目所需的设备、材料的市场价格。

（5）拟建项目建设方案所确定的各项工程建设内容及工程量。

第二节   建设投资估算

建设投资估算应在给定的建设规模、产品方案和工程技术方案的基础上，估算项目建设所需的费用。

建设投资的估算方法包括简单估算法和分类估算法。简单估算法包括单位生产能力估算法、生产能力估算法、比例估算法、系数估算法和指标估算法。项目评估阶段一般采用分类估算法。

分类估算法是对构成建设投资的工程费用（建筑工程费、设备购置费、安装工程费）、工程建设其他费用和预备费（基本预备费和涨价预备费）分类进行估算的一种方法。

一、建设投资估算步骤

建设投资估算的步骤如下：

（1）分别估算项目建设所需的建筑工程费、设备购置费和安装工程费。

（2）汇总建筑工程费、设备购置费和安装工程费，得出项目建设所需的工程费用。

（3）在工程费用的基础上估算工程建设其他费用。

（4）以工程费用和工程建设其他费用为计算基数估算基本预备费。

（5）在确定工程费用分年投资计划的基础上估算涨价预备费。

（6）加总得出建设投资估算额。

二、建筑工程费的估算

（一）估算内容

建筑工程费是指为建造永久性建筑物和构筑物所需要的费用。建筑工程费主要包括以下内容：

（1）各类房屋建筑工程和列入房屋建筑工程预算的供水、供暖、卫生、通风、煤气等设备费用及其装设、油饰工程的费用，列入建筑工程的各种管道、电力、电信和电缆导线敷设工程的费用。

（2）设备基础、支柱、工作台、烟囱、水塔、水池、灰塔等建筑工程以及各种窑炉的砌筑工程和金属结构工程的费用。

（3）建设场地的大型土石方工程、施工临时设施和完工后的场地清理等费用。

（4）矿井开凿、井巷延伸、露天矿剥离，石油、天然气钻井，修建铁路、公路、桥梁、水库、堤坝、灌渠及防洪等工程的费用。

（二）估算方法

建筑工程费的估算一般采用以下方法：

1.单位建筑工程投资估算法

它是以单位建筑工程量的投资乘以建筑工程总量计算的。一般工业和民用建筑以单位建筑面积（平方米）的投资、工业窑炉以单位容积（立方米）的投资、水库以水坝单位长度（米）的投资等，乘以相应的建筑工程总量计算建筑工程费用。

2.单位实物工程量投资估算法

它是以单位实物工程量的投资乘以实物工程总量计算的。例如，土石方工程按每立方米投资、矿井巷道衬砌工程按每延米投资、路面铺设工程按每平方米投资，乘以相应的实物工程总量估算建筑工程费用。

3.概算指标投资估算法

对于没有上述估算指标且建筑工程费占总投资比例较大的项目，可采用概算指标投资估算法。采用此种估算法，应具有较为详细的工程资料、建筑材料价格和工程费用指标，投入的时间和工作量较大。具体的估算方法参照专门机构发布的概算编制方法。

进行建筑工程费用估算时，应编制建筑工程费用估算表。

【例6-1】某化学涂料项目的建筑工程费的估算见表6-1。

表6-1　　　　　　　某化学涂料项目建筑工程费估算表

序号	项目名称	单位	数量	单价（元）	投资额（万元）	备注
1	单体一车间	m²	4 000	2 000	800	
2	单体二车间	m²	4 000	2 000	800	
3	聚合一车间	m²	5 000	2 000	1 000	
4	聚合二车间	m²	5 000	2 000	1 000	
5	造漆一车间	m²	4 000	1 500	600	
6	造漆二车间	m²	4 000	1 500	600	
7	造漆三车间	m²	4 000	1 500	600	
8	造漆四车间	m²	4 000	1 500	600	
9	综合车间	m²	4 000	1 200	480	
9.1	甲醇回收工段					环保、三废处理
9.2	氯化锌回收工段					环保、三废处理
9.3	氯化氢回收工段					环保、三废处理
9.4	废气处理工段					环保、三废处理
10	动力供水车间	m²	1 000	1 200	120	
11	变电所	m²	500	1 200	60	
12	锅炉房	m²	1 000	1 000	100	
13	机修车间	m²	400	1 000	40	
14	车库	m²	1 000	1 000	100	
15	仓库一	m²	2 500	900	225	
16	仓库二	m²	2 500	900	225	
17	综合办公楼	m²	2 500	2 800	700	
18	职工宿舍	m²	1 600	2 500	400	
19	职工食堂	m²	800	1 200	96	
20	研发、质检中心	m²	2 000	2 400	480	
21	室外工程	m²			1 385	
21.1	厂区绿化	m²	9 000	150	135	
21.2	厂区道路	m²	45 000	200	900	
21.3	管网配套	m²			350	
合　计					10 411	

三、设备购置费的估算

设备购置费包括国内设备购置费、进口设备购置费和工器具及生产家具购置费。

（一）国内设备购置费的估算

国内设备购置费是指为建设项目购置或自制的达到固定资产标准的各种国产设备的费用。它由设备原价和设备运杂费构成。

1.国内标准设备购置费

国内标准设备是指按照主管部门颁布的标准图纸和技术要求，由国内设备生产厂批量生产的、符合国家质量检测标准的设备。其购置费的计算公式为：

设备购置费=设备原价×（1+运杂费率）

设备出厂价可通过向厂家多方询价来确定；运杂费主要包括运输费、装卸费和仓库保管费等，可根据设备供应厂家到项目场地的距离、供货方式、运输方式等加以确定。

2.国产非标准设备购置费

国产非标准设备是指国家尚无定型标准，设备生产厂不可能批量生产，只能根据具体的设计图纸制造的设备。其购置费用的计算公式为：

设备购置费=设计费+生产成本+计划税金+计划利润+运杂费

其中，设计费、生产成本由建设单位与供货厂家根据预计支出额加以确定；运杂费的确定同上；计划利润、计划税金根据下列公式计算：

计划利润=（设计费+生产成本）×成本利润率

$$计划税金=\frac{设计费+生产成本+计划利润}{1-税率}×税率$$

以上公式中，成本利润率、税率均取同行业平均水平。

估算国内设备购置费应编制国内设备购置费估算表。

（二）进口设备购置费的估算

进口设备购置费由进口设备货价、进口从属费用及国内运杂费组成。

1.进口设备货价

进口设备货价按交货地点和方式的不同，可分为离岸价（FOB）与到岸价（CIF）两种价格。

进口设备按离岸价计价时，应计算设备运抵我国口岸的国外运费和国外运输保险费，得出到岸价格。其计算公式为：

进口设备到岸价=离岸价+国外运费+国外运输保险费

2.进口从属费用

进口从属费用包括国外运费、国外运输保险费、进口关税、进口环节增值税、外贸手续费、银行财务费和海关监管手续费。进口设备按到岸价格计算时，不再计算国外运费和国外运输保险费；对全额征收关税的货物不再计算海关监管手续费。

（1）国外运费。国外运费，即从装运港（站）到达我国目的港（站）的运费。其计算公式为：

国外运费=离岸价×运费率

或　国外运费=单位运价×运量

国外运费率或单位运价参照有关部门或进出口公司的规定执行。

（2）国外运输保险费。国外运输保险费是被保险人根据与保险人（保险公司）订立的保险契约，为获得保险人对货物在运输过程中发生的损失给予经济补偿而支付的费用。其计算公式为：

国外运输保险费=（离岸价+国外运费）×国外运输保险费率

国外运输保险费费率可按照有关保险公司的规定执行。

（3）进口关税。进口关税通常按以下公式计算：

进口关税=进口设备到岸价×人民币外汇牌价×进口关税率

（4）进口环节增值税。其计算公式为：

进口环节增值税=（进口设备到岸价×人民币外汇牌价+进口关税+消费税）×增值税税率

增值税税率参照《中华人民共和国增值税暂行条例》规定的税率。

（5）外贸手续费。外贸手续费按照国家有关部门制定的进口代理手续费收取办法计算。其计算公式为：

外贸手续费=进口设备到岸价×人民币外汇牌价×外贸手续费率

（6）银行财务费。银行财务费按进口设备货价计取。其计算公式为：

银行财务费=进口设备货价×人民币外汇牌价×银行财务费率

银行财务费率一般取0.4%～0.5%。

（7）海关监管手续费。海关监管手续费是指海关对实行减免进口税或实行保税的进口设备实施监管和提供服务而收取的手续费。全额征收进口关税的进口设备，不收取海关监管手续费。其计算公式为：

海关监管手续费=进口设备到岸价×人民币外汇牌价×海关监管手续费率

3.国内运杂费

国内运杂费由运输费、运输保险费、装卸费、包装费和仓库保管费等费用构成。其计算公式为：

国内运杂费=进口设备离岸价×人民币外汇牌价×国内运杂费率

国内运杂费率按部门、行业或省、市的规定执行。

估算进口设备购置费应编制进口设备购置费估算表。

【例6-2】进口设备购置费的估算。

某拟建项目计划从国外进口一套某型号的设备，设备重量为120吨，设备离岸价格为480万美元，人民币外汇牌价1美元=6.2元人民币，设备运费率为150美元/吨，国外运输保险费率按3.5‰计算，进口关税执行最低优惠税率10%，增值税税率为17%，银行财务费率为5‰，外贸手续费率为1.5%，设备国内运杂费率为2%。试估算这套进口设备的购置费。

解答：

本例题主要考查学生对进口设备购置费所包括的内容的掌握程度、各构成费用的计算基数及计算公式的熟悉程度。

进口设备货价（离岸价）=480×6.2=2 976（万元）

国外运费=120×150×6.2=11.16（万元）

国外运输保险费=（2 976+11.16）×3.5‰=10.46（万元）

进口设备到岸价=2 976+11.16+10.46=2 997.62（万元）

进口关税=2 997.62×10%=299.76（万元）

进口环节增值税＝（2 997.62+299.76）×17%=560.55（万元）

外贸手续费=2 997.62×1.5%=44.96（万元）

银行财务费=2 976×5‰=14.88（万元）

国内运杂费=2 976×2%=59.52（万元）

设备购置费=2 997.62+299.76+560.55+44.96+14.88+59.52=3 977.29（万元）

（三）工器具及生产家具购置费的估算

工器具及生产家具购置费是指按照有关规定，为保证新建项目或扩建项目初期正常生产，必须购置的第一套工卡模具、器具及生产家具的费用。其一般以国内设备原价和进口设备离岸价作为计算基数，工器具及生产家具购置费率按照部门或行业规定的标准执行。

【例6-3】某化学涂料项目设备购置费的估算见表6-2。

表6-2　　　　　　　　　某化学涂料项目设备购置费估算表

序　号	项目名称	单位	数量	单价（万元）	投资额（万元）	其中：外汇（万美元）	产　　地
（一）	单体合成车间（一、二车间）				1 468.60	168.00	
1	蒸馏塔	套	2	15	30.00		国产
2	中间储罐	台	24	1	24.00		国产
3	液氯钢瓶	台	80	0.3	24.00		国产
4	氟化釜	台	6	36.7	220.20	26.60	美国腐蚀材料公司
5	高压反应釜	台	12	19.2	230.40	27.80	美国腐蚀材料公司
6	精馏塔	套	2	90	180.00	21.77	美国腐蚀材料公司
7	计量泵	套	12	5	60.00	7.23	美国沃泰华公司
8	自控仪表及DCS系统	套	2	350	700.00	84.60	日本横河
（二）	氟树脂聚合车间（一、二车间）				1 634.00	153.57	
1	醋酸乙烯蒸馏塔	套	2	15	30.00		国产
2	氟碳树脂贮罐	台	4	20	80.00		国产
3	计量罐	台	8	4	32.00		国产
4	尾气冷凝器	台	6	4	24.00		国产
5	树脂中间罐	台	10	8	80.00		国产
6	各种原料计量罐	台	24	5	120.00		国产
7	聚合釜	套	12	34	408.00	49.58	日本三菱重工

续表

序号	项目名称	单位	数量	单价（万元）	投资额（万元）	其中：外汇（万美元）	产　地
8	加料泵	台	20	7.5	150.00	18.14	日本三菱重工
9	树脂输送泵	台	16	5	80.00	9.67	日本三菱重工
10	过滤机	套	6	5	30.00	3.63	日本三菱重工
11	自控仪表及DCS系统	套	2	300	600.00	72.55	日本横河
（三）	造漆车间（一、二、三、四车间）				1 480.00	162.99	
1	磨砂机	台	12	5	60.00		国产
2	过滤机	台	10	3	30.00		国产
3	叉车	台	3	4	12.00		国产
4	振动筛	台	6	5	30.00		国产
5	高速分散剂	台	8	6	48.00	5.80	德国耐兹公司
6	三辊研磨机	台	4	15	60.00	7.26	德国耐兹公司
7	调漆罐	台	6	20	120.00	14.50	德国耐兹公司
8	造漆工作站	套	2	500	1 000.00	120.92	德国耐兹公司
9	胶体磨	台	4	10	40.00	4.84	德国耐兹公司
10	灌装机	台	8	10	80.00	9.67	德国耐兹公司
（四）	质检中心				206.00	20.57	
1	气相色谱仪	台	2	8	16.00		国产
2	其他常规仪器	套	2	10	20.00		国产
3	液相色谱仪	套	2	25	50.00	6.05	日本岛津
4	凝胶色素	套	1	40	40.00	4.84	日本岛津
5	发射光谱	套	1	30	30.00	3.63	日本岛津
6	老化试验机	套	1	50	50.00	6.05	日本岛津
（五）	配套工程及运输				920.00		
1	锅炉	套	2	50	100.00		国产
2	取暖锅炉	套	2	35	70.00		国产
3	变电所	套	2	100	200.00		国产
4	冷冻机组	套	2	60	120.00		国产
5	压缩空气站	套	2	20	40.00		国产
6	真空站	套	2	20	40.00		国产
7	载重汽车	辆	15	10	150.00		国产
8	液体原料汽车槽车	辆	5	40	200.00		国产

序　号	项目名称	单位	数量	单价（万元）	投资额（万元）	其中：外汇（万美元）	产　地
（六）	副产品回收及环保设施				341.00		
1	甲醇回收工段				46.00		
1.1	稀甲醇贮罐	台	2	2	4.00		国产
1.2	甲醇回收塔	台	1	30	30.00		国产
1.3	精甲醇贮罐	台	2	2	4.00		国产
1.4	输送泵	台	4	2	8.00		国产
2	氯化氢回收工段				64.00		
2.1	氯化氢吸收塔	台	4	4	16.00		国产
2.2	尾气中和塔	台	2	4	8.00		国产
2.3	循环泵	台	10	2	20.00		国产
2.4	盐酸贮罐	台	2	10	20.00		国产
3	氯化锌回收工段				195.00		
3.1	氯化锌-甲醇贮槽	台	1	20	20.00		国产
3.2	密闭式离心机	台	2	10	20.00		国产
3.3	粗甲醇贮罐	台	2	5	10.00		国产
3.4	氯化锌滤饼贮槽	台	1	10	10.00		国产
3.5	有机物脱除机	台	1	10	10.00		国产
3.6	氯化锌转换器	台	2	10	20.00		国产
3.7	过滤机	台	2	15	30.00		国产
3.8	洗涤水贮罐	台	1	10	10.00		国产
3.9	氢氧化锌转化及干燥机	套	1	30	30.00		国产
3.10	氧化锌粉碎机	台	2	7.5	15.00		国产
3.11	氧化锌筛分机	台	1	10	10.00		国产
3.12	氧化锌包装机	台	1	10	10.00		国产
4	工厂尾气处理工段				36.00		
4.1	尾气吸收塔	台	3	4	12.00		国产
4.2	尾气中和塔	台	2	4	8.00		国产
4.3	循环泵	台	8	2	16.00		国产
（七）	其他（3%）				176.00		
	合　计				6 225.60	505.13	

四、安装工程费的估算

需要安装的设备应估算安装工程费，一般包括各种需要安装的机电设备、专用设备、仪器仪表等设备的安装费，各专业工程的管道、管线、电缆等的材料费和安装费，以及设备和管道的保温、绝缘、防腐等的材料费和安装费。

安装工程费一般根据行业或专门机构发布的安装工程定额、取费标准和指标估算。其计算公式为：

安装工程费用=设备原价×安装费率
安装工程费用=设备吨位×每吨设备安装费指标
安装工程费用=安装实物工程量总量×每单位安装实物工程量费用标准

估算安装工程费应编制安装工程费估算表。

【例6-4】某化学涂料项目的安装工程费的估算见表6-3。

表6-3　　　　　　　　　某化学涂料项目安装工程费估算表　　　　　　　　单位：万元

序 号	安装工程名称	设备原价	设备安装费率（占设备原价的百分比）	管道、材料费	安装工程费
1	设备				
1.1	单体合成车间（一、二车间）	1 468.60	8%		117.49
1.2	氟树脂聚合车间（一、二车间）	1 634.00	8%		130.72
1.3	造漆车间（一、二、三、四车间）	1 480.00	7%		103.60
1.4	质检中心	206.00	2%		4.12
1.5	配套工程及运输	920.00	5%		46.00
1.6	副产品回收及环保设施	341.00	10%		34.10
	设备小计				436.03
2	管线工程				
2.1	供水管道			21.00	21.00
2.2	排水管道			30.00	30.00
2.3	变配电线路			9.80	9.80
2.4	通信线路			10.00	10.00
2.5	厂区动力照明			30.00	30.00
	管线工程小计				100.80
	合　计				536.83

在按照上述内容和方法分别估算建筑工程费、设备购置费和安装工程费的基础上，经过汇总就可得出项目建设所需的工程费用。

工程费用=建筑工程费+设备购置费+安装工程费

【例6-5】按"例6-1""例6-3""例6-4"所给条件,求某化学涂料项目的工程费用。

解答:

某化学涂料项目的工程费用=建筑工程费+设备购置费+安装工程费

$$=10\ 411.00+6\ 225.60+536.83$$

$$=17\ 173.43（万元）$$

五、工程建设其他费用的估算

工程建设其他费用是指建设投资中除建筑工程费、设备购置费、安装工程费以外的,为保证工程建设顺利完成和交付使用后能够正常发挥功能而发生的各项费用。

(一)建设用地费

1.费用内容

建设用地费是指按照《中华人民共和国土地管理法》等的规定,建设项目取得其所需土地的使用权而发生的征地补偿费或者土地使用权出让(转让)金或者租用土地使用权的费用。建设用地费主要包括以下内容:

(1)征地补偿费。征地补偿费是指投资项目通过划拨方式取得土地使用权,依据《中华人民共和国土地管理法》等法规应支付的费用,包括土地补偿费、安置补助费、地上附着物和青苗补偿费、征地动迁费(包括土地上房屋及附属构筑物、城市公共设施等拆除、迁建补偿费、搬迁运输费,企业单位因搬迁造成的减产、停产损失补助费、拆迁管理费等)及其他税费(包括按规定一次性缴纳的耕地占用税、分年缴纳的城镇土地使用税在建设期支付的部分、征地管理费、征收城市郊区菜地按规定缴纳的新菜地开发建设基金,以及土地复耕费等)。

(2)土地使用权出让(转让)金。土地使用权出让(转让)金是指建设项目通过土地使用权出让(转让)方式获得有限期的土地使用权,按照《中华人民共和国城镇国有土地使用权出让和转让暂行条例》规定支付的土地使用权出让(转让)金。

(3)项目法人在建设期采用租用的形式获得土地使用权所发生的租地费用,以及建设期间临时用地补偿费。

2.计算方法

(1)根据应征建设用地面积、临时用地面积,按建设项目所在省、市、自治区人民政府制定颁发的土地征用补偿费、安置补助费标准和耕地占用税、城镇土地使用税标准计算。

①土地补偿费。征收耕地(包括菜地)的补偿标准,为该耕地被征用前3年平均年产值的6~10倍;征收其他土地的补偿标准,按建设项目所在省、市、自治区人民政府规定的标准执行。

②安置补助费。征收耕地(包括菜地)的安置补助费标准,按照需要安置的农村人口数计算。需要安置的农村人口数,按照被征收的耕地数量除以征地前被征收单位平均每人占有耕地的数量计算。每个需要安置的农村人口的安置补助费标准,为该耕地被征用前3年平均年产值的4~6倍。征收其他土地的安置补助费标准,按建设项目所在省、市、自治区人民政府规定的标准执行。

按照上述补助标准尚不能使需要安置的农民保持原有生活水平的，经省、市、自治区人民政府批准，可适当增加安置补助费。但是，土地补偿费和安置补助费的总和不得超过土地被征用前3年年平均产值的30倍。

③地上附着物和青苗补偿费。被征收土地上的房屋、水井、树木等附着物和青苗的补偿标准，按建设项目所在省、市、自治区人民政府规定的标准执行。

④征地动迁费。其包括征收土地上的房屋及附着物、城市公共设施等拆除、迁建补偿费、搬迁运输费，企业单位因搬迁造成的减产、停产损失补贴费等。

⑤其他税费。其包括征收耕地按规定一次性缴纳的耕地占用税，征收城市郊区菜地按规定应缴纳的新菜地开发建设基金以及土地复耕费等。

（2）城市土地使用权的出让和转让，可以采用招标、拍卖或者双方协议的方式。协议最低价不得低于新增建设用地的土地有偿使用费、征地（拆迁）补偿费以及按照国家规定应当缴纳的有关税费之和；有基准地价的地区，协议出让最低价不得低于出让地块所在级别基准地价的70%。

土地使用权如有偿出让或转让，出让或转让者和受让者要签约，明确双方的权利和义务，同时要对受让者征收契税。

（3）建设项目采用"长租短付"的方式租用土地使用权的，在建设期间支付的租地费用计入建设用地费；在生产经营期间支付的土地使用费应计入营运成本中核算。

（二）建设管理费

建设管理费是指建设单位从项目筹建开始直至办理竣工决算或交付使用为止发生的项目建设管理费用。其内容包括：

1.建设单位管理费

建设单位管理费是指建设单位发生的管理性质的开支，包括工作人员工资、工资性补贴、施工现场津贴、职工福利费、住房基金、基本养老保险费、基本医疗保险费、失业保险费、工伤保险费、办公费、差旅交通费、劳动保护费、工具用具使用费、固定资产使用费、必要的办公及生活用品购置费、必要的通信设备及交通工具购置费、零星固定资产购置费、招募生产工人费、技术图书资料费、业务招待费、设计审查费、工程招标费、合同契约公证费、法律顾问费、咨询费、工程质量监督检测费、审计费、完工清理费、竣工验收费、印花税和其他具有管理性质的开支。

2.工程建设监理费

工程建设监理费是指建设单位委托工程监理单位实施工程监理的费用。

3.工程质量监督费

工程质量监督费是指工程质量监督检验部门检验工程质量收取的费用。

建设管理费以建设投资中的工程费用为基数乘以建设管理费费率计算，即：

建设管理费＝工程费用×建设管理费费率

建设管理费费率按照建设项目的不同性质、不同规模确定。改扩建项目的建设管理费费率应适当低于新建项目，具体费率按照部门或行业的规定执行。

如建设管理采用工程总承包方式，其总包管理费由建设单位与总包单位根据总包工作范围在合同中商定，从建设管理费中支出。

（三）可行性研究费

可行性研究费，系在建设项目前期工作中，编制和评估项目建议书（或预可行性研究报告）、可行性研究报告所需的费用。其依据前期研究委托合同计算，或按照《国家计委关于印发建设项目前期工作咨询收费暂行规定的通知》（计价格〔1999〕1283号）的规定计算。

（四）研究试验费

研究试验费是指为本建设项目提供或验证设计参数、数据、资料等进行必要的试验及按照设计规定在建设过程中必须进行试验、验证所需的费用，但不包括应由科技三项费用（新产品试制费、中间试验费和重要科学研究补助费）开支的项目；应在建筑安装费用中列支的施工企业对建筑材料、构件和建筑物进行一般鉴定、检查所发生的费用及技术革新的研究试验费；应从勘察设计费或工程费用中开支的项目。研究试验费应按照研究试验内容和要求进行估算。

（五）勘察设计费

勘察设计费是指委托勘察设计单位进行工程水文地质勘察、工程设计所发生的各项费用。其包括：工程勘察费、初步设计费（基础设计费）、施工图设计费（详细设计费）及设计模型制作费。勘察设计费依据勘察设计委托合同计收，或按照国家计委、建设部《关于发布〈工程勘察设计收费管理规定〉的通知》（计价格〔2002〕10号）的规定计算。

（六）环境影响评价费

环境影响评价费是指按照《中华人民共和国环境保护法》《中华人民共和国环境影响评价法》等的规定，为全面、详细评价本建设项目对环境可能产生的污染或造成的重大影响所需的费用，包括编制环境影响报告书（含大纲）、环境影响报告表和评估环境影响报告书（含大纲）、环境影响报告表等所需的费用。环境影响评价费依据环境影响评价委托合同计算，或按照国家计委、国家环境保护总局《关于规范环境影响咨询收费有关问题的通知》（计价格〔2002〕125号）的规定计算。

（七）安全、职业卫生健康评价费

劳动安全卫生评价费是指按照劳动部《建设项目（工程）劳动安全卫生监察规定》和《建设项目（工程）劳动安全卫生预评价管理办法》的规定，为预测和分析建设项目存在的职业危险、危害因素的种类和危险危害程度，并提出先进、科学、合理可行的劳动安全卫生技术和管理对策所需的费用。其包括编制建设项目劳动安全卫生预评价大纲和劳动安全卫生预评价报告书以及为编制上述文件所进行的工程分析和环境现状调查等所需的费用。劳动安全卫生评价费依据劳动安全卫生预评价委托合同计列，或按照建设项目所在省（市、自治区）劳动行政部门规定的标准计算。

（八）场地准备及临时设施费

场地准备及临时设施费包括建设场地准备费和建设单位临时设施费。场地准备费是指建设项目为达到工程开工条件所发生的场地平整费和对建设场地余留的有碍施工建设的设施进行拆除清理的费用。临时设施费是指为满足施工建设需要而供到场地界区的临时水、电、路、信、气等工程费用和建设单位的现场临时建（构）筑物的搭设、维修、拆除、摊销费用或建设期间的租赁费用，以及施工期间专用公路养护费、维修费。此费用不包括已列入建筑安装工程费用中的施工单位临时设施费用。

新建项目的场地准备和临时设施费应根据实际工程量估算，或按工程费用的比例计算，改扩建项目一般只计算拆除清理费。

$$场地准备及临时设施费=工程费用×费率+拆除清理费$$

发生拆除清理费时，可按新建同类工程造价或主材费、设备费的比例计算。凡可回收材料的拆除采用以料抵工方式，不再计算拆除清理费。

（九）引进技术和设备的其他费用

引进技术和设备的其他费用是指引进技术和设备发生的未计入设备购置费的费用。其主要包括：

1. 引进设备材料国内检验费

引进设备材料国内检验费以进口设备材料离岸价为基数乘以费率计算，引进设备材料国内检验费费率一般为0.5%。

$$引进设备材料国内检验费=设备材料离岸价×人民币外汇牌价×费率$$

2. 引进项目图纸资料翻译复制费、备品备件测绘费

引进项目图纸资料翻译复制费根据引进项目的具体情况计列或按引进货价（FOB）的比例估列；引进项目发生备品备件测绘费时按具体情况估列。

3. 出国人员费用

出国人员费用包括买方人员出国设计联络、出国考察、联合设计、监造、培训等所发生的旅费、生活费、制装费等。出国人员费用依据合同规定的出国人次、期限和费用标准计算。其中，生活费及制装费按照财政部、外交部规定的现行标准计算，旅费按中国民航公布的国际航线票价计算。

4. 来华人员费用

来华人员费用包括卖方来华工程技术人员的现场办公费用、往返现场交通费用、工资、食宿费用、接待费用等。来华人员费用应依据引进合同有关条款的规定计算。引进合同条款中已包括的费用内容不得重复计算。来华人员接待费用可按每人次费用指标计算。

5. 银行担保及承诺费

银行担保及承诺费是指引进技术和设备项目由国内外金融机构出面承担风险和责任担保所发生的费用，以及支付贷款机构的承诺费用。银行担保及承诺费应按担保或承诺协议计取。投资估算时，可以担保金额或承诺金额为基数乘以费率计算。已计入其他融资费用的不应重复计算。

（十）工程保险费

工程保险费是指建设项目在建设期间根据需要对建筑工程、安装工程、机器设备及人身安全进行投保而发生的保险费用，包括建筑工程一切险、人身意外伤害险和引进设备国内安装保险等。不同的建设项目可根据工程特点选择投保险种，根据投保合同计列保险费用。编制投资估算时，可按工程费用的比例计算。工程保险费费率按照保险公司的规定执行。

（十一）市政公用设施建设及绿化补偿费

市政公用设施建设及绿化补偿费是指项目建设单位按照项目所在地人民政府的有关

规定，缴纳的市政公用设施建设配套费用以及绿化工程补偿费用。市政公用设施建设及绿化补偿费按工程所在地人民政府规定的标准估算。

（十二）超限设备运输特殊措施费

超限设备运输特殊措施费是指超限设备在运输过程中，需要对原有路面进行加宽、桥梁进行加固以及对铁路设施、码头等进行改造时所发生的特殊措施费。超限设备标准按行业规定执行。

（十三）特殊设备安全监督检验费

特殊设备安全监督检验费是指在现场组装和安装的锅炉及压力容器、压力管道、消防设备、电梯等特殊设备和设施，由安监部门进行安全检验，应由项目向安监部门缴纳的费用。该费用按受检设备和设施的现场安装费的一定比例或安装安监部门的规定估算。

（十四）联合试运转费

联合试运转费是指新建项目或新增加生产能力的工程在交付生产前按照批准的设计文件所规定的工程质量标准和技术要求，进行整个生产线或装置的负荷联合试运转或局部联动试车所发生的费用净支出（试运转支出大于收入的差额部分费用，以及必要的工业炉烘炉费）。试运转支出包括试运转所需原材料、燃料及动力消耗、低值易耗品、其他物料消耗、工具用具使用费、机械使用费、保险金、施工单位参加试运转人员工资以及专家指导费等；试运转收入包括试运转期间的产品销售收入和其他收入。联合试运转费一般根据不同性质的项目按照需要试运转车间的工艺设备购置费的一定比例估算。具体费率按照部门或者行业的规定执行。

联合试运转费不包括应由设备安装工程费用开支的调试及试车费用，以及在试运转中暴露出来的因施工或设备缺陷等发生的处理费用。

（十五）安全生产费用

安全生产费用是指建筑施工企业安装国家有关规定和建筑施工安全标准，购置施工安全防护用具、落实安全施工措施，改善安全施工条件、加强安全生产管理等所需的费用。一般按照建筑安装工程费用的一定比例估算。

（十六）专利及专有技术使用费

专利及专有技术使用费包括：国外设计及技术资料费、引进有效专利、专有技术使用费和技术保密费；国内有效专利、专有技术使用费；商标使用费、特许经营权费等。专利及专有技术使用费应按照专利使用许可协议和专有技术使用合同确定的数额估算，建设投资中只估算在建设期支付的专利及专有技术使用费。专有技术的界定应以省、部级鉴定批准为依据。建设投资估算中只估算需要在建设期支付的专利及专有技术使用费。

（十七）生产准备费

生产准备费是指为保证项目竣工交付使用和正常生产运营进行必要的生产准备所发生的费用，包括生产人员培训费、提前进厂参加施工、设备安装、调试、熟悉工艺流程及设备性能等的人员的工资、工资性津贴、职工福利费、差旅交通费、劳动保护费、学习资料费等。生产准备费一般根据需要培训和提前进厂人员的人数及培训时间，按照生产准备费指标计算。新建项目以可行性研究报告定员人数为计算基数，改扩建项目以新增定员为计算基数。费用指标参照部门或者行业的规定执行。

(十八) 办公及生活家具购置费

办公及生活家具购置费是为保证新建、改扩建项目初期正常生产、使用和管理所必须购置的办公和生活家具、用具的费用。办公及生活家具购置费一般按照项目人员人数乘以费用指标估算。费用指标参照部门或者行业的规定执行。

工程建设其他费用在按各项费用科目的费率或取费标准估算后，应编制工程建设其他费用估算表。

【例6-6】某化学涂料项目的工程建设其他费用的估算见表6-4。

表6-4　　　　　　　　某化学涂料项目工程建设其他费用估算表

序 号	费用名称	计算依据	费率或标准	总价（万元）
1	土地使用权费	150 000平方米	每平方米225元	3 375.00
2	建设管理费	工程费用	4.8%	529.89
3	前期工作费	工程费用	1.0%	110.29
4	勘察设计费	工程费用	3.0%	330.88
5	场地准备及临时设施费	工程费用	0.5%	55.15
6	工程保险费	工程费用	0.3%	33.09
7	联合试运转费	工程费用	0.5%	55.15
8	人员培训费	项目定员500人	每人1 000元	50.00
9	人员提前进场费	项目定员500人	每人3 000元	150.00
10	办公及生活家具购置费	项目定员500人	每人1 000元	50.00
	合 计			4 739.45

工程建设其他费用所包括的项目较多，在进行估算时可按各项费用科目的费率或取费标准估算；没有规定取费标准的，可按实际可能发生的费用进行估算。同时，有关费用并不是每个项目必定发生的费用，估算时应根据项目具体情况进行确定。

六、建设投资中的增值税进项税额

我国于2009年开始对增值税进行改革，由生产型增值税转型为消费型增值税。根据规定，允许从销项税额中扣除部分固定资产增值税，并且这部分扣除的固定资产进项税不得计入固定资产原值。

但是，为了足额筹集资金，在估算建设投资时，应按照包含增值税进项税额的价格进行估算，同时要将可抵扣固定资产进项税额单独列示，其目的是在进行项目财务分析时能准确计算固定资产原值和应纳增值税。

七、预备费的估算

预备费包括基本预备费和涨价预备费两部分内容。

(一) 基本预备费的估算

基本预备费是指在项目实施过程中可能发生但在项目决策阶段难以预料的支出，需要事先预留的费用，又称为工程建设不可预见费用。其一般由以下三项内容构成：

（1）在批准的设计范围内，技术设计、施工图设计及施工过程中所增加的工程费用；经批准的设计变更、工程变更、材料代用、局部地基处理等增加的费用。

（2）一般自然灾害造成的损失和预防自然灾害所采取的措施费用。

（3）竣工验收时为鉴定工程质量对隐蔽工程进行必要的挖掘和修复费用。

基本预备费以项目工程费用和工程建设其他费用之和为计算基数，按照部门或者行业规定的基本预备费费率估算。其计算公式为：

基本预备费=（工程费用+工程建设其他费用）×基本预备费费率

【例6-7】按"例6-5""例6-6"所给条件，进行某化学涂料项目的基本预备费的估算。

解答：

参照有关行业规定，基本预备费费率取10%。

该项目基本预备费=（17 173.43+4 739.45）×10%=2 191.29（万元）

（二）涨价预备费的估算

由于建设工期较长的项目在建设期内可能发生材料、设备、人工等价格上涨引起投资增加的情况，需要事先预留一部分费用，这部分费用就是涨价预备费，又称为价格变动不可预见费。涨价预备费以分年的工程费用为计算基数。其计算公式为：

$$PC = \sum_{t=1}^{n} I_t \left[(1+f)^t - 1 \right]$$

式中：PC——涨价预备费；I_t——第t年的工程费用；f——建设期价格上涨指数；n——建设期。

对于建设期价格上涨指数，政府部门有规定的按规定执行，没有规定的由评估人员合理预测。

【例6-8】涨价预备费估算。

某项目的工程费用为3 000万元，按照项目进度计划，项目建设期为4年，分年的工程费用比例为第1年20%，第2年30%，第3年40%，第4年10%。建设期内年平均价格上涨指数为6%，试估算该项目的涨价预备费。

解答：

（1）建设期第1年涨价预备费：

建设期第1年工程费用：

$I_1 = 3\,000 \times 20\% = 600$（万元）

建设期第1年涨价预备费：

$PC_1 = I_1 \left[(1+f)^1 - 1 \right] = 600 \times \left[(1+6\%) - 1 \right] = 36$（万元）

（2）建设期第2年涨价预备费：

建设期第2年工程费用：

$I_2 = 3\,000 \times 30\% = 900$（万元）

建设期第2年涨价预备费：

$PC_2 = I_2 \left[(1+f)^2 - 1 \right] = 900 \times \left[(1+6\%)^2 - 1 \right] = 111.24$（万元）

（3）建设期第3年涨价预备费：

建设期第3年工程费用：

$I_3 = 3\,000 \times 40\% = 1\,200$（万元）

建设期第3年涨价预备费：

$PC_3 = I_3 \left[(1+f)^3 - 1 \right] = 1\,200 \times \left[(1+6\%)^3 - 1 \right] = 229.22$（万元）

（4）建设期第4年涨价预备费：

建设期第4年工程费用：

$I_4 = 3\,000 \times 10\% = 300$（万元）

建设期第4年涨价预备费：

$PC_4 = I_4 \left[(1+f)^4 - 1 \right] = 300 \times \left[(1+6\%)^4 - 1 \right] = 78.74$（万元）

（5）该项目建设期涨价预备费：

$PC = 36 + 111.24 + 229.22 + 78.74 = 455.20$（万元）

【例6-9】某化学涂料项目的工程费用为17 173.43万元，建设期2年。按照项目实施进度，工程费用使用比例第1年为40%，第2年为60%。建设期价格上涨指数参照有关行业规定取4%。试估算该项目的涨价预备费。

解答：

建设期第1年工程费用：

$I_1 = 17\,173.43 \times 40\% = 6\,869.37$（万元）

建设期第1年涨价预备费：

$PC_1 = I_1 \left[(1+f)^1 - 1 \right] = 6\,869.37 \times \left[(1+4\%) - 1 \right] = 274.77$（万元）

建设期第2年工程费用数额：

$I_2 = 17\,173.43 \times 60\% = 10\,304.06$（万元）

建设期第2年涨价预备费：

$PC_2 = I_2 \left[(1+f)^2 - 1 \right] = 10\,304.06 \times \left[(1+4\%)^2 - 1 \right] = 840.81$（万元）

该项目涨价预备费 = 274.77 + 840.81 = 1\,115.58（万元）

八、建设投资与资产形成

如果按照形成资产法进行投资估算，可将上述工程建设其他费用进行归类，即将工程建设其他费用直接分为固定资产其他费用、无形资产费用和其他资产费用。

在投资项目交付使用后，建设投资中形成固定资产的费用包括建筑工程费、设备购置费、安装工程费、工程建设其他费用中形成固定资产的费用（固定资产其他费用）和预备费用。固定资产其他费用包括征地补偿费和租地费、建设管理费、可行性研究费、研究试验费、勘察设计费、环境影响评价费、安全和职业卫生健康评价费、场地准备及临时设施费、引进技术和设备其他费用、工程保险费、市政公用设施建设及绿化补偿费、超限设备运输特殊措施费、特殊设备安全监督检验费、联合试运转费和安全生产费用。

形成无形资产，构成无形资产原值的费用主要包括技术转让费或技术使用费（含专利权和非专利技术）、商标权和商誉等。

形成其他资产，构成其他资产原值的费用主要包括生产准备费、开办费、出国人员费、来华人员费、图纸资料翻译复制费、样品样机购置费和农业开荒费等。

九、汇总编制建设投资估算表，并对建设投资的合理性进行分析

(一)汇总编制建设投资估算表

将上述各项费用估算完毕后应编制建设投资估算表，得到拟建项目的建设投资总额。对上述各项费用的汇总可根据项目的性质采用概算法和形成资产法进行。

【例6-10】某化学涂料项目的建设投资估算见表6-5。

表6-5　　　　　某化学涂料项目建设投资估算表（形成资产法）　　　　　单位：万元

序 号	工程费用名称	估算价值					备 注
		建筑工程费	安装工程费	设备购置费	其他费用	合 计	
1	固定资产投资	10 411.00	536.83	6 225.60	1 114.45	18 287.88	72.51%
1.1	工程费用	10 411.00	536.83	6 225.60		17 173.43	
1.1.1	建筑工程费	10 411.00				10 411.00	
1.1.2	设备购置费			6 225.60		6 225.60	其中含外汇505.13万元
1.1.3	安装工程费		536.83			536.83	
1.2	固定资产其他费用				1 114.45	1 114.45	
1.2.1	建设管理费				503.64	529.89	
1.2.2	前期工作费				104.93	110.29	
1.2.3	勘察设计费				314.78	330.88	
1.2.4	场地准备及临时设施费				21.33	55.15	
1.2.5	工程保险费				31.48	33.09	
1.2.6	联合试运转费				52.46	55.15	
2	无形资产				3 375.00	3 375.00	13.38%
2.1	土地使用权				3 375.00	3 375.00	225元／平方米
3	其他资产				250.00	250.00	1%
3.1	人员培训费				50.00	50.00	
3.2	人员提前进场费				150.00	150.00	
3.3	办公及生活家具购置费				50.00	50.00	
4	预备费				3 307.12	3 307.12	13.11%
4.1	基本预备费				2 191.29	2 191.29	
4.2	涨价预备费				1 115.83	1 115.83	
5	建设投资合计	10 411.00	536.83	6 225.60	8 046.57	25 220	
	其中：可抵扣固定资产进项税额					1 153.70	

（二）建设投资的合理性分析

其主要分析单位产出水平需要建设形成单位生产能力或使用效益多少的投资项目，并与其他同类项目进行对比，分析项目的投资支出是否合理。

第三节　建设期利息估算

建设期利息是项目债务资金在建设期内发生并计入固定资产原值的利息，包括借款（或债券）利息、手续费、承诺费、发行费和管理费等融资费用。

一、建设期利息估算的前提条件

进行建设期利息估算必须先完成以下各项工作：

（1）建设投资估算及其分年投资计划；

（2）确定项目资本金的数额及其分年投入计划；

（3）确定项目债务资金的筹措方式（银行借款或企业债券）及债务资金成本率（银行贷款利率或企业债券利率及发行手续费费率等）。

二、建设期利息的估算方法

在项目评估中，无论各种外部借款是按季计息，还是按月计息，均可简化为按年计息，即将名义年利率折算为有效年利率，其计算公式为：

$$R = \left(1 + \frac{r}{m}\right)^m - 1$$

式中：R——有效年利率；r——名义年利率；m——每年计息次数。

当建设期利息采用自有资金按期支付时，可不必进行换算，直接采用名义年利率计算。在项目评估中，为简化计算，通常假定借款均在每年的年中支用，借款第一年按半年计息，其余各年份按全年计息，其计算公式为：

采用自有资金付息时，按单利计算：

各年应计利息=（年初借款本金累计+本年借款额÷2）×名义年利率

采用复利方式计息时：

各年应计利息=（年初借款本息累计+本年借款额÷2）×有效年利率

当拟建项目有多种资金来源，每笔贷款的年利率各不相同时，既可分别计算每笔贷款的利息，也可先计算出各笔贷款加权平均的年利率，并以加权平均年利率计算全部贷款的利息。

投资项目建设期所发生的利息支出计入项目固定资产原值。

【例6-11】建设期利息估算。

已知项目建设期为3年，在第1、2年各借款100万元和50万元，假设贷款年利率为10%，如果：（1）建设期不必偿还利息；（2）建设期必须偿还利息，分别估算该项目建设期利息。

解答：

（1）建设期第1年应计利息=（0+100÷2）×10%=5（万元）

因建设期利息不必偿还，所以累计到下一年本金。

建设期第2年年初借款本息累计=100+5=105（万元）

建设期第2年应计利息=（105+50÷2）×10%=13（万元）

建设期第3年年初借款本息累计=105+50+13=168（万元）

建设期第3年应计利息=168×10%=16.8（万元）

因此，该项目建设期应计利息=5+13+16.8=34.8（万元）

（2）建设期第1年应计利息=（0+100÷2）×10%=5（万元）

因为第1年借款利息已经偿还，所以第2年年初借款本金累计为100万元。

建设期第2年应计利息=（100+50÷2）×10%=12.5（万元）

因为第2年借款利息已经偿还，所以第3年年初借款本金累计为150万元。

建设期第3年应计利息=（100+50）×10%=15（万元）

所以，该项目建设期应计利息=5+12.5+15=32.5（万元）

【例6-12】某化学涂料项目的建设期利息估算。

（1）该项目分年资金投入计划见表6-6。

表6-6　　　　　　　　　　某化学涂料项目分年资金投入计划　　　　　　　　单位：万元

序　号	工程或费用名称	建设期		合　计
		第1年	第2年	
1	建设投资	12 076.57	13 143.43	25 220.00
1.1	工程费用	6 869.37	10 304.06	17 173.43
1.2	工程建设其他费用	3 920.78	818.67	4 739.45
1.3	基本预备费	1 079.02	1 112.27	2 191.29
1.4	涨价预备费	207.40	634.64	1 115.83
2	用于建设投资的项目资本金	5 044.00		5 044.00
3	建设投资借款	7 032.57	13 143.43	20 176.00

（2）该项目建设投资借款在各年年内均衡发生，并用项目资本金按期支付建设期利息，年利率为6%，每年计息一次。

试估算该项目的建设期利息。

解答：

$$第1年应计利息=\left(年初借款累计+\frac{当年借款额}{2}\right)×年利率$$

$$=\frac{7\,032.57}{2}×6\%$$

$$=210.98（万元）$$

微课5

建设期利息的
估算

$$第2年应计利息=\left(年初借款累计+\frac{当年借款额}{2}\right)×年利率$$

$$=\left(7\,032.57+\frac{13\,143.43}{2}\right)×6\%$$

$$=816.26（万元）$$

210.98 + 816.26 = 1027.24（万元）

该项目建设期利息为1 027.24万元。

第四节　流动资金估算

流动资金是指项目运营期内长期占用并周转使用的营运资金，不包括运营中所需要的临时性运营资金。流动资金常用的估算方法主要有分项详细估算法和扩大指标估算法，一般情况下宜采用分项详细估算法。

一、分项详细估算法

分项详细估算法是利用流动资产与流动负债估算项目占用的流动资金的一种方法，一般先对流动资产和流动负债的主要构成要素进行分项估算，进而估算流动资金。

在项目评估中，对流动资金的估算采用分项详细估算法，即对流动资产和流动负债的主要构成要素存货、现金、应收账款、预付账款以及应付账款和预收账款等几项内容分项进行估算。其计算公式为：

流动资金=流动资产－流动负债

流动资产=应收账款+预付账款+存货+现金

流动负债=应付账款+预收账款

流动资金本年增加额=本年流动资金－上年流动资金

流动资金估算首先要确定各分项最低周转天数，计算出周转次数，然后进行分项估算。

1.周转次数的计算

周转次数的计算公式为：

周转次数=360÷最低周转天数

各类流动资产和流动负债的最低周转天数参照企业的平均周转天数并结合项目特点确定，或按照部门或行业的规定确定。在确定最低周转天数时，应考虑储存天数、在途天数，并考虑适当的保险系数。

$$\begin{matrix}外购原材料、燃料\\估计周转天数\end{matrix}=\begin{matrix}在途\\天数\end{matrix}+\begin{matrix}平均供应\\间隔天数\end{matrix}\times\begin{matrix}供应间隔\\系数\end{matrix}+\begin{matrix}验收\\天数\end{matrix}+\begin{matrix}整理储备\\天数\end{matrix}+\begin{matrix}保险\\天数\end{matrix}$$

在产品最低周转天数=产品生产加工周期+半成品储备天数

产成品最低周转天数=在库天数+在途或结算天数

2.流动资产的估算

（1）存货的估算。存货是指企业在日常经营过程中持有以备出售，或者仍然处在生产过程，或者在生产或提供劳务的过程中将消耗的材料或物料等，包括各类材料、商品、在产品、半成品和产成品等。为简化计算，在项目评估中仅考虑外购原材料、燃料、动力、其他材料、在产品和产成品，并分项进行计算。

估算存货的计算公式为：

存货=外购原材料+外购燃料+其他材料+在产品+产成品

外购原材料费用=年外购原材料费用÷按种类分项周转次数

外购燃料、动力费用=年外购燃料、动力费用÷按种类分项周转次数

其他材料费用=年其他材料费用÷其他材料周转次数

$$\frac{在产品}{费用}=\left(\frac{年外购}{原材料费用}+\frac{年外购燃料、}{动力费用}+\frac{年工资}{及福利费}+\frac{年修}{理费}+\frac{年其他}{制造费用}\right)\div\frac{在产品}{周转次数}$$

产成品费用=（年经营成本－年营业费用）÷产成品周转次数

（2）应收账款的估算。应收账款是指企业已经对外销售商品和提供劳务，但尚未收回的资金。其计算公式为：

应收账款=年经营成本÷应收账款周转次数

（3）预付账款的估算。预付账款是指企业为购买各类材料、半成品或服务而预先支付的款项。其计算公式为：

预付账款=外购商品或服务年费用金额÷预付账款周转次数

（4）现金需要量的估算。项目流动资金中的现金是指为维持正常生产运营必须预留的货币资金，包括企业库存现金和银行存款。其计算公式为：

现金需要量=（年工资及福利费+年其他费用）÷现金周转次数

$$年其他费用=制造费用+管理费用+销售费用-\left(\begin{array}{c}以上三项费用中所包含的工资及\\福利费、折旧费、摊销费、修理费\end{array}\right)$$

3.流动负债的估算

流动负债是指在一年或超过一年的一个营业周期内需偿还的各种债务，包括短期借款、应付票据、应付账款、预收账款、应付工资、应付福利费、应付股利、应交税金、其他暂收应付款项、预提费用和一年内到期的长期借款等。在项目评估中，流动负债的估算仅考虑应付账款和预收账款两项。其计算公式为：

应付账款=（年外购原材料费用+年外购燃料、动力费用+其他材料年费用）÷应付账款周转次数

预收账款=预收的营业收入年金额÷预收账款周转次数

二、扩大指标估算法

扩大指标估算法是一种简化的流动资金估算方法，一般参照同类企业流动资金占销售收入或经营成本的比例，或者单位产量占用流动资金的数额估算流动资金。虽然扩大指标估算法简便易行，但准确度不高，一般适用于项目建议书阶段的流动资金估算。

三、流动资金估算应注意的问题

（1）当投入物和产出物采用不含税价格时，估算中应注意将销项税额和进项税额分别包括在相应的年费用金额中。

（2）流动资金一般应在项目投产前开始筹措。为简化计算，流动资金可在投产第一年开始安排，并随生产运营计划的不同有所不同。因此，流动资金的估算应根据不同的生产运营计划分年进行。

（3）用分项详细估算法估算流动资金，需要以经营成本及其中的某些科目为估算基数，因此，实际上流动资金估算应在经营成本估算之后进行。

（4）流动资金和流动负债共同构成流动资产。

【例6-13】某化学涂料项目的流动资金估算。

（1）该项目依据市场开拓计划，确定计算期第3年（投产第1年）生产负荷为70%，计算期第4年生产负荷为90%，计算期第5年起生产负荷为100%。

（2）该项目经营成本数据见表6-7。

表6-7　　　　　　　　　　某化学涂料项目的经营成本数据　　　　　　　　　　单位：万元

序号	收入或成本项目	第3年	第4年	第5年
1	经营成本（含进项税额）	20 809.89	25 752.37	28 231.09
1.1	外购原材料（含进项税额）	14 632.80	18 813.60	20 904.00
1.2	外购燃料和动力（含进项税额）	1 140.97	1 466.96	1 629.96
1.3	工资或薪酬	2 857.08	2 857.08	2 857.08
1.4	修理费	262.50	262.50	262.50
1.5	其他制造费用	958.27	1 176.11	1 288.82
1.6	其他管理费用	383.31	470.44	515.53
1.7	其他营业费用	574.96	705.67	773.30

（3）根据该项目生产、销售实际情况确定其各项流动资产和流动负债的最低周转天数为：应收账款为20天；应付账款为45天；存货中各项原材料、燃料动力平均为30天；在产品为20天；产成品为18天；现金为30天。该项目不发生预付账款和应收账款。

解答：

据上述材料估算该项目的流动资金，见表6-8。

表6-8　　　　　　　　　　某化学涂料项目流动资金估算表　　　　　　　　　　单位：万元

序号	项目	周转天数	周转次数	投产期 3	投产期 4	达产期 5	达产期 6	达产期 7	达产期 8~20
1	流动资产			4 983.00	6 172.54	6 769.80	6 769.80	6 769.80	6 769.80
1.1	应收账款	20	18	1 156.10	1 430.69	1 569.39	1 569.39	1 569.39	1 569.39
1.2	存货			3 429.10	4 307.74	4 747.52	4 747.52	4 747.52	4 747.52
1.2.1	原材料	30	12	1 219.40	1 567.80	1 742.00	1 742.00	1 742.00	1 742.00
1.2.2	燃料及动力	30	12	95.08	122.25	135.83	135.83	135.83	135.83
1.2.3	在产品	20	18	1 102.87	1 365.35	1 496.80	1 496.80	1 496.80	1 496.80
1.2.4	产成品	18	20	1 011.75	1 252.34	1 372.89	1 372.89	1 372.89	1 372.89
1.3	现金	30	12	397.80	434.11	452.89	452.89	452.89	452.89
2	流动负债			1 971.72	2 535.07	2 816.75	2 816.75	2 816.75	2 816.75
2.1	应付账款	45	8	1 971.72	2 535.07	2 816.75	2 816.75	2 816.75	2 816.75
3	流动资金			3 011.28	3 637.47	3 953.05	3 953.05	3 953.05	3 953.05
4	本年流动资金增加额			3 011.28	626.19	315.58	0		

建设投资、建设期利息和流动资金估算完成后，应根据项目计划进度的安排，编制项目总投资使用计划与资金筹措表。项目总投资使用计划表是编制项目资金筹措计划表的基础。

【例6-14】某化学涂料项目的总投资使用计划与资金筹措表见表6-9。

表6-9　　　　　　　　某化学涂料项目总投资使用计划与资金筹措表　　　　　　单位：万元

序号	项目	合计	计算期				
			第1年	第2年	第3年	第4年	第5年
1	项目总投资	30 200.29	12 287.55	13 959.69	3 011.28	626.19	315.58
1.1	建设投资	25 220.00	12 076.57	13 143.43			
1.2	建设期利息	1 027.24	210.98	816.26			
1.3	流动资金	3 953.05			3 011.28	626.19	315.58
2	资金筹措	30 200.29	12 287.55	13 959.69			
2.1	项目资本金	7 257.16	5 254.98	816.26	903.38	187.86	94.68
2.1.1	用于建设投资	5 044.00	5 044.00				
2.1.2	用于支付建设期利息	1 027.24	210.98	816.26			
2.1.3	用于流动资金	1 185.92			903.38	187.86	94.68
2.2	银行借款	22 943.13	7 032.57	13 143.43	2 107.90	438.33	220.90
2.2.1	用于建设投资	20 176.00	7 032.57	13 143.43			
2.2.2	用于流动资金	2 767.13			2 107.90	438.33	220.90

【例6-15】项目总投资估算。

某公司拟投资新建一项目，计算期10年，项目建设期3年，项目投产后当年达到设计生产能力。其他基础数据如下：

（1）主要生产项目5 200万元，其中：建筑工程费2 850万元，设备购置费1 670万元，安装工程费680万元。

（2）辅助生产项目2 900万元，其中：建筑工程费1 250万元，设备购置费900万元，安装工程费750万元。

（3）公用工程1 700万元，其中：建筑工程费1 040万元，设备购置费550万元，安装工程费110万元。

（4）环保工程930万元，其中：建筑工程费450万元，设备购置费390万元，安装工程费90万元。

（5）工程建设其他费用210万元。

（6）基本预备费为工程费用与工程建设其他费用合计的15%，建设期内涨价预备费的平均费率为6%。

（7）项目建设资金来源为自有资金和贷款。建设期贷款总额为5 000万元，贷款年利率为6%（按月计息）。

（8）建设投资和贷款在建设期内按项目的建设进度投入，即第1年投入30%，第2年投入50%，第3年投入20%。

（9）预计项目投产后定员1 200人，每人每年工资及福利费6 000元；每年的其他费用为530万元；年外购原材料、燃料、动力费为6 500万元；年修理费为700万元；年经营成本为8 300万元。各项流动资金的最低周转天数为：应收账款30天，现金40天，应付账款30天，存货40天。

要求：

（1）用概算法编制建设投资估算表。

（2）列式计算基本预备费、涨价预备费。

（3）列式计算建设期利息。

（4）采用分项详细估算法列式计算建设项目的流动资金，编制流动资金估算表。

（5）根据上述估算结果，编制项目总投资额使用计划表。

解答：

（1）该项目建设投资估算表见表6-10。

表6-10　　　　　　　　　　建设投资估算表（概算法）　　　　　　　单位：万元

序号	项　　目	建筑工程	设备购置	安装工程	其他费用	合　计	比例（%）
1	工程费用	5 590	3 510	1 630		10 730	77.49
1.1	主要生产项目	2 850	1 670	680		5 200	
1.2	辅助生产项目	1 250	900	750		2 900	
1.3	公用工程	1 040	550	110		1 700	
1.4	环保工程	450	390	90		930	
2	工程建设其他费用				210	210	1.52
3	预备费				2 907.17	2 907.17	20.99
3.1	基本预备费				1 641	1 641	
3.2	涨价预备费				1 266.17	1 266.17	
	合　计	5 590	3 510	1 630	3 117.17	13 847.17	100
	比例（%）	40.37	25.35	11.77	22.51	100	

（2）基本预备费＝（10 730+210）×15%＝1 641（万元）

涨价预备费＝10 730×30%×〔（1+6%）−1〕+10 730×50%×〔（1+6%)^2−1〕+10 730×20%×〔（1+6%)^3−1〕

　　　　＝1 266.17（万元）

（3）贷款实际年利率＝（1+6%÷12)^{12}−1＝6.17%

建设期利息：

第1年应计利息＝（0+5 000×30%÷2）×6.17%＝46.28（万元）

第1年年末本利和＝1 500+46.28＝1 546.28（万元）

第2年应计利息＝（1 546.28+5 000×50%÷2）×6.17%＝172.53（万元）

第2年年末本利和＝1 546.28+2 500+172.53＝4 218.81（万元）

第3年应计利息＝（4 218.81+5 000×20%÷2）×6.17%＝291.15（万元）

建设期利息＝46.28+172.53+291.15＝509.96（万元）

（4）①应收账款＝8 300÷（360÷30）＝691.67（万元）

②现金＝（1 200×0.6+530）÷（360÷40）＝138.89（万元）

③存货：外购原材料、燃料、动力=6 500÷（360÷40）=722.22（万元）

在产品=（1 200×0.6+530+6 500+700）÷（360÷40）=938.89（万元）

产成品=8 300÷（360÷40）=922.22（万元）

存货=722.22+938.89+922.22=2 583.33（万元）

④应付账款=6 500÷（360÷30）=541.67（万元）

流动资产=691.67+138.89+2 583.33=3 413.89（万元）

流动负债=应付账款=541.67万元

流动资金估算额=流动资产－流动负债=3 413.89－541.67=2 872.22（万元）

流动资金估算表见表6-11。

表6-11　　　　　　　　　　　　流动资金估算表　　　　　　　　　　　单位：万元

序　号	项　　目	最低周转天数	周转次数	达产期 4
1	流动资产			3 413.89
1.1	应收账款	30	12	691.67
1.2	现金	40	9	138.89
1.3	存货	40	9	2 583.33
1.3.1	外购原材料、燃料、动力	40	9	722.22
1.3.2	在产品	40	9	938.89
1.3.3	产成品	40	9	922.22
2	流动负债			541.67
2.1	应付账款	30	12	541.67
3	流动资金（1－2）			2 872.22
4	流动资金本年增加额			2 872.22

（5）项目总投资=13 847.17+509.96+2 872.22=17 229.35（万元）

表6-12是项目总投资额使用计划表。

表6-12　　　　　　　　　　　项目总投资额使用计划表　　　　　　　　　单位：万元

序　号	项目	计算期			
		第1年	第2年	第3年	第4年
1	建设投资	4 154.15	6 923.59	2 769.43	
2	建设期利息	46.28	172.53	291.15	
3	流动资金				2 872.22
	项目总投资（1+2+3）	4 200.43	7 096.12	3 060.58	2 872.22

本章小结

项目总投资由建设投资、建设期利息和流动资金构成。建设投资是指项目在筹建与建设期间所花费的全部建设费用。它包括工程费用、工程建设其他费用和预备费用。其中，工程费用包括建筑工程费、设备购置费和安装工程费；预备费用包括基本预备费和涨价预备费。

　　建设投资估算应在给定的建设规模、产品方案和工程技术方案的基础上，估算项目建设所需的费用。

　　建设投资的估算方法包括简单估算法和分类估算法。简单估算法包括单位生产能力估算法、生产能力估算法、比例估算法、系数估算法和指标估算法。项目评估阶段一般采用分类估算法。

　　在建设投资中，工程费用、预备费用形成固定资产，工程建设其他费用形成固定资产、无形资产和其他资产。

　　建设期利息是项目在建设期使用债务资金时发生的并计入固定资产原值的利息，包括借款（或债券）利息及手续费、承诺费、管理费等。在项目评估中，建设期利息采用复利按年计息，并假设借款均在年中支用。

　　流动资金是项目运营期内长期占用并周转使用的营运资金。其常用的估算方法主要有扩大指标估算法和分项详细估算法，一般情况下宜采用分项详细估算法。

　　项目总投资构成及资产形成图如图6-2所示。

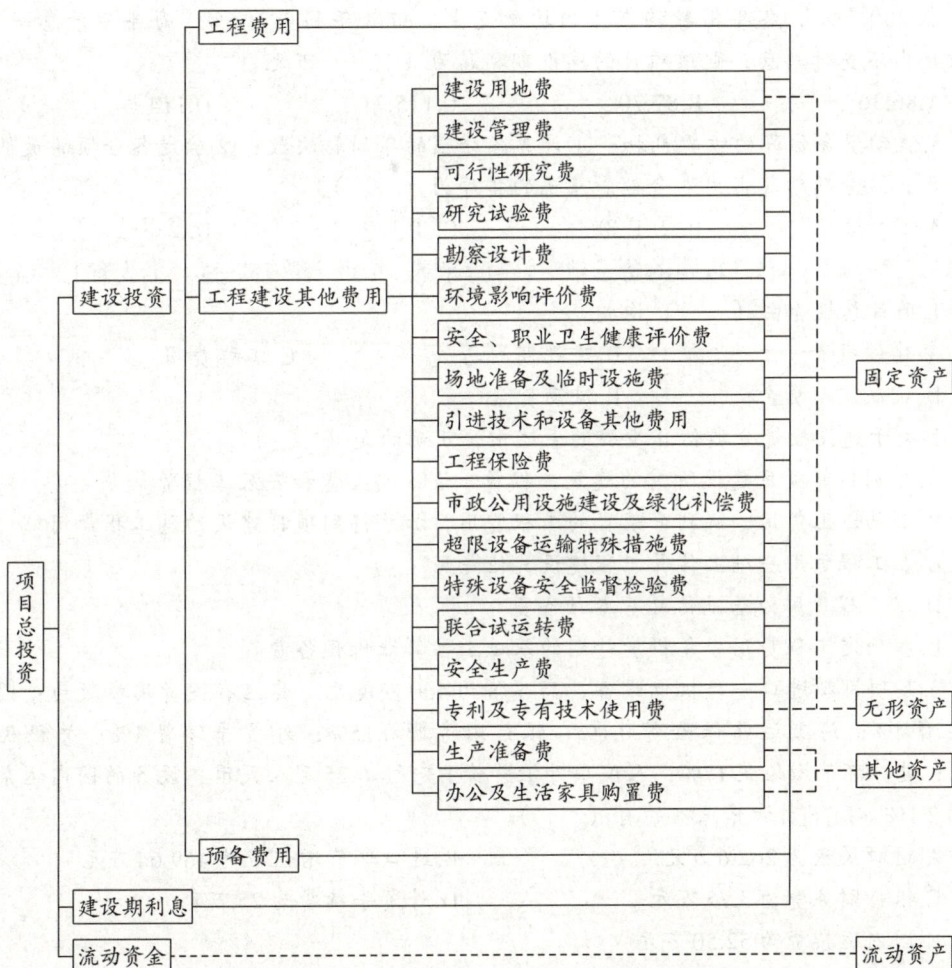

图6-2　项目总投资构成及资产形成图

基础知识练习

一、单项选择题（每题的备选项中，只有1个最符合题意）

1.利用单位生产能力估算法进行建设投资的估算，一般适用于（　　）阶段。

A.可行性研究　　　　　　　　　　B.初步可行性研究

C.投资机会研究　　　　　　　　　D.在不同阶段都有一定应用

2.下列选项中，不属于进口设备从属费用的是（　　）。

A.进口环节消费税　　　　　　　　B.进口关税

C.外贸手续费　　　　　　　　　　D.仓库保管费

3.涨价预备费的计算基数是（　　）。

A.工程费用　　　　　　　　　　　B.工程建设其他费用

C.工程费用与工程建设其他费用之和　　D.分年的工程费用

4.某新建项目，建设期为3年，第一年借款200万元，第二年借款500万元，第三年借款300万元，各年借款均在年内均衡发生，借款年利率为6%，每半年计息一次，建设期内不支付利息，则该项目的建设期利息为（　　）万元。

A.86.36　　　　　　B.87.70　　　　　　C.115.71　　　　　　D.114

5.流动资金估算的步骤包括：①计算各分项的年周转次数；②确定各分项的最低周转天数；③分项估算占用资金额。正确的排序为（　　）。

A.①②③　　　　B.②①③　　　　C.③①②　　　　D.②③①

二、多项选择题（每题的备选项中，有2个或2个以上符合题意，至少有1个错项）

1.项目总投资由（　　）构成。

A.建设投资　　　　　　B.建设期利息　　　　　　C.工程费用

D.铺底流动资金　　　　E.流动资金

2.关于建设投资分类估算步骤的表述中，正确的是（　　）。

A.分别估算项目建设所需的建筑工程费、设备购置费和安装工程费

B.汇总以上费用，得到分装置的工程费用，加总得到项目建设的总工程费用

C.在工程费用基础上估算工程建设其他费用

D.以工程费用为基础估算基本预备费

E.在确定工程费用分年投资计划的基础上估算涨价预备费

3.某项目拟进口一套机电设备，离岸价为400万美元。其他有关费用参数为：国外海运费4%；海上运输保险费0.1%；银行财务费0.15%；外贸手续费1%；关税税率10%；进口环节增值税17%；人民币外汇牌价1美元=6.25元人民币，设备的国内运杂费率为2.1%。则下列计算正确的有（　　）。

A.进口关税为262.6万元　　　　　B.进口环节增值税为469.64万元

C.银行财务费为3.75万元　　　　　D.外贸手续费为25万元

E.国内运杂费为52.50万元

4.下列选项中，（　　）费用应计入无形资产费用。

A.可行性研究费　　　B.建设单位管理费　　　C.专利及专有技术使用费

D.土地使用权出让金　　E.办公及生活家具购置费

5.下列（　　）属于基本预备费的构成内容。

A.在批准的设计范围内，技术设计、施工图设计及施工过程中所增加的工程费用

B.设计变更、工程变更、材料代用、局部地基处理等增加的费用

C.一般自然灾害造成的损失和预防自然灾害所采取的措施费用

D.竣工验收时为鉴定工程质量对隐蔽工程进行必要的挖掘和修复费用

E.由于材料价格上涨所引起的工程费用的增加

三、简答题

1.什么是投资项目的总投资？它包括哪些内容？

2.什么是建设投资？它包含哪些内容？

3.如何对投资项目的建设投资进行估算？

4.什么是建设期利息？如何对建设期利息进行估算？

5.什么是流动资金？投资项目所需流动资金包含哪些内容？如何进行估算？

6.项目评估中进行投资估算应满足哪些要求？

7.采用分项详细估算法估算流动资金时，流动资产和流动负债各包括哪些内容？

实践操作训练

■ 实训操练

一、实训目的

通过实验，熟悉投资的构成内容，掌握投资估算方法，能熟练进行项目建设投资、建设期利息及流动资金估算。

二、实训准备

（1）熟悉项目总投资的构成内容及投资估算的要求。

（2）了解项目总投资估算的基本步骤。

（3）掌握项目建设投资、建设期利息及流动资金估算方法。

三、实训内容

1.建设投资估算

某建设工程在建设期期初的建安工程费和设备工器具购置费为50 000万元。按本项目实施进度计划，项目建设期为3年，投资分年使用比例为：第1年25%，第2年55%，第3年20%。投资在每年平均支用，建设期内预计年平均价格总水平上涨率为5%。建设期贷款利息为1 395万元。建设工程其他费用为3 980万元，基本预备费费率为10%。

实训要求：

（1）计算项目的基本预备费和涨价预备费。

（2）计算项目的建设投资，并填写建设投资估算表（见表6-13）。

2.建设期利息估算

某建设项目的工程费与工程建设其他费的估算额为52 180万元，预备费为5 000万元，建设期3年。3年的投资比例是：第1年20%，第2年55%，第3年25%，第4年投产。

该项目建设投资来源为自有资金和贷款。贷款的总额为40 000万元，其中外汇贷款为2 300万美元。外汇牌价为1美元兑换6.6元人民币。贷款的人民币部分从中国建设银行获得，

表6-13　　　　　　　　　　　　**建设投资估算表**　　　　　　　　　　单位：万元

序　号	工程或费用名称	合　计	比例（%）
1	工程费用		
2	工程建设其他费用		
3	预备费用		
3.1	基本预备费用		
3.2	涨价预备费用		
4	建设投资合计		
	比例（%）		

年利率为6%（按季计息）。贷款的外汇部分从中国银行获得，年利率为8%（按年计息）。

实训要求：估算建设期贷款利息。

3.流动资金估算

某拟建项目建设期为3年，投产及达产，投产后定员1 200人，每人每年工资和福利费6 000元。每年的其他费用为1 500万元（其中其他制造费用530万元，其他营业费用470万元）。年外购原材料、燃料动力费为6 500万元。年修理费为700万元。年经营成本为8 300万元。各项流动资金的最低周转天数分别为：应收账款30天，现金40天，应付账款30天，存货40天。

实训要求：估算该项目的流动资金，并填写流动资金估算表（见表6-14）。

表6-14　　　　　　　　　　　　**流动资金估算表**　　　　　　　　金额单位：万元

序　号	年份 项目	最低周转天数	周转次数	达产期 4
1	流动资产			
1.1	应收账款			
1.2	存货			
1.2.1	原材料			
1.2.2	外购燃料			
1.2.3	外购动力			
1.2.4	在产品			
1.2.5	产成品			
1.3	现金			
2	流动负债			
2.1	应付账款			
3	流动资金			
4	流动资金当年增加额			

■ 综合实训案例

案例一

背景资料：

某公司拟投资新建一个工业项目，预计从项目建设开始计算期为10年，项目建设期为3年，投产当年达到设计生产能力。其他基础数据如下：

（1）项目建筑工程费为5 680万元。

（2）项目安装工程费为1 860万元。

（3）设备购置费为3 630万元。

（4）工程建设其他费为300万元。

（5）基本预备费为工程费用与工程建设其他费用合计的10%，建设期内涨价预备费的平均费率为8%。

（6）项目建设资金来源为自有资金和贷款。建设期内贷款总额为5 000万元，贷款年利率为6%（按月计息），还款方式为运营期第6年年末一次还清本金和利息。贷款在建设期内按项目的建设进度投入，即第1年投入40%，第2年投入30%，第3年投入30%，各年投资在年内均衡发生。预计项目建设投资将全部形成固定资产，使用年限10年，残值率为3%，按直线法计提折旧。

（7）预计项目投产后定员1 500人，每人每年工资和福利费为6 000元。每年的其他费用为530万元（其中：其他制造费用300万元，其他营业费用50万元）。年外购原材料、燃料动力费为6 500万元。年修理费为700万元。年经营成本为8 600万元。各项流动资金的最低周转天数分别为：应收账款25天，现金45天，应付账款30天，存货40天。

实训要求：

（1）计算该项目的建设投资。

（2）列式计算涨价预备费。

（3）列式计算建设期贷款利息。

（4）用分项详细估算法估算建设项目的流动资金，并估算该项目的总投资。

案例二

背景资料：

某公司计划投资兴建某个建设项目，正在进行投资估算和可行性研究，收集到的投资估算资料如下：

固定资产投资估算的具体资料：

（一）项目拟全套引进国外设备，有关设备购置费估算数据如下：

（1）设备总重120吨，离岸价格（FOB）250万美元（美元对人民币汇率按1∶6.8计算）；

（2）海运费率为8%；

（3）海外运输保险费率0.3%；

（4）关税税率为20%；

（5）增值税税率为17%；

（6）银行财务费率为0.6%；

（7）外贸手续费率为2%；

（8）到货口岸至安装现场距离为600千米，运输费为0.6元/吨·千米，装卸费均为50元/吨；

（9）现场保管费率为0.196%。

（二）除设备购置费以外的其他费用项目分别按设备投资的一定比例计算，见表6-15。由于时间因素引起的定额、价格、费用标准等变化的综合调整系数为1。

表6-15　　　　　其他费用项目分别占设备投资的百分比系数

项　目	系　数	项　目	系　数
土建工程	35%	电气照明	1%
设备安装	15%	自动化仪表气	16%
工艺管道	8%	附属工程	20%
给排水	12%	总体工程	15%
暖通	10%	其他投资	23%

（三）工程建设其他投资的估算资料：

（1）该项目基本预备费为工程费用与工程建设其他费用合计的5%；

（2）建设期为2年，第1年投入60%，第2年投入40%，预计年平均涨价率为6%。

（四）固定资产投资资金来源与计划：自有资金为3 000万元，其余为银行贷款，年利率为12%，均按2年等比例投入。

流动资金估算的具体资料：

该项目达到设计生产能力以后，全厂定员1 100人，工资与福利费按照每人每年12 000元估算；每年的其他费用为860万元，生产库存占用流动资金估算为800万元，年外购原材料、燃料及动力费为2 020万元，年经营成本为2 400万元，各项流动资金的最低周转天数分别为：应收账款30天，现金45天，应付账款30天。

实训要求：

（1）估算该项目设备购置费。

（2）估算该项目固定资产投资。

（3）估算流动资金投资，并确定该项目建设总投资。

第六章自测题一　　　　　　　　　　　　第六章自测题二

第七章　投资项目融资方案

学习目标

通过本章的学习，使学生了解投资项目融资方案的内容，项目资本金制度；熟悉投资项目融资的类型、融资主体和融资模式，项目资本金和债务资金的来源；掌握项目融资方案分析的方法。

学习要求
一览表

能力模块	能力要求	相关知识点
融资方案	既有法人融资与新设法人融资	（1）融资主体和投资产权结构 （2）融资类型和融资模式
资本金筹措	资本金制度及资本金来源	（1）项目资本金制度 （2）项目资本金的资金来源
债务资金筹措	债务资金的来源及筹措债务资金应考虑的因素	（1）债务资金的资金来源和融资方式 （2）债务资金筹措应考虑的因素
融资方案分析	融资方案分析的内容和方法	（1）资金来源的可靠性分析 （2）资金结构的合理性分析 （3）融资成本的经济性分析 （4）融资风险分析

投资项目融资方案是在投资估算的基础上，选择确定项目的融资主体，分析项目建设所需投资和流动资金的来源及筹措方式，为投资项目设定初步的融资方案。通过对初步融资方案资金结构、融资成本和融资风险的分析，并结合项目财务分析，比较、选择和确定项目的融资方案。

第一节 投资项目融资方案概述

一、融资方案的内容和要求

(一) 投资项目融资方案的内容

投资项目的融资方案包括两部分内容：一是项目的融资主体和资金来源，主要研究项目融资主体的确定、项目资本金和债务资金的来源渠道及筹措方式；二是项目融资方案的分析，主要从资金结构、融资成本及融资风险等方面对初步融资方案进行分析，结合项目财务分析，比较、选择和确定项目的融资方案。项目融资方案与投资估算、项目财务分析的联系包括以下三方面：

(1) 融资方案必须满足投资估算确定的投资总额及资金使用计划对投资数额、时间和币种的要求。

(2) 不同融资方案的财务分析结论，是比选、确定融资方案的依据。

(3) 融资方案确定的项目资本金和债务资金的数额及相关融资条件为投资项目进行资本金盈利能力分析、偿债能力分析和财务生存能力分析提供了数据基础。

(二) 投资项目融资方案的基本要求

投资项目的融资方案应满足下列要求：

(1) 供需平衡。项目周期各年的资金需要量与资金供给量应在数量、时间、币种上平衡。

(2) 融资方案应贯穿于项目周期的全过程，包括设备更新再投资等因素均应予以考虑。

(3) 结构、成本、风险综合评价。融资方案应兼顾资金结构合理、融资成本较低、融资风险较小的要求，不能片面强调融资成本最低或融资风险最小等。

(4) 重视财务杠杆的作用。融资方案应合理确定项目资本金和项目债务资金的比例。

二、项目的融资主体和投资产权结构

(一) 项目的融资主体

按照是否依托项目组建新的项目法人实体，项目的融资主体分为新设法人和既有法人，融资方式分为新设法人融资和既有法人融资。

1.新设法人融资

新设法人融资是指组建新的项目法人并进行项目建设的融资活动。在新设法人融资方式下，为了开发新项目，由项目的发起人及其他投资人出资，组建新的独立承担民事责任的项目法人，承担项目的融资及运营。新设的法人享有法人财产权，并承担融资责任和风险。

新设法人融资的特点：项目投资由新设法人筹集的资本金和债务资金构成；融资责任和融资风险由新设法人承担；根据项目投产后所产生的经济效益情况考察项目的偿债能力。

2.既有法人融资

既有法人融资是指以既有法人作为项目法人进行项目建设的融资活动。采用既有法人融资方式，项目的融资方案需要与公司的总体财务安排相协调，将其作为公司理财的一部分考虑。

既有法人融资的特点：拟建项目不组建新的项目法人，由既有法人统一组织融资活动并承担融资责任和风险；拟建项目一般是在既有法人资产和信用的基础上进行融资的，并形成增量资产；一般从既有法人的整体财务状况考察融资后的偿债能力。

在既有法人融资方式下，由项目发起人——既有法人（包括企业、事业单位）负责筹集资金，投资于新项目，不组建新的独立法人，负债由既有法人承担。

（二）项目的投资产权结构

项目的投资产权结构是指项目投资形成的资产所有权结构，体现项目权益投资人对项目资产的拥有和处置形式、收益分配关系。权益投资方式有三种：股权式合资结构、契约式合资结构、合伙制结构。

1.股权式合资结构

依照公司法设立的有限责任公司、股份有限公司是股权式合资结构。在这种投资结构下，按照法律规定，设立的公司是一个独立的法人，公司对其财产拥有产权。一般情况下，公司的股东依照股权比例来分配对公司的控制权及收益。公司对其债务承担偿还的义务，公司的股东对公司承担的责任以注册资本额为限。公司的股东可以用货币出资，也可用实物、知识产权、土地使用权等可以用货币估价并可以依法转让的非货币财产作价出资，但法律、行政法规规定不得作为出资的财产除外。全体股东的货币出资金额不得低于公司注册资本的30%。

2.契约式合资结构

契约式合资结构是公司的投资人（项目的发起人）为实现共同的目的，以合作协议方式结合在一起的一种投资结构。在这种投资结构下，投资各方的权利和义务依照合作契约约定，可以不严格地按照出资比例分配，而是按契约约定分配项目投资的风险和收益。

3.合伙制结构

合伙制结构是两个或两个以上合伙人共同从事某项投资活动建立起来的一种法律关系。合伙制结构有两种基本形式：一般合伙制和有限合伙制。在一般合伙制形式下，每一个合伙人对合伙机构的债务及其他经济责任和民事责任均承担无限连带责任。在有限合伙制形式下，合伙人中至少有一个一般合伙人和一个有限合伙人。一般合伙人对合伙机构承担无限连带责任，有限合伙人只承担有限责任。一般合伙制通常只适用于一些小型项目，有限合伙制可以在一些大型基础设施建设及高风险投资项目中使用。

三、项目的融资类型和融资模式

（一）项目的融资类型

项目资金通常由权益资金和债务资金组成。根据国家项目资本金制度的规定，项目资金分为项目资本金和债务资金两个部分。相应的，资金筹措可以分为资本金融资和债务资金融资。

（二）项目的融资模式

项目的融资模式是指项目融资采取的基本方式。按照融资主体的不同，它分为新设法人融资和既有法人融资；按照融资是否依赖项目投资形成的资产，它分为公司融资和项目融资。公司融资是指以已经存在的公司自身的资信对外进行融资，取得资金用于投资与经营。项目融资有广义和狭义之分：广义的项目融资可以涵盖为对新建项目、收购项目以及债务重组项目所进行的融资；而狭义的项目融资往往专指具有无追索形式或有限追索形式的融资。

项目融资与传统的融资方式相比具有项目导向、有限追索、风险分担、非公司负债型融资、信用结构多样化和融资成本较高等特点。

四、资金来源和融资方式

（一）资金来源

1.内源融资

内源融资，即将作为融资主体的既有法人内部的资金转化为投资的过程，也称内部融资。既有法人内部融资的渠道和方式主要有：货币资金、资产变现、企业产权转让、直接使用非现金资金。

2.外源融资

外源融资，即吸收融资主体外部的资金。外部的资金来源渠道很多，应当根据外部资金来源供应的可靠性、充足性以及融资成本、融资风险等，选择合适的外部资金来源渠道。投资项目外部资金的来源渠道主要有：

（1）中央和地方政府可用于项目建设的财政性资金。

（2）商业银行和政策性银行的信贷资金。

（3）证券市场的资金。

（4）非银行金融机构的资金。

（5）国际金融机构的信贷资金。

（6）外国政府提供的信贷资金、赠款。

（7）企业、团体和个人可用于项目建设投资的资金。

（8）外国公司或个人直接投资的资金。

（二）融资方式

1.直接融资

直接融资是指融资主体不通过银行等金融中介机构而从资金提供者手中直接融资，比如通过发行股票和企业债券融资。在市场经济条件下，直接融资已成为一种重要的融资方式。

2.间接融资

间接融资是指融资主体通过银行等金融中介机构向资金提供者间接融资，比如向商业银行申请贷款、委托信托公司进行证券化融资等。

企业（融资主体）的外源融资由于受不同融资环境的影响，其选用的融资方式不尽相同。企业外源融资究竟是以直接融资为主还是以间接融资为主，除了受自身财务状况的影响外，还受国家投融资体制等的制约。

第二节　资本金筹措

一、项目资本金制度

投资项目资本金，是指在投资项目总投资中由投资者认缴的出资额，对投资项目来说是非债务性资金，项目法人不承担这部分资金的任何利息和债务，投资者可按其出资比例依法享有所有者权益，也可转让其出资，但不得以任何方式抽回。

根据《国务院关于固定资产投资项目试行资本金制度的通知》（国发〔1996〕35号），各种经营性投资项目（包括国有单位的基本建设、技术改造、房地产开发项目和集体投资项目）试行资本金制度，投资项目必须首先落实资本金才能进行建设；个体和私营企业的经营性投资项目参照规定执行；公益性投资项目不实行资本金制度；外商投资项目（包括外商投资、中外合资、中外合作经营项目）按现行有关法规执行。

计算项目资本金基数的总投资，是指投资项目的固定资产投资（指建设投资与建设期利息之和）与铺底流动资金之和。

投资项目资本金可以用货币出资，也可以用实物、工业产权、非专利技术、土地使用权作价出资。对于作为资本金的实物、工业产权、非专利技术、土地使用权，必须经过有资格的资产评估机构依照法律、法规评估作价，不得高估或低估。以工业产权、非专利技术作价出资的比例不得超过投资项目资本金总额的20%，国家对采用高新技术成果有特别规定的除外。

投资者以货币方式认缴的资本金来源于：

（1）各级人民政府的财政预算内资金、国家批准的各种专项建设基金、"拨改贷"资金和经营性基本建设基金回收的本息、土地批租收入、国有企业产权转让收入、地方人民政府按国家有关规定收取的各种规费及其他预算外资金。

（2）国家授权的投资机构及企业法人的所有者权益（包括资本金、资本公积金、盈余公积金和未分配利润、股票上市收益资金等）、企业折旧资金以及投资者按照国家规定从资金市场上筹措的资金。

（3）社会个人合法所有的资金。

（4）国家规定的其他可以用作投资项目资本金的资金。

项目资本金占项目总投资的具体比例，由项目审批单位根据投资项目的不同性质、项目所产生的经济效益、银行贷款意愿和评估意见等情况，在审批可行性研究报告时核定。经国务院批准，对个别情况特殊的国家重点建设项目，可以适当降低资本金比例。

投资项目的资本金一次认缴，并根据批准的建设进度按比例逐年到位。

知识拓展7-1

关于固定资产投资项目资本金制度的相关规定

二、对外商投资企业注册资本的要求

外商投资项目目前不执行上述项目资本金制度，而是按照外商投资企业的有关规定执行。按照有关法规的要求，外商投资企业的注册资本应与生产经营规模相适应，并规定了注册资本总额的最低比例，见表7-1。这里的投资总额是指投资项目的建设投资、建设期利息与流动资金之和。

表7-1 **外商投资企业注册资本占投资总额的最低比例**

序　号	投资总额	注册资本占投资总额的最低比例	附加条件
1	300万美元以下（含300万美元）	70%	
2	300万～1 000万美元（含1 000万美元）	50%	其中投资总额420万美元以下的，注册资本不低于210万美元
3	1 000万～3 000万美元（含3 000万美元）	40%	其中投资总额在1 250万美元以下的，注册资本不低于500万美元
4	3 000万美元以上	1/3	其中投资总额在3 600万美元以下的，注册资本不低于1 200万美元

三、项目资本金筹措方案

在投资项目评估阶段，应根据既有法人融资和新设法人融资组织形式的特点，分析项目资本金的筹措方案。

（一）既有法人项目资本金筹措

既有法人项目的资本金由既有法人负责筹集。既有法人可用于项目资本金的资金来源分为内外两个方面。

1.内部资金来源

内部资金来源于既有法人的自有资金。自有资金主要来自于以下几个方面：

（1）企业的现金。企业库存现金和银行存款可以由企业的资产负债表得以反映，其中有一部分可以投入到项目中，即扣除保持必要的日常经营所需的货币资金额，多余的资金可以用于项目投资。

（2）未来生产经营中获得的可用于项目的资金。在未来的项目建设期间，企业可从生产经营中获得新的现金，扣除生产经营开支及其他必要开支之后，剩余部分可以用于项目投资。

（3）企业资产变现。企业可以将现有资产变现，取得现金用于新项目投资。企业资产变现通常包括短期投资、长期投资、固定资产、无形资产的变现。流动资产中的应收账款、其他应收款等应收款项降低、存货降低，可以增加企业可以使用的现金。

（4）企业产权转让。企业可以将原有的产权部分或全部转让给他人，换取资金用于新项目的资本金投资。

2.外部资金来源

外部资金来源主要是既有法人通过在资本市场发行股票和企业增资扩股，以及一些准资本金手段（如优先股），来获取外部投资人的权益资金，用于新上项目的资本金。

（1）企业增资扩股。企业可以通过原有股东增资以及吸收新股东增资扩股，包括国家股、企业法人股、个人股和外资股的增资扩股。

（2）优先股。优先股是一种介于股本资金与负债之间的融资方式，优先股股东不参与公司的经营管理，没有公司的控制权。发行优先股通常不需要还本，但要支付固定股息，固定股息通常高于银行贷款利息。相对于其他借款融资，优先股通常处于较后的受偿顺序，对项目公司的其他债权人来说可以视为项目的资本金。而对于普通股股东来说，优先股通常要优先受偿，是一种负债。

（二）新设法人项目资本金筹措

新设法人项目的资本金由新设法人负责筹集。按照资本金制度的相关规定，应由投资人或项目的发起人认缴或筹集足够的资本金提供给新设法人。

新设法人的资本金通常以注册资本的方式投入。有限责任公司及股份公司的注册资本由公司的股东按股权比例认缴，合作制公司的注册资本由合作投资方按预先约定金额投入。如果公司注册资本的额度要求低于项目资本金额度的要求，股东按项目资本金额度要求投入企业的资金超过注册资本的部分，通常以资本公积的形式记账。

新设法人项目资本金的形成分为两种形式：一种是在新法人设立时由发起人和投资人按项目资本金额度要求提供足额资金；另一种是由新法人在资本市场上发行股票进行融资。

第三节　债务资金筹措

债务资金是指项目投资中除项目资本金外以负债方式取得的资金，亦称为负债融资。

一、债务资金的来源和融资方式

（一）信贷方式融资

1.商业银行贷款

按照贷款期限，商业银行贷款分为短期贷款、中期贷款和长期贷款。贷款期限在1年以内的为短期贷款；超过1年、不超过3年的为中期贷款；3年以上的为长期贷款。

按资金用途，商业银行贷款在银行内部管理中分为固定资产贷款、流动资金贷款、房地产开发贷款等。

投资项目使用商业银行贷款，需要满足贷款银行的要求，向银行提供必要的材料。

项目投资使用中长期商业银行贷款，银行要进行独立的项目评估，评估内容主要包括项目建设内容、必要性、产品市场需求、项目建设及生产条件、工艺技术及主要设备、投资估算与筹资方案、财务盈利能力、偿债能力、贷款风险、保证措施等。

2.政策性银行贷款

为了支持一些特殊的生产、贸易、基础设施建设项目，国家政策性银行可以提供政策性银行贷款。政策性银行贷款利率通常比商业银行贷款利率低。我国的政策性银行有国家开发银行、中国进出口银行、中国农业发展银行。

国家开发银行重点向国家基础设施、基础产业和支柱产业投资项目以及重大技术改造和高新技术产业化项目发放贷款。国家开发银行的贷款分为两部分：一是软贷款，即国家开发银行将注册资本金按项目配股需要贷给国家控股公司和中央企业集团，由其对所需企业参股、控股；二是硬贷款，即国家开发银行把借入资金直接贷给建设项目。

3.出口信贷

项目建设需要进口设备的，可以使用设备出口国的出口信贷。出口信贷分为买方信贷与卖方信贷。

买方信贷以设备进口商为借款人，取得贷款资金用于支付进口设备货款，并对银行还本付息。买方信贷可以通过进口国的商业银行转贷，也可以不通过本国商业银行转贷。通过本国商业银行转贷时，设备出口国的贷款银行将款项贷给进口国的一家转贷银行，再由进口国转贷银行将款项贷给设备进口商。

卖方信贷以设备出口商为借款人，从设备出口国的银行取得贷款，设备出口商给予设备购买方以延期付款条件。

出口信贷通常不能对设备价款全额贷款，只能提供设备价款85%的贷款，其余15%的价款需要由进口商以现金支付。

出口信贷利率通常低于国际上商业银行的贷款利率，但需要支付一定的附加费用，如管理费、承诺费、信贷保险费等。

4. 外国政府贷款

项目使用外国政府贷款需要得到我国政府的安排和支持。外国政府贷款经常与出口信贷混合使用，有时还伴有一部分赠款。

外国政府贷款的利率通常很低，一般为2%～4%，甚至无息；期限较长，还款平均期限为20～30年，有的甚至长达50年。使用外国政府贷款也要支付管理费，国内代理银行转贷需要收取转贷手续费。有时国内代理银行可能还根据项目的经营期，要求缩短转贷款的期限。

外国政府贷款通常有限制性条件，如贷款必须用于采购贷款国的设备。由于贷款使用受到限制，设备进口只能在较小的范围内选择，设备价格可能较高。

5. 国际金融机构贷款

提供项目贷款的国际金融机构主要有：世界银行、国际金融公司、欧洲复兴开发银行、亚洲开发银行、美洲开发银行等。国际金融机构的贷款通常带有一定的优惠性，贷款利率低于商业银行贷款利率，但也有可能需要支付某些附加费用，如承诺费；贷款期限可以安排得很长。此外，国际金融机构贷款通常要求设备采购进行国际招标。

6. 银团贷款

在大型建设项目融资中，由于融资金额巨大，一家银行难以承担巨额贷款的风险，通常由多家甚至数十家银行组成银团贷款。组成银团贷款通常需要有一家或数家牵头安排银行，负责联络其他的参加银行，共同研究、考察项目，进行谈判和拟定贷款条件，起草法律文件。贷款银团中还需要有一家或数家代理银行，负责监管借款人的账户，监控借款人的资金，划收及划转贷款本息。

7. 股东借款

股东借款是指公司的股东对公司提供的贷款，对借款公司来说，在法律上是一种负债。项目的股东借款是否后于其他的项目贷款受偿，需要依照预先的约定。如果未预先约定偿还顺序，股东借款与其他债务处于同等受偿顺序。在预先约定了后于项目贷款受偿条件下，相对于项目的贷款人来说，股东借款可视为项目的资本金（准资本金）。

(二) 债券方式融资

债券融资是指项目法人以自身的财务状况和信用条件为基础，通过发行企业债券筹集资金，用于项目建设的融资方式。其除了一般债券融资外，还有可转换债券融资。

1.企业债券

企业债券融资是一种直接融资，是从资金市场上直接获得资金，资金成本（利率）一般低于银行借款。由于有较为严格的证券监管，只有实力强、资信良好的企业才有可能发行企业债券。

发行债券通常需要取得债券资信等级的评级。国内债券由国内的评级机构评级，国外发债通常需要由一些知名度较高的评级机构评级。债券评级较高的，可以以较低的利率发行；而债券评级较低的，利率较高。

债券发行与股票发行相似，可以在公开的资本市场上发行，也可以以私募方式发行。

2.可转换债券

可转换债券是企业发行的一种特殊形式的债券。在预先约定的期限内，可转换债券的持有人有权选择按照预先规定的条件将债权转换为发行人公司的股权。在公司经营业绩变好时，股票价值上升，可转换债券的持有人倾向于将债权转为股权；而当公司业绩下降或者没有达到预期效益时，股票价值下降，可转换债券的持有人则倾向于兑付本息。

现有公司发行可转换债券，通常并不设定后于其他债权受偿，对于其他向公司提供贷款的债权人来说，可转换债券不能视为公司的资本金。

可转换债券的发行条件与一般企业债券类似，但由于附加有可转换为股权的权利，可转换债券的利率较低。

（三）融资租赁

融资租赁又称为金融租赁、财务租赁，是一种融物与融资相结合的筹资方式。采取这种融资方式，通常由承租人选定需要的设备，由出租人购置后租赁给承租人使用，承租人向出租人支付租金；承租人租赁取得的设备按照固定资产计提折旧；承租人可以选择租赁期满时是否廉价购买该设备。

采用融资租赁，承租人可以对设备的全部价款得到融资。融资额度比使用贷款要大，租赁费中所含的相当于利息的部分也比贷款利息高。

二、债务资金筹措应考虑的因素

在制订债务资金筹措方案时，需要考虑的主要因素有以下几方面：

（1）债务期限。根据资金使用计划和债务偿还计划及融资成本的高低进行合理的设计和搭配。

（2）债务偿还。需要事先确定一个比较稳妥的还款计划。

（3）债务序列。债务安排根据其依赖于公司（或项目）资产抵押的程度或者依据来自于有关外部信用担保的程度而划分为由高到低不同等级的序列。在公司出现违约的情况下，公司资产和其他抵押、担保权益的分割将严格地按照债务序列进行。

（4）债权保证。债权人为了保障其权益，需要有一些能够巩固其地位的措施，使其权益不受侵犯，到期能收回本息。为此，需要债务人及涉及的第三方对债权人提供履行还债的特殊保证，这就是债权保证。

（5）违约风险。债务人违约或无力清偿债务时，债权人追索债务的形式和手段及追索程度，决定了债务人违约风险的大小。

（6）利率结构。其主要考虑了项目现金流量的特征，金融市场上利率的走向，借款人对控制融资风险的要求。

（7）货币结构与国家风险。债务资金的货币结构可依据项目现金流量的货币结构设计，以减少项目的外汇风险。

第四节　融资方案分析

项目的融资方案分析是在投资估算的基础上进行的。首先要通过对项目的融资环境进行分析，研究拟建项目的资金渠道、融资形式、融资结构、融资成本、融资风险，拟订出一套或几套可行的融资方案；其次通过对融资方案的优化比选，向决策者推荐资金来源可靠、资金结构合理、融资成本低、融资风险小的融资方案。

一、资金来源的可靠性分析

资金来源可靠性分析的内容主要包括：投资项目建设能否得到足够的、持续的资金供应，即资本金和债务资金供应是否能可靠落实，保证项目建设的顺利进行；资金来源是否正当、合理，是否符合国家有关政策的规定。

（一）既有法人内部资金的可靠性分析

通过了解企业资产负债结构、现金流量状况、企业盈利能力和财务能力，分析可能筹集到并用于项目的资金数额和可靠性以及企业现有的可能用于项目的非现金资产的数额和可靠性。

（二）项目资本金的可靠性分析

对于既有法人项目，应分析原有股东增资扩股和吸收新股东投资的资金数额及其可靠性；对于新设法人项目，应分析投资者认缴的股本金数额及其可靠性；对于通过发行股票在资本市场筹集资本金的项目，应分析获得批准的可能性。

（三）项目债务资金的可靠性分析

对于拟通过在资本市场发行债券融资的项目，应分析获得国家有关部门批准的可能性；利用金融机构贷款的项目，应分析获得金融机构批准的可能性和获得资金数额的可靠性。

二、资金结构的合理性分析

项目的资金结构是指项目筹集的资金中资本金、债务资金的形式，各类资金所占比例，资金来源，以及资本金结构、债务资金结构。

（一）项目资本金与债务资金的比例

项目资金结构的一个基本比例是资本金与债务资金的比例。在项目总投资和投资风险一定的条件下，资本金比例越高，权益投资人投入项目的资金越多，承担的风险越高，而提供债务资金的债权人承担的风险越低。从权益投资人的角度考虑，项目的资金结构应追求以较低的资本金争取较多的债务资金，同时要争取尽可能低地对股东的追索。从债务资金的债权人的角度，则希望项目有较高的资本金比例，从而可以承担较高的市场风险，有利于债权得到有效的风险控制。同时，项目资本金比例越高，贷款的风险越低，贷款的利率也越低；反之，贷款利率越高。当项目资本金比例降低到银行不能接受的水平时，银行将会拒绝贷款。合理的资金结构需要由各个参与方的利益平衡来决定。

（二）项目资本金结构

资本金结构包含两方面内容：投资产权结构和资本金比例结构。这里着重叙述项目资本金的比例结构。

参与投资的各方投资人占有多大的出资比例对项目的成败有重要影响。公司的控股形式可以是绝对控股或相对控股。各方投资比例应考虑其利益需要、资金及技术能力、市场开发能力、已经拥有的权益等。不同的权益比例决定了各投资人在项目及公司中的作用、承担的责任义务、收益分配。不同的投资人，由于其背景和特长的不同，能对项目的成功有不同的贡献。各个投资人之间的优势互补可以使项目的成功得到更好的保障。如果投资人出资比例处理不当，某些方面的利益没有得到合理分配，可能会造成项目实施中的困难。

（三）债务资金结构

债务资金结构主要分析各种债务资金所占比例、负债的方式及债务期限的配比。合理的债务资金结构需要考虑融资成本、融资风险、融资方式、币种、期限、偿还顺序及保证方式。

1.债务期限配比

在项目负债结构中，长短期负债应合理搭配。短期借款利率低于长期借款利率，适当安排一些短期融资可以降低总的融资成本，但如果过多采用短期融资，会使项目公司的财务流动性不足，财务稳定性下降，产生过高的财务风险。债务融资的期限应当与项目的经营期限相协调。

2.境内外借贷占比

对借款公司来说，如果贷款条件一样，使用境外贷款或国内银行外汇贷款并没有什么区别。但是对国家来说，项目使用境外贷款，对国家的外汇收支有影响。项目投资中如果有国外采购，可以附带寻求国外的政府贷款、出口信贷等优惠融资。

3.外汇币种选择

不同币种的外汇汇率总在不断地变化。项目使用外汇贷款需要仔细选择外汇币种。外汇贷款的借款币种与还款币种有时是不同的，通常应当考虑的是还款币种。为了降低还款成本，通常应选择币值较弱的币种作为还款币种，但币值弱的外汇贷款利率通常较高。币种选择中需要对汇率与利率进行预测，在汇率变化与利率差异之间做出权衡和抉择。

4.偿债顺序安排

负债融资安排中，除了负债种类、期限、币种等计划外，还要妥善安排偿债顺序，包括偿债的时间顺序及不同债务的受偿优先顺序。

三、融资成本的经济性分析

（一）资金成本构成

资金成本是指项目使用资金所付出的代价，由资金占用费和资金筹集费两部分组成。

资金占用费是指使用资金过程中发生的向资金提供者支付的费用，包括借款利息、债券利息、优先股股息、普通股红利及权益收益等。

资金筹集费是指资金筹集过程中所发生的各种费用，包括律师费、资信评估费、公证费、证券印刷费、发行手续费、担保费、承诺费、银团贷款管理费等。

资金成本通常以相对数即资金成本率来表示。资金成本率是指使筹得的资金同筹资期及使用期发生的各种费用（包括向资金提供者支付的各种代价）等值时的收益率或贴现率。不同来源资金的资金成本率的计算方法不尽相同，但理论上均可用下列公式表示：

$$\sum_{t=0}^{n} \frac{F_t - C_t}{(1+i)^t} = 0$$

式中：F_t——各年实际筹措资金流入额；C_t——各年实际资金筹集费和对资金提供者的各种付款，包括贷款、债券等本金的偿还；i——资金成本率；n——资金占用期限。

(二) 权益资金成本分析

1. 优先股资金成本

优先股有固定的股息，优先股股息用税后净利润支付，这一点与贷款、债券利息等的支付不同。此外，股票一般是不还本的，故可将它视为永续年金。优先股资金成本的计算公式为：

优先股资金成本 = 优先股股息 ÷ (优先股发行价格 − 优先股发行成本)

2. 普通股资金成本

普通股资金成本可采用资本资产定价模型法、税前债务成本加风险溢价法和股利增长模型法等进行估算，也可直接采用投资方的预期报酬率和既有法人的净资产收益率进行估算。

(1) 资本资产定价模型法。按照资本资产定价模型法，普通股资金成本的计算公式为：

$$K_s = R_f + \beta(R_m - R_f)$$

式中：K_s——普通股资金成本；R_f——社会无风险投资收益率；β——项目的投资风险系数；R_m——市场投资组合预期收益率。

(2) 税前债务成本加风险溢价法。根据"投资风险越大，要求的报酬率越高"的原理，投资者的投资风险大于提供债务融资的债权人，因而会在债权人要求的收益率上再要求一定的风险溢价。据此，普通股资金成本的计算公式为：

$$K_s = K_b + RP_c$$

式中：K_s——普通股资金成本；K_b——税前债务资金成本；RP_c——投资者比债权人承担更大风险所要求的风险溢价。

风险溢价是凭借经验估计的。一般认为，某企业普通股风险溢价对其发行的债券来讲为 3% ~ 5%。当市场利率达到历史性高点时，风险溢价较低，在 3% 左右；当市场利率处于历史性低点时，风险溢价较高，在 5% 左右；通常情况下，一般采用 4% 的平均风险溢价。

(3) 股利增长模型法。股利增长模型法是依照股票投资的收益率不断提高的思路来计算普通股资金成本的方法。一般假定收益以固定的增长率递增，其普通股资金成本的计算公式为：

$$K_s = \frac{D_1}{P_0} + G$$

式中：K_s——普通股资金成本；D_1——预期年股利额；P_0——普通股市价；G——股利期望增长率。

（三）债务资金成本分析

1.借款资金成本计算

向银行及其他金融机构以借贷方式筹措资金，应考虑各种可能的借款利率水平、利率计算方式（固定利率或者浮动利率）、计息（单利、复利）和付息方式以及偿还期和宽限期，并进行不同方案的比选。

2.债券资金成本计算

债券的发行价格有三种：溢价发行，即以高于债券票面金额的价格发行；折价发行，即以低于债券票面金额的价格发行；平价发行，即以债券票面金额的价格发行。

调整发行价格可以平衡票面利率与购买债券收益之间的差距。债券资金成本的计算与借款资金成本的计算类似。

3.融资租赁资金成本计算

采取融资租赁方式所支付的租赁费一般包括类似于借贷融资的资金占用费和对本金的分期偿还额。

（四）所得税后的债务资金成本

借贷、债券等的融资费用和利息支出均在缴纳所得税前支付，对于股权投资方，可以取得所得税抵减的好处。所得税后资金成本的常用简化计算公式为：

所得税后资金成本=所得税前资金成本×（1－所得税税率）

在计算所得税后债务资金成本时，应注意在项目建设期和项目运营期内的免征所得税年份，利息支付并不具有抵税作用。因此，含筹资费用的所得税后债务资金成本可按下式采用人工试算法计算：

$$P_0(1-F) = \sum_{i=1}^{n} \frac{P_i + I_i \times (1-T)}{(1+K_d)^i}$$

式中：K_d——含筹资费用的所得税后债务资金成本；P_0——债券发行额或长期借款金额，即债务的现值；F——债务资金筹资费用率；P_i——约定的第i期期末偿还的债务本金；I_i——约定的第i期期末支付的债务利息；T——所得税税率；n——债务期限，通常以年表示。

上式中，等号左边是债务人的实际现金流入；等号右边为债务引起的未来现金流出的现值总额。

（五）扣除通货膨胀影响的资金成本

借贷资金等通常包含通货膨胀因素的影响，这种影响既来自于近期实际通货膨胀，也来自于未来预期通货膨胀。扣除通货膨胀影响的资金成本可按下式计算：

$$\text{扣除通货膨胀影响的资金成本} = \frac{1+\text{未扣除通货膨胀影响的资金成本}}{1-\text{通货膨胀率}} - 1$$

在计算扣除通货膨胀影响的资金成本时，应当先计算扣除所得税的影响，然后计算扣除通货膨胀的影响，次序不能颠倒，否则会得到错误的结果。这是因为所得税也受到通货膨胀的影响。

（六）加权平均资金成本

项目融资方案的总体资金成本可以用加权平均资金成本来表示。将融资方案中各种融资的资金成本以该融资额占总融资额的比例为权数加权平均，即得到该融资方案的加权平均资金成本。其计算公式为：

$$I = \sum_{t=1}^{n} i_t \times f_t$$

式中：I——加权平均资金成本；i_t——第 t 种融资的资金成本；f_t——第 t 种融资的融资金额占融资方案总融资金额的比例；n——各种融资类型的数目。

加权平均资金成本是选择项目融资方案的重要条件。

四、融资风险分析

融资风险分析是项目风险分析的重要组成部分。项目的融资风险主要包括：资金运用风险、项目控制风险、资金供应风险、资金追加风险、利率及汇率风险。

（一）资金运用风险

资金运用风险主要是项目运用所筹资金投资失败带来的风险，比如融资成本太高，但投资失败不一定是由融资活动导致的。项目投资活动的很多方面一旦失当都可能导致投资失败。投资失败产生的损失往往可以利用融资活动全部或部分转移给资金提供者，即出资人。

在制订融资方案时，需要详细分析项目的整体风险情况，评估项目投资失败的可能性，进而考虑融资过程中的风险对策和措施。如果风险较大，可以通过股权融资等方式让更多的出资人来共同承担风险，或利用项目融资模式限定筹资人或项目发起人的风险承受程度。

（二）项目控制风险

融资带来的项目控制风险主要表现在经过融资活动后，筹资人有可能会失去对项目的某些控制权，比如项目的收益权、管理权、经营权等，特别是通过股权等涉及项目控制权的资本金融资方式，项目在获得资金的同时，筹资人会相应失去一定的项目控制权，也可能会丧失项目的部分预期收益。如果这种收益高于以其他融资方式获得资金的机会成本，就视为筹资人的一种损失。但是，筹资人在丧失这种机会收益的同时，也向股权投资人转嫁了未来这部分投资失败的风险。因此，不同方面的融资风险和风险对策之间存在相互关联性，筹资人需要综合权衡以定取舍。如果未来投资的风险很大，筹资人就可以较多地运用股权融资等方式筹措资金，转移风险；如果未来投资的风险较小，筹资人就应尽量使用不涉及项目控制权的融资方式，比如银行借款等债务融资方式。

（三）资金供应风险

资金供应风险是指融资方案在实施过程中，可能出现资金不落实、不到位，导致建设工期拖长、工程造价升高、原定投资效益目标难以实现的风险。比如：

（1）已承诺出资的投资者中途变故，不能兑现承诺。

（2）原定发行股票、债券计划不能落实。

（3）既有法人融资项目由于企业经营状况恶化，无力按原定计划出资。

（4）其他资金不能按建设进度足额及时到位。

导致资金供应风险的一个重要原因是预定的投资人或贷款人没有实现预定计划或承

诺而使融资计划失败。考虑到出资人的出资风险，在选择项目的股本投资人及贷款人时，应当选择资金实力强、既往信用好、风险承受能力大、所在国政治及经济稳定的出资人。

(四) 资金追加风险

项目实施过程中会出现许多变化，包括设计变更、技术变更、市场变化、某些预定出资人变更、投资超支等，从而导致项目的融资方案变更，需要追加融资额。如果不能追加资金，很可能导致项目无法继续进行，以致失败。为规避这方面的风险，一方面，要加强项目前期的分析论证及进行科学合理的规划，加强项目实施过程的管理和监控；另一方面，项目需要具备足够的再融资能力，在出现融资缺口时应有及时取得补充融资的计划及能力。在项目的融资方案设计中，应当考虑备用融资方案，主要包括：项目公司股东的追加投资承诺；贷款银团的追加贷款承诺；银行贷款高于项目计划使用资金数额，以取得备用的贷款承诺。融资方案设计中还要考虑在项目实施过程中追加取得新的融资渠道和融资方式。另外，项目的融资计划与投资支出计划应当平衡，必要时应当留有一定的余量。

(五) 利率及汇率风险

1.利率风险

利率风险是项目融资中需要考虑的因素之一。未来市场利率的变动会引起项目资金成本的不确定性。

采取浮动利率贷款，贷款利率随市场利率变动，未来利率升高，项目的资金成本将随之上升；反之，未来利率下降，项目的资金成本随之下降。

采取固定利率贷款，贷款利率不随市场利率变动，但如果未来市场利率下降，项目的资金成本不能相应下降，则相对资金成本将变高。

2.汇率风险

项目使用某种外汇借款，未来汇率的变动将使项目的资金成本发生变动，从而产生汇率风险。随着世界经济一体化的进程和先进资讯手段的发展，国际经济环境变得越来越复杂和不可预测，汇率波动性大幅度增加，汇率风险进一步加大。为了防范汇率风险，对于未来有外汇收入的项目，可以根据项目未来的收入币种选择借款外汇币种和还款外汇币种，还可以通过外汇掉期转移汇率风险。

本章小结

投资项目融资方案是在投资估算的基础上，选择确定项目的融资主体，分析项目建设所需要的投资和流动资金的来源及筹措方式。

投资项目的融资方案包括项目的融资主体与资金来源和项目融资方案的分析两部分内容。

项目的融资主体分为新设法人和既有法人，融资方式分为新设法人融资和既有法人融资。项目资金来源包括内源融资和外源融资。项目融资方式分为直接融资和间接融资。

投资项目资本金是指在项目总投资中，由投资者认缴的出资额，对投资项目来说是非债务性资金。投资项目资本金可以用货币出资，也可以用实物、工业产权、非专利技术、土地使用权作价出资。

债务资金是指项目投资中除投资项目资本金外以负债方式取得的资金，主要有信贷融资、债券融资和租赁融资。

项目融资方案可通过资金来源的可靠性、资金结构的合理性、融资成本的经济性和融资风险四个方面进行分析。

基础知识练习

一、单项选择题（每题的备选项中，只有1个最符合题意）

1.项目的融资主体是（　　）。

A.项目法人　　　　B.项目业主　　　　C.项目经理　　　　D.建设单位

2.作为计算项目资本金基数的总投资，是指投资项目的（　　）。

A.注册资金　　　　　　　　　　　B.铺底流动资金

C.建设投资和铺底流动资金之和　　　D.固定资产投资和铺底流动资金之和

3.对于贷款而言，反映融资成本的主要基本要素是（　　）。

A.利息　　　　　B.利率结构　　　　C.附加条件　　　　D.债权保证

4.公司拟通过发行股票来为项目融资，公司投资风险系数为1.2，长期国债利率为3%，市场投资组合预期收益率为10%，利用资本资产定价模型计算的发行股票权益资金成本率为（　　）。

A.8.4%　　　　　B.9.6%　　　　　C.11.4%　　　　D.12%

5.某项目投入总资金1000万元，其筹资方案为：银行借款300万元，优先股200万元，普通股500万元，其融资成本（均为税后）分别为6%、12%、15%，该项目的加权平均资金成本为（　　）。

A.11%　　　　　B.12.4%　　　　C.11.7%　　　　D.10.4%

二、多项选择题（每题的备选项中，有2个或2个以上符合题意，至少有1个错项）

1.下列（　　）属于内源融资。

A.货币资金　　　　B.股东分红　　　　C.资产变现

D.企业产权转让　　E.使用原有企业固定资产

2.下列关于资本金的表述中，正确的是（　　）。

A.资本金是指由项目投资人以获得项目财产权和控制权的方式投入的资金

B.凡在我国境内开发建设的投资项目一律试行资本金制度

C.项目资本金对于投资项目而言，属于非债务资金，项目法人无须承担这部分资金的任何利息和债务

D.项目资本金的计算以投资项目固定资产投资与铺底流动资金之和为基数

E.以工业产权、非专利技术作价出资的比例不得超过投资项目资本金总额的20%

3.我国的政策性银行包括（　　）。

A.国家开发银行　　　　B.中国进出口银行　　　　C.中国农业银行

D.中国农业发展银行　　E.交通银行

4.作为一种融资方式，融资租赁的优点主要有（　　）。

A.能够迅速获得所需资产的长期使用权

B.可以避免长期借款筹资所附加的各种限制性条款，具有较强的灵活性

C.可以减少设备引进费，降低设备取得成本

D.设备租赁期较短，可以根据需要随时更换先进设备

E.租赁期满后，承租方可以无偿获得该设备

5.项目的融资风险分析主要包括（   ）。

A.利率及汇率风险　　　　B.资金追加风险　　　　C.项目控制风险

D.资金供应风险　　　　　E.资金偿还风险

三、简答题

1.投资项目融资的主体都有哪些？

2.什么是直接融资？什么是间接融资？

3.什么是项目资本金？我国项目资本金制度包含哪些内容？

4.项目资本金的来源渠道有哪些？

5.什么是项目的债务资金？项目的债务资金可以通过哪些方式取得？

6.筹措债务资金时应考虑哪些主要因素？

7.项目融资方案分析包括哪些内容？

8.项目资金来源的可靠性评估应包括哪些内容？

9.什么是资金结构？资金结构的合理性分析包括哪些内容？

10.什么是资金成本？它包括哪些内容？如何表示资金成本？

11.如何对不同来源的资金进行融资成本的经济性分析？加权平均资金成本怎么计算？

12.在项目融资过程中可能会遇到哪些风险？

实践操作训练

■ 实训操练

一、实训目的

通过实验，熟悉投资项目融资的类型、不同的融资主体及融资模式，掌握项目融资方案分析的方法，能熟练地对不同来源的资金进行项目融资成本的经济性分析。

二、实训准备

（1）了解投资项目融资方案的内容。

（2）熟悉投资项目融资的类型、不同的融资主体及融资模式。

（3）掌握不同来源的资金融资成本的经济性分析的方法。

三、实训内容

1.权益资金成本分析

（1）优先股资金成本计算

某企业发行优先股股票，票面值为200万元，发行价格为195万元，筹资费率为4%，股息年利率为14%，每年付息一次。

实训要求：试计算该公司的优先股资金成本。

（2）普通股资金成本计算

某公司需对其股权资金成本进行评估，利用我国5年期国债利率5.41%作为社会无

风险投资收益率，社会投资平均风险股票必要报酬率为20%，公司投资的风险系数β值为1.4。

实训要求：试应用资本资产定价模型法计算该公司的普通股资金成本。

某公司发行普通股，正常市价为60元，估计年增长率为12%，第1年预期的股利率为6%，筹资费率为股票市价的10%。

实训要求：试应用股利增长模型法计算该公司新发行普通股的资金成本。

2.债务资金成本分析

（1）借款资金成本计算

某公司向银行贷款100万元，年利率为6%，按年付息，期限3年，到期一次还清贷款，资金筹集费为贷款额的5%。

实训要求：试计算该公司借款的资金成本。

（2）债券资金成本计算

某公司发行面值100元债券，发行价格100元，票面利率为年利率5%，5年期，到期一次还本付息，发行费率为债券面值的0.5%，在债券发行时交付，兑付手续费为债券面值的0.5%。

实训要求：试计算该公司发行债券的资金成本。

（3）融资租赁资金成本计算

融资租赁公司提供的设备融资额为120万元，年租赁费率为16%，按年支付，租赁期限为12年，到期设备归承租方，忽略设备余值影响，资金筹集费为融资额的5%。

实训要求：计算融资租赁资金成本。

3.所得税后债务资金成本分析

对某实用新型专利项目进行投资，建设期1年，投产当年即可盈利，按有关规定可免征所得税2年，投产第3年起，所得税税率为25%。该项目在建设期期初向银行借款1 000万元，筹资费率为借款额的0.7%，年利率为6.5%，按年付息，期限3年，到期一次还清借款。

实训要求：计算该借款的所得税后资金成本。

4.扣除通货膨胀影响的资金成本分析

某公司向银行贷款100万元，年利率为6%，按年付息，期限3年，到期一次还清贷款，资金筹集费为贷款额的5%，所得税税率为25%，假设通货膨胀率为-1%。

实训要求：计算该借款扣除通货膨胀影响的税后资金成本。

5.加权平均资金成本分析

某企业账面反映的长期资金为800万元，其中，长期借款150万元，短期借款150万元，普通股350万元，优先股150万元；其成本分别为6.5%、10.05%、11%、12.26%。

实训要求：试计算该企业的加权平均资金成本。

■ 综合实训案例

案例一

背景资料：

某上市公司拟新建一个轨道交通保温材料制品项目，并以该项目为依托组建一个独立的项目公司。该项目总投资为1.2亿元，其中建设投资10 000万元，资金筹措方案初步设定为：项目资本金（权益资金）3 500万元，来源于该上市公司的未分配利润；银行借款6 500万元。该上市公司普通股目前市价为15元，预期年末每股发放股利0.6元，估计股利年增长率为7%。与银行约定的贷款条件为：贷款年利率为6.5%，每年计息一次，每年年底支付借款利息；贷款期限为5年，第5年年底偿还借款本金；此外，该笔银行借款的筹资费用率为0.5%，该项目公司的企业所得税税率为23%。

实训要求：

（1）计算该项目的权益资金成本。

（2）计算税后债务资金成本。

（3）试计算该项目建设投资的税后加权平均资金成本。

案例二

背景资料：

某化学纤维厂是新建项目。该项目的经济评价是在可行性研究完成对市场需求预测、生产规模、工艺技术方案、原材料、燃料及动力的供应、建厂条件和厂址方案、公用工程和辅助设施、环境保护、工厂组织和劳动定员以及项目实施规划诸方面进行研究论证和多方案比较后，确定了最佳方案的基础上进行的。

该项目用于生产国内外市场均较紧俏的某种化纤A产品。该产品是纺织品不可缺少的原料，国内市场供不应求，每年需要进口一定数量的该产品。

该项目主要设施包括生产主车间，与工艺生产相适应的辅助生产设施、公用工程以及有关的生产管理、生活福利设施等。主要技术和设备拟从国外引进。

经估算，项目总投资达到10亿元，其中，自有资金为3.5亿元，投资者机会成本为15%，其余为借款。外汇全部通过中国银行向国外借款，金额为2.5亿元，年利率为7%，筹资费率为1.5%。人民币固定资产投资部分由中国建设银行贷款，金额为3.2亿元，年利率为6.8%，筹资费率为1%。流动资金由中国工商银行贷款，金额为0.8亿元，年利率为6.5%。项目所得税税率为25%。

实训要求：根据上述资料，对项目资金成本进行分析。

第七章自测题一　　　　　　　　　第七章自测题二

第八章　财务分析

学习目标

　　通过本章的学习，要求学生了解财务分析的主要内容、基本原则；熟悉财务分析基础数据估算的原则和程序；掌握生产经营期财务基础数据估算的内容和方法；掌握财务盈利能力、偿债能力和财务生存能力的分析方法，并能对具体项目进行财务数据估算、财务盈利能力分析、偿债能力分析和财务生存能力分析。

学习要求一览表

能力模块	能力要求	相关知识点
财务分析理论	掌握财务分析的内容、原则和程序	（1）财务分析的内容 （2）财务分析的原则 （3）财务分析的程序
财务分析价格体系	掌握财务分析涉及的价格之间的换算和取价原则	（1）影响价格变动的因素 （2）基价、实价和时价的关系 （3）财务分析取价原则
财务效益与费用估算	（1）熟悉估算的内容、原则和程序 （2）掌握项目计算期的确定方法 （3）掌握总成本费用的构成内容和估算方法 （4）掌握营业收入、增值税和税金及附加的估算方法 （5）掌握利润总额及其分配的估算	（1）财务效益与费用估算的内容 （2）财务效益与费用估算的原则 （3）财务效益与费用估算的基本程序 （4）项目建设期、运营期的确定 （5）总成本费用的构成和估算 （6）固定成本和可变成本的估算 （7）经营成本的估算 （8）营业收入、补贴收入的估算 （9）增值税的估算 （10）税金及附加的估算 （11）利润总额的估算 （12）所得税的估算 （13）利润分配的估算

能力模块	能力要求	相关知识点
财务盈利能力分析	掌握现金流量分析的方法和静态分析的方法	（1）投资项目现金流量的构成 （2）项目投资现金流量表的编制、指标计算及判别 （3）项目资本金现金流量表的编制、指标计算及判别 （4）盈利能力分析静态指标的计算
偿债能力分析	掌握偿债能力分析的方法	（1）偿债能力分析报表的编制 （2）偿债能力指标的计算和分析
财务生存能力分析	掌握财务生存能力分析的内容	（1）财务计划现金流量表的编制 （2）财务生存能力分析的内容

第一节　财务分析概述

一、财务分析的含义

财务分析是根据国家现行会计准则、财税制度和价格体系，通过预测财务效益与费用，编制财务报表，计算评价指标，对项目进行财务盈利能力分析、偿债能力分析和财务生存能力分析，据以评价项目财务可行性的一种经济评价方法。

二、财务分析的作用

1.财务分析是投资项目决策的重要组成部分

对投资项目的评价应从多角度、多方面进行，无论是项目的前评价、中间评价还是后评价，财务分析都是必不可少的重要内容。在项目决策的各个阶段中，无论是机会研究、项目建议书、初步可行性研究报告、可行性研究报告，还是项目评估报告，财务分析都是其中的重要组成部分。

2.财务分析是进行投资决策的重要依据

在市场经济条件下，财务分析结论直接决定了项目发起人是否发起或进一步推进该项目，权益投资人是否投资于该项目，债权人是否贷款给该项目，审批人是否批准该项目。对于那些需要政府核准的项目，各级核准部门在做出是否核准该项目的决策时，与项目有关的财务数据会成为估算项目社会影响和经济影响的基础数据。

3.财务分析在项目方案比选中起着重要作用

投资项目决策过程的精髓是进行方案的比较和选择。对于项目的建设规模、技术方案、设备方案、工程方案等，都必须通过方案比选予以优化，将财务分析的结果反馈到建设方案构造和研究中，用于方案比选，优化方案设计，使项目整体更趋于合理。

4.财务分析中的财务生存能力分析对项目起着重要作用

财务分析中的财务生存能力分析对项目，特别是非经营性项目的财务可持续性的考察起着重要作用。

三、财务分析的内容和步骤

（一）财务分析的内容

（1）明确项目评价范围，根据项目性质和融资方式选取适宜的方法。

（2）选取必要的基础数据进行财务效益与费用的估算，包括营业收入、成本费用估算和相关税金估算等，同时编制相关财务报表。以上内容是为财务分析进行准备，也称财务分析基础数据与参数的确定、估算与分析。

（3）进行财务分析，即编制财务分析报表和计算财务分析指标。财务分析包括盈利能力分析、偿债能力分析和财务生存能力分析。

（4）进行不确定性分析和风险分析。通过盈亏平衡分析和敏感性分析等不确定性分析和风险分析方法，评价项目可能面临的风险以及在不确定性条件下项目适应市场变化的能力和抗风险的能力。

（二）财务分析的步骤

财务分析可分为融资前分析和融资后分析，一般应先进行融资前分析，在融资前分析结论满足要求的情况下，初步设定融资方案，再进行融资后分析。

财务分析的步骤以及各部分的关系，包括财务分析与投资估算和融资方案的关系，如图8-1所示。

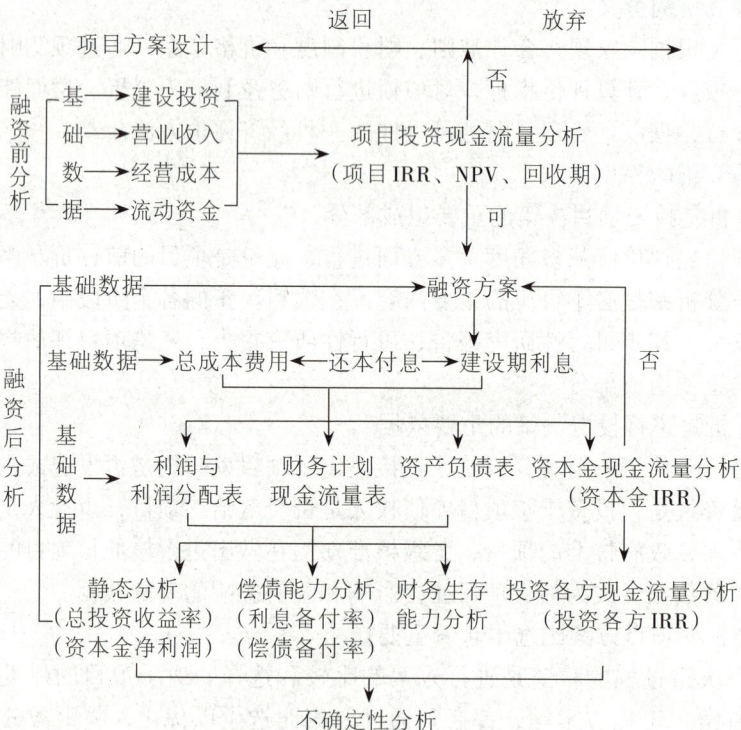

图8-1　财务分析图

可见，项目财务分析首先要做的是融资前的投资现金流量分析，其结果体现的是项目方案本身设计是否合理，能否用于投资决策以及方案或项目的比选，也就是考察项目是否基本可行，并值得为之融资。这对项目发起人、投资者、债权人和政府部门都是有用的。

在融资前分析可行的基础上，考虑融资方案，进行项目的融资后分析，包括项目资本金现金流量分析、偿债能力分析和财务生存能力分析等。融资后分析是比选融资方案，进行融资决策和投资者最终出资的依据。

如果融资前分析的结果不能满足要求，可重新对项目建设方案进行修改；若多次修改后分析结果仍不能满足要求，可以做出放弃或暂时放弃项目的建议。

四、财务分析的基本原则

财务分析应遵循以下基本原则：

(一) 费用与效益计算口径的一致性原则

为了正确评价项目的获利能力，必须遵循项目的直接费用与直接效益计算口径的一致性原则。如果在投资估算中包括了某项工程，那么因建设该工程增加的效益就应该考虑，否则就低估了项目的效益；反之，如果考虑了该工程对项目效益的贡献，但投资却未计算进去，那么项目的效益就会被高估。只有将投入和产出的估算限定在同一范围内，计算的净效益才是投入的真实回报。

(二) 费用与效益识别的有无对比原则

有无对比是国际上项目评价中通用的识别费用与效益的基本原则，项目评价的许多方面都需要遵循这条原则。所谓有是指实施项目的将来状况，所谓无是指不实施项目的将来状况。采用有无对比的方法，就是为了识别那些真正应该算作项目效益的部分，即增量效益，排除那些由于其他原因产生的效益，同时也要找出与增量效益相对应的增量费用，只有这样才能真正体现项目投资的净效益。

(三) 动态分析与静态分析相结合，以动态分析为主的原则

国际上通行的财务分析都是以动态分析方法为主，即根据资金时间价值原理，考虑项目整个计算期内各年的效益和费用，采用现金流量分析的方法，计算内部收益率和净现值等评价指标。通过动态分析，能够得出更加准确的分析结论，为正确决策提供依据。

(四) 基础数据确定的稳妥原则

财务分析结果的准确性取决于基础数据的可靠性。财务分析中所需要的大量基础数据都来自预测和估计，难免有不确定性。为了使财务分析结果能提供较为可靠的信息，避免人为的乐观估计所带来的风险，更好地满足投资决策需要，在基础数据的确定和选取中遵循稳妥原则是十分必要的。

第二节　财务分析的价格体系

一、财务分析涉及的价格

(一) 影响价格变动的因素

影响价格变动的因素很多，归纳起来不外乎两类：一类是相对价格变动因素；另一类是绝对价格变动因素。

相对价格是指商品之间的比价关系。导致商品相对价格变化的因素很复杂，如供应量的变化、价格政策的变化、劳动生产率的变化等可能会引起商品间比价的改变；消费水平的变化、消费习惯的改变、可替代产品的出现等会引起供求关系发生变化，从而使

供求均衡价格发生变化，引起商品间比价的改变等。

绝对价格是指用货币单位表示的商品价格水平。绝对价格变动一般表现为物价总水平的变化，即因货币贬值（通货膨胀）引起的所有商品价格普遍上涨，或因货币升值（通货紧缩）引起的所有商品价格普遍下降。

（二）财务分析涉及的三种价格及其关系

在投资项目财务分析中，要对项目整个计算期内的价格进行预测，必然涉及如何处理价格变动的问题，即投资项目的财务分析中应采用什么样的价格体系的问题，在计算期的若干年内，是采用同一个固定价格，还是各年都变动以及如何变动等。

财务分析涉及的价格体系有三种，即固定价格体系（或称基价体系）、时价体系和实价体系；与之相对应的有三种价格，即基价、时价和实价。

1.基价

基价是指以基年价格水平表示的、不考虑其后价格变动的价格，又称固定价格。如果采用基价，项目计算期内各年价格都是相同的，从而形成了投资项目财务分析的固定价格体系，一般以评价工作进行的年份为基年（或选择预计的开始建设年份为基年）。例如，某项目财务分析在2018年进行，一般选择2018年为基年，假定某货物A在2018年的价格为100元，即其基价为100元。基价是确定项目涉及的各种货物预测价格的基础，也是估算建设投资的基础。

2.时价

时价是指任何时候的当时市场价格。它包含了相对价格变动和绝对价格变动的影响，以当时的价格水平表示。在基价基础上，按照预计的各种货物的不同价格上涨率（时价上涨率）可以求出它们在计算期内任何一年的时价。假定货物A的时价上涨率为2%，在2018年基价100元的基础上，2019年的时价应为102元（100×（1+2%））。若2020年货物A的时价上涨率为5%，则2020年货物A的时价为107.1元（100×（1+2%）×（1+5%））。

设基价为P_b，时价为P_c，各年的时价上涨率为c_i，$i=1$，2，$\cdots$，n，c_i可以各年相同，也可以不同，则第n年的时价为：

$$P_{cn} = P_b \times (1+c_1) \times (1+c_2) \times \cdots \times (1+c_n)$$

若各年c_i相同，$c_i = c$，则有：

$$P_{cn} = P_b \times (1+c)^n$$

3.实价

实价是以基年价格水平表示的只反映相对价格变动因素影响的价格，可以由从时价中扣除物价总水平变动的影响来求得实价。以上面的货物A为例，若物价总水平上涨率为3.5714%，则2019年货物A的实价为98.48元（102÷（1+3.5714%））。这可以说明，虽然看起来2019年A的价格比2018年上涨了2%，但扣除物价总水平上涨的影响后，货物A的实价却比2018年下降了，这是由某种原因导致的相对价格变动所致。如果把实价的变化率称为实价上涨率，那么货物A的实价上涨率为-1.52%（（1+2%）÷（1+3.5714%）-1）。

只有当时价上涨率大于物价总水平上涨率时，该货物的实价上涨率才会大于零，此时说明该货物价格上涨超过物价总水平的上涨。设第i年的实价上涨率为r_i，物价总水

平上涨率为 f_i，则有：

$$r_i = \frac{(1+c_i)^i}{(1+f_i)^i} - 1$$

如果货物之间的相对价格保持不变，即实价上涨为零，那么实价就等于基价，同时意味着各种货物的时价上涨率相同，即各种货物的时价上涨率等于物价总水平上涨率。

二、财务分析的取价原则

（一）财务分析应采用预测价格

财务分析是估算拟建项目未来数年或更长年份的效益与费用，因投入物和产出物的未来价格会发生变化，为了合理反映项目的效益和财务状况，财务分析应采用预测价格。预测价格应在选定的基年价格基础上测算，一般选择评价当年为基年。至于采用上述何种体系，要视具体情况而定。

（二）现金流量分析原则上采用实价体系

采用实价计算净现值和内部收益率进行现金流量分析，便于投资者考察投资的实际盈利能力，是国际上比较通行的做法。因为实价排除了通货膨胀的影响，消除了因通货膨胀（物价总水平上涨）带来的"浮肿利润"，能够相对真实地反映投资的盈利能力。如果采用含通货膨胀因素的时价进行盈利能力分析，特别是当对产出物采用的时价上涨率等于或大于对投入物采用的时价上涨率时，就有可能使未来收益大大增加，因此形成"浮肿利润"，夸大项目的盈利能力。

（三）偿债能力分析和财务生存能力分析原则上采用时价体系

用时价进行财务预测，编制利润分析表、财务计划现金流量表及资产负债表，有利于描述项目计算期内各年当时的财务状况，能相对合理地进行偿债能力分析和财务生存能力分析，这也是国际上比较通行的做法。

为了满足实际投资的需要，在投资估算中应同时包含两类价格变动因素引起投资增长的部分，一般通过计算涨价预备费来体现。同样，在融资计划中也应考虑这部分费用，在投入运营后的还款计划中自然包括该部分费用的偿还。因此，只有采用既包括了相对价格变化，又包含通货膨胀因素影响在内的时价价值表示的投资费用、融资数额进行计算，才能真正反映项目的偿债能力和财务生存能力。

（四）对财务分析采用价格体系的简化

在实践中，并不要求对所有项目或在所有情况下，都必须全部采用上述价格体系进行财务分析，多数情况下允许根据具体情况适当简化。

《建设项目经济评价方法与参数》和《投资项目可行性研究指南》都各自提出了简化处理的办法，虽然表述不尽相同，但实际上两者对财务分析采用价格体系的简化处理基本上是一致的，可以归纳为以下几点：

（1）在建设期间既要考虑通货膨胀因素，又要考虑相对价格变化，包括对建设投资的估算和对运营期投入产出价格的预测。

（2）在项目运营期内，盈利能力分析和偿债能力分析可以采用同一套价格，即预测的运营期价格。

（3）在项目运营期内，也可根据项目投入和产出的具体情况，选用固定价格（项目运营期内各年价格不变）或考虑相对价格变化的变动价格（项目运营期内各年价格不同，或某些年份价格不同）。

（4）当有明确要求或通货膨胀严重时，项目偿债能力分析和财务生存能力分析要采用时价体系。

第三节　财务效益与费用估算

一、财务效益与费用估算的范围、内容和原则

（一）财务效益与费用估算的范围

财务分析涉及的效益和费用项目很多，既包括如工资，折旧和摊销年限，各种费率、税率、汇率、利率，计算期和运营负荷等在内的财务分析需要的初级数据，也包括如成本费用、营业收入、税金及附加、增值税等在内的财务分析所需的派生数据，还包括如基准收益率、基准投资回收期、基准投资利润率等判别用参数。初始数据是最为关键的数据，它们的确定是否正确合理，将直接影响到相关派生数据的估算，并影响到财务分析结果的准确性和可信度。因此，在进行财务分析前，必须做好初始数据的收集整理等基础性工作。判别用参数需要通过专门分析和测算得到，或直接采用有关部门或行业发布的标准值，或由投资者自行确定。

（二）财务效益与费用估算的内容

财务效益与费用估算包括项目计算期内各年的经济活动情况及全部财务收支结果的估算。其主要内容包括项目总投资的估算、资金来源与筹措的估算、项目运营期的确定、总成本费用估算、营业收入与增值税和税金及附加的估算、利润总额及其分配的估算等。

（三）财务效益与费用估算的原则

财务效益与费用估算是进行财务分析的前提和基础，其结果的正确性与可靠程度直接影响财务分析的结论。在进行财务基础数据估算时，应坚持以下原则：

（1）以现行经济法规为依据的原则。在进行财务效益与费用估算时，应遵守现行财务制度、会计制度及税收制度的规定，保证财务效益与费用估算工作的合法性和准确性。由于财务效益与费用的估算是对将来情况的预测，因此允许做出有别于财会制度的处理，但在总体上要与会计准则以及财税制度相适应。

（2）"有无对比"是国际上项目评价中通用的财务效益与费用识别的基本原则，财务效益与费用的估算也要遵循这条原则。有项目是指实施项目后的将来状况，无项目是指不实施该项目时的将来状况。在识别和估算项目的效益与费用时，只有"有无对比"的差额部分，即增量部分才是由项目建设所带来的效益和费用。

（3）效益与费用对应一致的原则。在进行财务效益与费用估算时，效益与费用的估算范围应保持一致，对等地估算财务主体的直接效益以及相应的直接费用，避免高估或低估项目的净效益。

（四）财务效益与费用估算的程序

（1）熟悉项目的概况，制订财务基础数据估算的工作计划。

（2）收集与财务基础数据估算有关的资料，主要包括批准的项目建议书和项目可行

性研究报告，国家有关部门制定的经济法规、条例、制度和规定以及同类项目的有关基础资料等。

（3）进行财务基础数据估算。在收集、整理和分析资料的基础上，测算各项财务效益与费用数据，并按规定编制相关报表。

二、财务效益与费用估算表之间的关系

财务效益与费用估算表主要包括：与项目资金的来源和使用有关的报表，即建设投资估算表、流动资金估算表、项目总投资使用计划与资金筹措表；与项目生产经营有关的报表，即总成本费用估算表、营业收入与增值税和税金及附加估算表、利润与利润分配估算表以及为完成总成本费用估算表所附设的外购原材料费估算表、外购燃料及动力费估算表、固定资产折旧费估算表、无形资产和其他资产摊销估算表、工资及福利费估算表等辅助报表；与投资项目还本付息有关的报表，即借款还本付息估算表。

各类财务效益与费用估算表之间的关系，如图8-2所示。

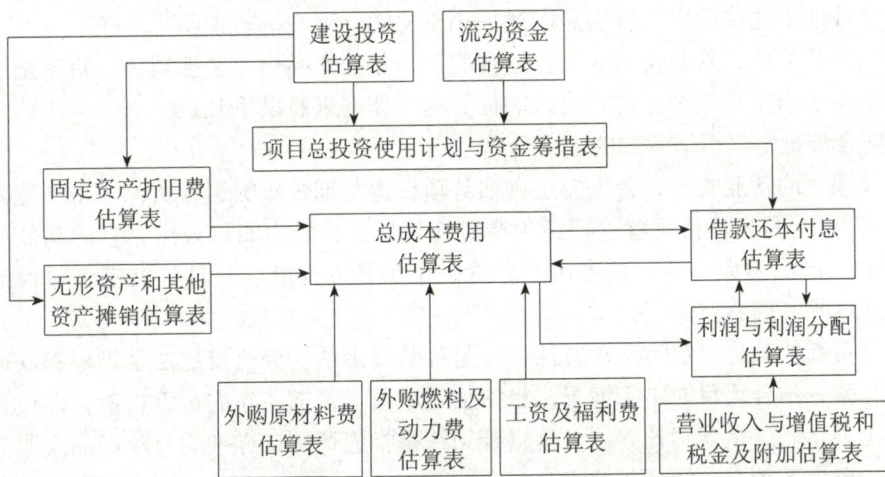

图8-2 财务效益与费用估算表关系图

三、项目计算期的确定

项目财务效益与费用的估算涉及整个计算期的数据。项目计算期是指为进行投资项目的评估分析所设定的期限。它是财务分析的重要参数，包括建设期和运营期。

（一）建设期

建设期是指从项目资金正式投入开始到项目建成投产为止所需要的时间。建设期的确定应综合考虑项目的建设规模、建设性质（新建、扩建和技术改造）、项目复杂程度、当地建设条件、管理水平与人员素质等因素，并与进度计划中的建设工期相协调。

对于一期、二期连续建设的项目、滚动发展的总体项目等的建设期，应结合项目的具体情况确定。

（二）运营期

运营期是指项目从建成投产年份起至项目报废为止所经历的时间，分为投产期和达产期两个阶段。投产期是指项目投入生产，但生产能力尚未完全达到设计能力时的过渡阶段。达产期是指项目的生产运营达到设计预期水平后的时间。评估用运营期应根据多种因素如行业特点、主要装置的经济寿命期等综合确定。

固定资产的经济寿命期，综合考虑了固定资产有形磨损和无形损耗两种磨损，因此是固定资产在经济上最合理的使用年限。在项目评估时，应根据项目主要固定资产的经济寿命期确定项目的运营期是否合理。

对于中外合资项目还要考虑合资双方商定的合资年限。在按上述原则估定评估用运营期后，还要与该合资运营年限相比较，再按二者孰短的原则确定。

四、营业收入、补贴收入的估算

（一）营业收入的估算

营业收入是指销售产品或者提供服务所获得的收入。它是项目财务效益的主体，也是项目财务分析的重要数据。在估算营业收入的同时，一般还要完成相关流转税的估算。流转税主要包括增值税、消费税和税金及附加等。

营业收入估算的基础数据，包括产品或服务的数量和价格，都与市场预测密切相关。在进行营业收入估算时，应对市场预测的相关结果以及建设规模、产品或服务方案进行概括性的描述或确定，特别是应对采用价格的合理性进行说明。

在项目评估中，营业收入的估算通常假定当年的产品当年全部销售，也就是说当年产品产量等于当年销售量。营业收入的估算的具体要求有以下几点：

1.要合理确定项目运营期的运营负荷

计算项目的营业收入，首先要正确估计项目运营期各年的运营负荷（生产能力利用率）。运营负荷是指项目运营过程中生产负荷达到设计能力的百分比，它的高低与项目复杂程度、产品生命周期、技术成熟程度、市场开发程度、原材料供应、项目配套条件、管理水平等因素有关。

运营负荷的确定一般有两种方法：一是经验设定法。经验设定法是指根据以往类似项目的经验，结合项目的实际情况，粗略估计项目运营期各年的运营负荷，以设计能力的百分比表示。二是营销计划法。营销计划法是指通过制订详细的分年产品或服务的营销计划，确定各种产出物各年的生产量。

2.要合理确定产品或服务的价格

在项目评估中，产品销售价格是一个非常重要的因素，它对项目经济效益的变化一般是最敏感的。因此，为了提高营业收入估算的准确性，在选择或确定产品销售价格时，应遵循稳妥原则，采用适宜的方法，合理确定产品或服务的价格。

一般有四种价格可供选择：一是口岸价格。如果项目产品是出口产品或替代进口产品或间接出口产品，可以以口岸价格为基础确定产品的销售价格。直接出口产品和间接出口产品可选择离岸价格，替代进口产品可选择到岸价格。二是计划价格。如果项目产品属于国家控制的产品，可选择国家的计划价格作为产品的销售价格。产品属国家指令性计划的，以指令性价格为销售价格；产品属指导性计划的，可根据市场供求情况，以标准价格为基础，上下浮动后作为销售价格。三是市场价格。如果已有同类产品或类似产品在市场上销售，且该产品既不属于出口产品，也不属于国家控制产品，可选择现行市场价格并考虑市场的变化趋势后作为项目的销售价格。四是自定价格。

如果项目的产品属于新产品，则可根据项目产品计划成本、计划利润和计划税金来测算该产品的出厂价格。其中，产品计划成本根据预计的产品成本加以估算，产品成本利润率根据项目所在行业的平均产品成本利润率确定。

3.多种产品分别估算或合理折算

如果拟建项目生产单一产品，则直接用产品销售单价乘以产量得出每年的营业收入。如果拟建项目生产多种产品，应分别计算各种产品的营业收入，并将其相加汇总计算各年的营业收入总额。对于那些不便于按照详细的品质分类计算营业收入的项目，也可采取折算为标准产品的方法计算营业收入。

4.编制营业收入估算表

对营业收入的估算，需编制营业收入、增值税和税金及附加估算表。

【例8-1】某化学涂料项目营业收入、增值税和税金及附加的估算见表8-1。

表8-1　　　　　　　某化学涂料项目营业收入、增值税和税金及附加估算表　　　　　　单位：万元

序号	项目	年销量（吨）	单价（元/吨）	运营期			
				3	4	5	6~20
	生产负荷（%）	100		70	90	100	100
	营业收入合计			30 800.00	39 600.00	44 000.00	44 000.00
1	中水性氟树脂涂料	4 000	45 000	12 600.00	16 200.00	18 000.00	18 000.00
2	溶剂型氟树脂涂料	2 000	50 000	7 000.00	9 000.00	10 000.00	10 000.00
3	烘烤型氟树脂涂料	2 000	80 000	11 200.00	14 400.00	16 000.00	16 000.00
4	增值税（16%）			995.58	2 763.37	3 070.41	3 070.41
4.1	销项税额			4 928.00	6 336.00	7 040.00	7 040.00
4.2	进项税额			2 778.72	3 572.63	3 969.59	3 969.59
4.3	抵扣固定资产进项税额			1 153.70			
5	税金及附加			99.56	276.34	307.04	307.04
5.1	城市维护建设税（5%）			49.78	138.17	153.52	153.52
5.2	教育费附加（3%）			29.87	82.90	92.11	92.11
5.3	地方教育附加（2%）			19.91	55.27	61.41	61.41

（二）补贴收入的估算

某些项目应按照有关规定估算企业可能得到的与收益有关的政府补贴。这包括先征后返的增值税、按销量或工作量等依据国家规定获得的补贴、定额计算并按期给予的定额补贴以及因属于国家财政扶持的领域而获得的其他形式的补贴等。这些补贴应根据财政、税务部门的规定，分别计入或不计入应税收入。

五、成本费用的估算

（一）成本费用

1.成本费用的概念

在项目财务分析中，为了清楚地核算运营期间的总费用，将管理费用、财务费用和营业费用这三项期间费用与生产成本合并为总成本费用。这是财务分析相对会计规定所做的不同处理。

2.成本费用的种类

在项目财务分析中，成本费用按其计算范围分为单位产品成本和总成本费用；按会计核算的要求分为生产成本和期间费用；按成本与产量的关系分为固定成本和可变成本。

经营成本是现金流量分析中所采用的一个特定的概念，作为运营期内的主要现金流出。经营成本的构成包括外购原材料费、外购燃料动力费、工资或薪酬、修理费和其他费用。经营成本与总成本费用的关系表现为经营成本是从总成本费用中扣除固定资产折旧费、摊销费和利息支出后的成本费用。

3.成本费用估算要求

成本费用的估算，首先，从原则上应遵循国家现行《企业会计准则》和《企业会计制度》规定的成本和费用核算方法，同时应遵循有关税收法规中准予在所得税前列支科目的规定。当两者有矛盾时，一般应按从税的原则处理。

其次，要结合运营负荷，分年确定各种投入的数量和价格，注意成本费用与收入、投入与产出计算口径的一致性，并防止重复计算或低估漏算。

另外，成本费用估算的行业性很强，应注意根据项目具体行业的特点，增减其科目或改变名称。

（二）总成本费用构成

总成本费用是指在一定时期（如一年）内为组织生产和销售产品或提供服务而发生的全部费用，主要包括生产成本和期间费用。

生产成本又称制造成本，是指为生产产品而发生的各种费用，包括直接材料、直接工资、其他直接支出和制造费用。

直接材料包括企业生产过程中实际消耗的原材料、辅助材料、设备配件、外购半成品、燃料、动力、包装物、低值易耗品以及其他直接材料。

直接工资包括企业直接从事产品生产的人员的工资、奖金、津贴和补贴。

其他直接支出是指按照直接工资的一定比例计算的直接从事产品生产的人员的福利费。

制造费用是指企业为生产产品和提供劳务所发生的各项间接费用。

期间费用是指那些不能归属于特定产品成本，但与产品的生产经营密切相关，直接在当期得以补偿的费用，包括销售费用、管理费用和财务费用。

销售费用是指在产品销售过程中发生的费用，包括为销售产品发生的运输费、装卸费、包装费、保险费、展览费和广告费，以及为销售产品而专设的销售机构的职工工资或酬薪、类似工资性质的费用、业务费等。

管理费用是指为组织和管理生产经营所发生的各项费用，包括企业的董事会和行政管理部门在企业经营管理中发生的，或应当由企业统一负担的公司经费（修理费、物料消耗、低值易耗品摊销、办公费）、工会经费、待业保险费、劳动保险费、董事会费、聘请中介机构费、咨询费、诉讼费、业务招待费、房产税、车船税、城镇土地使用税、印花税、技术转让费、矿产资源补偿费、无形资产摊销、研究费、排污费等。

财务费用是指为筹集生产经营所需资金而发生的费用，包括生产经营期间发生的利息净支出、金融机构手续费以及汇兑净损失等。

（三）总成本费用的估算方法

总成本费用的估算，通常采用生产成本加期间费用法和生产要素估算法。

1.生产成本加期间费用法

按生产成本加期间费用法估算总成本费用的计算公式为：

总成本费用=生产成本+期间费用

生产成本=直接材料费+直接燃料和动力费+直接工资或薪酬+其他直接支出+制造费用

期间费用=管理费用+财务费用+营业费用

在项目评估中，一般只考虑财务费用中的利息支出，因此，上式可以改写为：

期间费用=管理费用+利息支出+营业费用

采用生产成本加期间费用法一般需要先分别估算各种产品的生产成本，然后与估算的管理费用、利息支出和营业费用相加。采用生产成本加期间费用法进行总成本费用的估算需要编制总成本费用估算表。

2.生产要素估算法

生产要素估算法是通过分别对每一类生产要素的费用进行估算，然后汇总得到总成本费用的方法。其基本原理是根据生产要素的构成内容，将分散在生产成本、营业费用、管理费用和财务费用中的相同费用要素汇总列示。按生产要素估算法估算总成本费用的计算公式为：

总成本费用=外购原材料、燃料及动力费+工资或薪酬+折旧费+修理费+摊销费+利息支出+其他费用

（四）总成本费用各分项的估算要点

下面我们以生产要素估算法为例，分步说明总成本费用各构成内容的估算要点。

1.外购原材料、燃料及动力费的估算

外购原材料、燃料及动力费是总成本费用的重要组成部分，其计算公式为：

外购原材料、燃料及动力费=全年产量×单位产品外购原材料、燃料及动力成本

其中，全年产量可根据测定的设计生产能力和投产期各年的生产负荷进行确定；单位产品外购原材料、燃料及动力成本则根据原材料定额和单价确定。

外购原材料、燃料及动力费的估算需要以下基础数据：

（1）相关专业所提供的外购原材料、燃料及动力的年消耗量。

（2）选定价格体系下的预测价格，应按入库价格计算，即到厂价格并考虑途库耗；或按照到厂价格计算，同时把途库耗量计算到年消耗量中。

（3）适应的增值税税率，以便计算进项税额。

【例8-2】某化学涂料项目外购原材料、燃料及动力成本的估算见表8-2。

表8-2　**某化学涂料项目外购原材料、燃料及动力成本估算表**

序号	原料名称	年用量（吨）	单价（元/吨）	金额（万元）
1	氟树脂	3 000	38 000	11 400.00
2	染料	1 500	40 000	6 000.00
3	溶剂	200	64 000	1 280.00
4	交联剂	800	20 000	1 600.00
5	助剂	500	58 000	2 900.00
6	小计	6 000		23 180.00
7	燃料及动力			1 629.96
	合计			24 809.96

2.工资或薪酬的估算

工资或薪酬是成本费用中反映劳动者报酬的科目，是指为获得职工提供的服务而给予各种形式的报酬以及福利费，通常包括职工工资、奖金、津贴和补贴以及福利费。

按照生产要素法估算总成本费用时，所采用的职工人数为项目全部定员。

执行《企业会计准则》的项目，应当用"职工薪酬"代替"工资及福利费"。职工薪酬包括：（1）职工工资、奖金、津贴和补贴；（2）职工福利费；（3）医疗保险费、养老保险费、失业保险费、工伤保险费和生育保险费等社会保险费；（4）住房公积金；（5）工会经费和职工教育经费；（6）非货币性福利；（7）因解除与职工的劳动关系给予的补偿；（8）其他与获得职工提供的服务相关的支出。

确定工资或薪酬时需考虑以下因素：

（1）项目地点。项目评估时应考虑地域的不同对工资水平的影响。

（2）原企业工资或薪酬水平。对于依托老厂建设的项目，在确定单位工资或薪酬时客观上需要考虑将原企业工资或薪酬水平作为参照物。

（3）行业特点。不同行业的工资或薪酬水平差异较大，确定单位工资或薪酬时需考虑行业特点，从而使所确定的工资或薪酬水平更接近实际水平。

（4）平均工资或分档工资或薪酬。根据不同项目的需要，财务分析中可视情况选择按项目全部人员年工资或薪酬的平均值计算，或者按照人员类型和层次的不同分别设定不同档次的工资或薪酬进行计算，如采取分档工资或薪酬，最好编制工资或薪酬估算表。

【例8-3】某化学涂料项目年工资或薪酬的估算见表8-3。

表8-3　　　　　　　某化学涂料项目年工资或薪酬估算表

序号	部门	人数（人）	月工资/人（元）	年工资额（万元）	其他薪酬（万元）	年工资及薪酬（万元）
1	生产操作人员	200	2 800	672.00	192.00	864.00
2	技术人员	80	4 200	403.20	134.40	537.60
3	销售人员	120	3 800	547.20	172.80	720.00
4	售后服务人员	60	2 800	201.60	57.60	259.20
5	研究中心人员	25	4 500	135.00	42.00	177.00
6	管理人员	32	4 200	161.28	53.76	215.04
7	总经理	1	15 000	18.00	4.80	22.80
8	副总经理	4	10 000	48.00	13.44	61.44
	合计	522		2 186.28	670.80	2 857.08

3.折旧费的估算

（1）固定资产与固定资产原值

固定资产是指同时具有以下特征的有形资产：为生产商品、提供劳务、出租或经营管理而持有；使用寿命期超过一个会计年度。

计算折旧需先计算固定资产原值。固定资产原值是指项目投产时（达到预定可使用状态）按规定由投资形成固定资产的部分，包括工程费用（建筑工程费、设备购置费和安装工程费）、工程建设其他费用中构成固定资产的部分（固定资产其他费用）、预备费和建设期利息。

需要说明的是，根据国家增值税改革精神，我国由生产型增值税转变为消费型增值税，允许从销项税额中抵扣部分固定资产增值税。该部分可抵扣的固定资产进项税不得计入固定资产原值。

（2）固定资产折旧方法

固定资产在使用过程中受到磨损而发生的价值损失，可通过提取折旧费的方式得到补偿。按照财税制度的规定，企业提取折旧费一般按月计提，并根据其用途计入相关资产的成本或当期损益。在财务分析中，折旧费通常按年计列。按生产要素法估算总成本费用时，折旧费可直接列支到总成本费用中；符合税法的折旧费允许在所得税前列支。

企业可在税法规定的范围内自行决定固定资产折旧方法。我国固定资产折旧方法主要有直线法和加速折旧法。直线法主要是指年限平均法和工作量法，加速折旧法包括双倍余额递减法和年数总和法。

①年限平均法。年限平均法原称平均年限法，即根据固定资产原值、预计净残值率和折旧年限计算折旧。其计算公式为：

年折旧率=（1-预计净残值率）/折旧年限×100%

年折旧额=固定资产原值×年折旧率

预计残值率是预计的企业固定资产净残值与固定资产原值的比率。根据行业会计制度的规定，企业净残值率按固定资产原值的3%～5%确定。在项目评估中，由于折旧年限是根据项目的主要固定资产经济寿命期来确定的，因此固定资产的残余价值较大。净残值率一般可选取10%，个别行业如港口等可选择高于此数。

折旧年限按照国家规定的各类固定资产折旧的最短年限确定，如采用综合折旧，项目的生产期就是折旧年限。在项目评估中，轻工、机械、电子等行业的折旧年限一般可确定为8～15年；有些项目的折旧年限可定为20年；港口、铁路、矿山等项目的折旧年限可超过30年。

②工作量法。它包括按照行驶里程计算折旧和按照工作时间计算折旧两种。交通运输企业和其他企业专用车队的客货运汽车，按照行驶里程计算折旧费；大型专用设备根据工作时间计算折旧费。

按照行驶里程计算折旧费的公式为：

单位里程折旧额=固定资产原值×（1-净残值率）/总行驶里程

年折旧额=单位里程折旧额×年行驶里程

按照工作时间计算折旧费的公式为：

每工作小时折旧额=固定资产原值×（1-净残值率）/总工作小时

年折旧额=每工作小时折旧额×年工作小时

③双倍余额递减法。它是以年限平均法确定的折旧率的双倍乘以固定资产在每个会

计年度的期初账面净值，从而确定当期固定资产折旧费的一种方法。其相关公式为：

年折旧率=2/折旧年限×100%

年折旧额=年初固定资产净值×年折旧率

年初固定资产净值=固定资产原值-以前各年累计折旧

实行双倍余额递减法计提折旧的固定资产，应在折旧年限到期前两年内，将固定资产净值扣除净残值后的净额平均分摊。

④年数总和法。它是以固定资产原值扣除预计净残值后的余额作为计提折旧的基础，按照逐年递减的折旧率计提折旧的一种方法。采用年数总和法的关键是确定各年的折旧率。其计算公式为：

年折旧率=（折旧年限-已使用年限）/［折旧年限×（折旧年限+1）÷2］×100%

年折旧额=（固定资产原值-预计净残值）×年折旧率

在上述几种折旧方法中，按年限平均法计算的各年折旧率和年折旧额都是相同的；按双倍余额递减法计算的各年折旧率虽相同，但由于计算基数不同，各年的折旧额是不同的，并逐年变小；按年数总和法计算的各年折旧率逐年变小，故各年的折旧额也逐年变小。但无论采用哪种折旧方法，只要折旧年限相同，所取的净残值率也相同，在设定的折旧年限内，计提的总折旧额就是相同的。在项目评估中，通常采用年限平均法和工作量法计算折旧费。

【例8-4】设固定资产原值为15 000万元，综合折旧年限为5年，净残值率为10%，试分别按年限平均法、双倍余额递减法和年数总和法计算折旧。

解答：

（1）按年限平均法：

$$年折旧率 = \frac{1-净残值率}{折旧年限} \times 100\% = \frac{1-10\%}{5} \times 100\% = 18\%$$

各年折旧额=固定资产原值×年折旧率=15 000×18%=2 700（万元）

（2）按双倍余额递减法：

$$年折旧率 = \frac{2}{折旧年限} \times 100\% = \frac{2}{5} \times 100\% = 40\%$$

第1年折旧额=15 000×40%=6 000（万元）

第2年折旧额=（15 000-6 000）×40%=3 600（万元）

第3年折旧额=（15 000-6 000-3 600）×40%=2 160（万元）

第4、5年折旧额=［（15 000-6 000-3 600-2 160）-（15 000×10%）］÷2=870（万元）

（3）按年数总和法：

$$第1年折旧率 = \frac{5-0}{5 \times (5+1) \div 2} \times 100\% = 33.33\%$$

第1年折旧额=（15 000-15 000×10%）×33.33%=4 499.55（万元）

$$第2年折旧率 = \frac{5-1}{5 \times (5+1) \div 2} \times 100\% = 26.67\%$$

第2年折旧额=（15 000-15 000×10%）×26.67%=3 600.45（万元）

$$第3年折旧率 = \frac{5-2}{5 \times (5+1) \div 2} \times 100\% = 20\%$$

第3年折旧额=（15 000-15 000×10%）×20%=2 700（万元）

$$第4年折旧率 = \frac{5-3}{5 \times (5+1) \div 2} \times 100\% = 13.33\%$$

第4年折旧额＝（15 000－15 000×10%）×13.33%＝1 799.55（万元）

$$第5年折旧率 = \frac{5-4}{5 \times (5+1) \div 2} \times 100\% = 6.67\%$$

第5年折旧额＝（15 000－15 000×10%）×6.67%＝900.45（万元）

根据以上计算可以看出，分别按照三种折旧方法计算的5年年折旧费总额均为13 500万元。

4.修理费的估算

修理费是指为保持固定资产的正常运转和使用，充分发挥其功效，对其进行必要修理所花费的费用。按照固定资产修理范围的大小和修理时间间隔的长短，修理可分为大修理和中小修理。

在项目评估中，固定资产修理费可直接按照固定资产原值（扣除所含的建设期利息）的一定百分比估算，百分数的选取应考虑行业和项目的特点，也可按折旧费的一定比例估算。

按照生产要素估算法估算总成本费用时，计算修理费的基数应为项目全部固定资产原值（扣除所含的建设期利息）。

5.摊销费的估算

摊销费是指无形资产和其他资产在一定期限内所分期摊销的费用。

（1）无形资产摊销费的估算

无形资产是指企业拥有或控制的没有实物形态的可辨认非货币性资产，包括专利权、非专有技术、商标权、著作权、土地使用权和特许权等。

在项目评估中，一般将工程建设其他费用中的技术转让或技术使用（包括专利权、非专利技术）费、土地使用权、商标权等费用直接转入无形资产原值。

按照相关规定，无形资产从开始使用之日起，在有效使用期间内平均摊入成本。对于法律、合同或企业立项申请书等明确规定有法定有效期和受益年限的无形资产，应按法定有效期与合同或企业立项申请书规定的受益年限孰短的原则确定摊销年限；没有规定年限的，应注意符合税法的要求，按不少于10年的期限分期摊销。

无形资产摊销费一般采用年限平均法计算，它与固定资产的不同之处在于不计残值。如果各项无形资产的摊销年限相同，就可根据全部无形资产的原值和摊销年限计算出各年的摊销费，此时，各年的摊销费是相等的。如果各项无形资产的摊销年限不同，就需要分别计算各项无形资产的摊销费，并将其相加，求得经营期各年的无形资产摊销费。

（2）其他资产的摊销

其他资产是指除固定资产、无形资产和流动资产之外的其他资产。在项目评估中，可将生产准备费、开办费、样品样机购置费和农业项目的开荒费等直接形成其他资产。

现行财务会计制度规定，其他资产采用一次摊销法，即将全额计入投产经营开始的当期损益，因此，运营期第一年的其他资产摊销费应该等于其他资产的总估算额，以后各年不再发生其他资产摊销费。

6.利息支出的估算

按照现行财税制度规定，企业为筹集资金而发生的费用称为借款费用或财务费用，主要有利息支出（减利息收入）、汇兑损失（减汇兑收益）以及相关的手续费等。在项目评估中，通常只考虑利息支出，主要包括长期借款利息（即建设投资借款利息）、用于流动资金的借款利息和短期借款利息。

（1）建设投资借款利息的估算

建设投资借款一般是长期借款。建设投资借款利息是指建设投资借款在还款起始年年初（通常也是运营期初）的余额（含未支付的建设期利息）应在运营期支付的利息。

建设投资借款的还本付息方式要由借贷双方约定，通行的还本付息方式主要有等额还本付息和等额还本、照付利息两种，有时也可约定采取其他方式。

①等额还本付息方式。等额还本付息方式，是在规定的还款年限内每年还本付息的总额相同，随着本金的偿还，每年支付的利息逐年减少，同时每年偿还的本金逐年增多。

等额还本付息方式还本付息计算公式为：

$$A = I_c \times \frac{i(1+i)^n}{(1+i)^n - 1}$$

式中：A——每年还本付息额（等额年金）；I_c——还款起始年年初的借款余额（含未支付的建设期利息）；i——年利率；n——预定的还款期；$\frac{i(1+i)^n}{(1+i)^n - 1}$——资本回收系数。

每年还本付息额A中包含的支付利息和偿还本金的数额计算如下：

每年支付利息=年初借款余额×年利率

每年偿还本金=A-每年支付利息

其中：

非还款起始年各年年初借款余额=I_c-本年以前偿还的本金累计

【例8-5】根据第六章"例6-12"所给条件，项目预定的还款期为5年，若按等额还本付息方式计算，每年还本付息额以及所付利息和偿还本金为多少？

解答：

（1）计算年还本付息额（年金A）：

$$A = I_c \times \frac{i(1+i)^n}{(1+i)^n - 1} = 20\,176.00 \times \frac{6\%(1+6\%)^5}{(1+6\%)^5 - 1} = 4\,789.71（万元）$$

（2）逐年计算付息额和还本额：

第1年：付息：20 176.00×6%=1 210.56（万元）

还本：4 789.71-1 210.56=3 579.15（万元）

第2年：付息：（20 176.00-3 579.15）×6%=995.81（万元）

还本：4 789.71-995.81=3 793.90（万元）

第3年：付息：（20 176.00-3 579.15-3 793.90）×6%=768.18（万元）

还本：4 789.71-768.18=4 021.53（万元）

第4年：付息：（20 176.00-3 579.15-3 793.90-4 021.53）×6%=526.89（万元）

还本：4 789.71-526.89=4 262.82（万元）

第5年：付息：（20 176.00-3 579.15-3 793.90-4 021.54-4 262.82）×6%=271.11（万元）

还本：4 789.71-271.11=4 518.60（万元）

另外，我们在计算出年还本付息额后，可以利用简化后的借款还本付息计算表进行计算，具体计算见表8-4。

表8-4　　　　　某化学涂料项目建设投资借款等额还本付息计算表（万元）

序号	项目	还款期				
		1	2	3	4	5
1	年初借款本息累计	20 176.00	16 596.85	12 802.95	8 781.42	4 518.60
2（1×6%）	本年应计利息	1 210.56	995.81	768.18	526.89	277 271.11
3	本年还本付息	4 789.71	4 789.71	4 789.71	4 789.71	4 789.71
3.1（3-3.2）	还本	3 579.15	3 793.90	4 021.53	4 262.82	4 518.60
3.2（3.2=2）	付息	1 210.56	995.81	768.18	526.89	271.11
4（1-3.1）	年末借款余额	16 596.85	12 802.95	8 781.42	4 518.60	0.00

②等额还本、照付利息方式。等额还本、照付利息方式，是在规定的还款期内，每年偿还等额本金，并支付逐年减少的利息。

等额还本、利息照付方式还本付息的计算公式为：

$$A_t = \frac{I_c}{n} + I_c \times \left(1 - \frac{t-1}{n}\right) \times i$$

式中：A_t——第 t 年还本付息额；$\frac{I_c}{n}$——每年偿还本金数额；I——年利率；n——预定的还款期；$\left(1 - \frac{t-1}{n}\right) \times i$——第 t 年支付利息数额。

【例8-6】按照第六章"例6-12"所给条件，按等额还本、利息照付方式计算还款期各年偿还本金和付息额。

解答：

（1）计算还款期各年偿还本金数额：

每年偿还本金额 = 20 176.00 ÷ = 4 035.20（万元）

（2）计算还款期每年付息额：

第1年付息：20 176.00×［1-（1-1）÷5］×6%=1 210.56（万元）

第2年付息：20 176.00×［1-（2-1）÷5］×6%=968.45（万元）

第3年付息：20 176.00×［1-（3-1）÷5］×6%=726.34（万元）

第4年付息：20 176.00×［1-（4-1）÷5］×6%=484.22（万元）

第5年付息：20 176.00×［1-（5-1）÷5］×6%=242.11（万元）

同样，我们也可以利用简化后的借款还本付息计算表进行计算，具体计算见表8-5。

表8-5 **某化学涂料项目借款还本付息计算表（万元）**

序号	项目	还款期				
		1	2	3	4	5
1	年初借款本息累计	20 176.00	16 140.80	12 105.60	8 070.40	4 035.20
2（1×6%）	本年应计利息	1 210.56	968.45	726.34	484.22	242.11
3	本年还本付息	5 245.76	5 003.65	4 761.54	4 519.42	4 277.31
3.1（3−3.2）	还本	4 035.20	4 035.20	4 035.20	4 035.20	4 035.20
3.2（3.2=2）	付息	1 210.56	968.45	726.34	484.22	242.11
4（1−3.1）	年末借款余额	16 140.80	12 105.60	8 070.40	4 035.20	0.00

（2）流动资金借款利息的估算

项目评估中估算的流动资金借款从本质上说应属于长期借款，但目前企业往往有可能与金融机构达成共识，按年末偿还、年初再借的方式处理，并按一年期利率计息。

财务分析中对流动资金的借款偿还一般设定在计算期的最后一年，也可在还完建设投资借款后安排。流动资金借款利息一般按当年年初流动资金借款余额乘以相应的借款年利率计算。

【例8-7】按照第六章"例6-14"所给条件，某化学涂料项目流动资金借款利率为5.58%，计算该项目运营期各年流动资金借款利息。

解答：

根据第六章"例6-14"所给的条件，该项目运营期第1年流动资金借款2 630.10万元，第2年流动资金增加借款587.51万元，第3年增加流动资金借款294.51万元。则运营期各年流动资金借款利息为：

运营期第1年流动资金借款利息=2 630.10×5.58%=146.76（万元）

运营期第2年流动资金借款利息=（2 630.10+587.51）×5.58%=179.54（万元）

运营期第3年流动资金借款利息=(2 630.10+587.51+294.51)×5.58%=195.98（万元）

（3）短期借款利息的估算

项目评估中的短期借款是指运营期间由于资金的临时需要而发生的短期借款。短期借款应在财务现金流量表中得到反映，其利息应计入总成本费用表的利息支出中。

短期借款利息的估算同流动资金借款利息的估算类似，短期借款的偿还按照随借随还的原则处理，即当年借款尽可能于下年偿还。

7.其他费用的估算

其他费用包括其他制造费用、其他管理费用和其他营业费用三项，是指从制造费用、管理费用和营业费用中分别扣除工资及薪酬、折旧费、摊销费、修理费和利息后的费用。

在项目评估中，其他费用一般是根据外购原材料费、外购燃料动力费、工资及福利费、折旧费、修理费、维简费和摊销费之和的一定比例计算的，其比例按照同类企业的经验数据加以确定。

另外，我们也可以分别估算其他制造费用、其他管理费用和其他营业费用，然后汇总得到其他费用。

其他制造费用可按照固定资产原值（扣除所含的建设期利息）的百分比估算或按人员定额估算。其他管理费用可按人员定额或按工资及福利费总额的倍数估算。若管理费用中的技术转让费、研究与开发费和城镇土地使用税等数额较大，应单独核算后并入其他管理费用，或单独列项。其他营业费用可按营业收入的百分比估算。

对于产品出口项目和产品国内销售的增值税减免项目，应将不能抵扣的进项税额计入总成本费用的其他费用中或单独列项。

（五）经营成本的估算

经营成本是现金流量分析中所采用的一个特定的概念，作为运营期内的主要现金流出。

经营成本与融资方案无关，因此，在完成建设投资和营业收入估算后，就看进行经营成本的估算，为项目融资前分析提供数据。

经营成本的构成包括外购原材料费、外购燃料动力费、工资或薪酬、修理费和其他费用。

经营成本与总成本费用的关系表现为经营成本是从总成本费用中扣除固定资产折旧费、摊销费和利息支出后的成本费用。

（六）固定成本和可变成本的估算

根据成本费用与产量的关系，可将总成本分解为固定成本、可变成本和半可变（或半固定）成本。固定成本是指不随产品产量及销售量的增减发生变化的各项成本费用，如按照年限平均法计算的折旧费、计时工资、修理费等。可变成本是指随产品产量及销售量的增减而呈正比例变化的各项成本费用，如外购原材料费、外购燃料动力费、计件工资等。半可变（或半固定）成本是指介于可变成本和固定成本之间，随产量变化又不呈比例变化的有关成本费用，如不能熄灭的工业炉的燃料费用等。工资或薪酬、营业费用和流动资金利息等也可能既有可变因素也有固定因素。必要时，需要将其继续进行分解为可变成本和固定成本，使产品成本最终划分为可变成本和固定成本。

在项目评估中一般可以根据行业特点进行简化处理。通常可变成本包括外购原材料费、外购燃料动力费和计件工资。固定成本主要包括工资或薪酬（计件工资除外）、折旧费、摊销费、修理费和其他费用。

长期借款利息应视为固定成本，流动资金借款利息和短期借款利息可能部分与产品产量有关，其利息可视为半可变（或半固定）成本，为简化计算，一般也将其视为固定成本。

在进行盈亏平衡分析时，需要将总成本费用分解为固定成本和可变成本。

（七）维持运营投资的费用

在运营期内发生的固定资产更新费用和矿产资源开发项目的开拓延伸费用等，应计作维持运营的投资费用，并在现金流量表中将其作为现金流出，同时应对相关报表进行必要的调整。

采用生产要素估算法进行总成本费用的估算需编制总成本费用估算表。

【例8-8】接"例6-9""例6-11""例6-12""例8-2""例8-3""例8-5""例8-6""例8-7"，某化学涂料项目建设期2年，运营期18年，总成本费用、经营成本、可变成本和固定成本的估算结果如表8-6所示。

表8-6　　某化学涂料项目总成本费用估算表

单位：万元

序号	项目	生产负荷（%）	运营期									
			3	4	5	6	7	8	9	10	11	12~20
	生产负荷（%）		70	90	100	100	100	100	100	100	100	100
1	外购原材料费		16 226.00	20 862.00	23 180.00	23 180.00	23 180.00	23 180.00	23 180.00	23 180.00	23 180.00	23 180.00
2	外购燃料及动力费		1 140.97	1 466.97	1 629.96	1 629.96	1 629.96	1 629.96	1 629.96	1 629.96	1 629.96	1 629.96
3	工资及薪酬		2 857.08	2 857.08	2 857.08	2 857.08	2 857.08	2 857.08	2 857.08	2 857.08	2 857.08	2 857.08
4	修理费		262.50	262.50	262.50	262.50	262.50	262.50	262.50	262.50	262.50	262.50
5	其他费用		1 916.54	2 352.22	2 577.55	2 577.55	2 577.55	2 577.55	2 577.55	2 577.55	2 577.55	2 577.55
6	经营成本		22 403.09	27 800.77	30 507.09	30 507.09	30 507.09	30 507.09	30 507.09	30 507.09	30 507.09	30 507.09
7	折旧费		1 133.06	1 133.06	1 133.06	1 133.06	1 133.06	1 133.06	1 133.06	1 133.06	1 133.06	1 133.06
8	摊销费		437.50	187.50	187.50	187.50	187.50	187.50	187.50	187.50	187.50	187.50
9	利息支出		1 357.32	1 175.35	964.16	722.86	467.10	195.98	195.98	195.98	195.98	195.98
10	总成本		25 246.03	30 203.42	32 750.24	32 508.94	32 253.18	31 982.06	31 982.06	31 982.06	31 982.06	31 982.06
	其中：固定成本		7 879.06	7 874.45	7 940.28	7 698.98	7 443.22	7 172.10	7 172.10	7 172.10	7 172.10	7 172.10
	变动成本		17 366.97	22 328.97	24 809.96	24 809.96	24 809.96	24 809.96	24 809.96	24 809.96	24 809.96	24 809.96

注：（1）表中的利息包括应计入总成本费用的全部利息。

（2）表中固定资产折旧采用年限平均法，折旧年限18年，净残值率5%。

固定资产原值=固定资产投资+预备费+建设期利息一可抵扣固定资产进项税额

=18 287.88+3 307.12+1 027.24-1 153.70

=21 468.54（万元）

年折旧费 $=21468.54 \times \dfrac{(1-5\%)}{18} \times 100\% = 1133.06$（万元）

（3）无形资产摊销年限18年，其他资产费用在投产后第1年全部摊销。

（4）建设投资借款还本付息方式采用等额还本付息，建设投资借款利率6%，流动资金借款利率5.58%。

（5）表中数据采用不含税价格计算。

六、相关税费估算

(一) 增值税

增值税是对在我国境内销售货物、进口货物以及提供加工、修理修配劳务的单位和个人，就其取得货物的销售额、进口货物金额、应税劳务销售额计算税款，并实行税款抵扣制的一种流转税。从计税原理上说，增值税是对商品生产、流通、劳务服务中多个环节的新增价值或商品的附加值征收的一种流转税，实行价外税。一般纳税人的应纳税额为当期销项税额抵扣当期进项税额后的余额。其计算公式为：

增值税应纳税额=当期销项税额−当期进项税额

上式中，销项税额是指纳税人销售货物或提供应税服务，按照销售额和增值税税率计算并向购买方收取的增值税税额。销项税额的计算公式为：

销项税额=营业收入（销售额，按不含税价格计算）×增值税税率

进项税额是指纳税人购进货物或接受加工修理修配劳务和应税服务，所支付或负担的增值税税额。如果按不含税价格计算，进项税额的计算公式为：

进项税额=（外购原料、燃料、动力费）×税率

增值税的税率、减免和退税按有关规定执行。财政部和国家税务总局发布《关于简并增值税税率有关政策的通知》，该通知规定从2017年7月1日起，简并增值税税率结构，取消13%的增值税税率，并明确了适用11%税率的货物范围和抵扣进项税额规定。2018年3月28日国务院常务会议决定，从2018年5月1日起，将制造业等行业增值税税率从17%降至16%，将交通运输、建筑、基础电信服务等行业及农产品等货物的增值税税率从11%降至10%。

在项目评估中，增值税可按以下方法进行处理：当采用含税价格计算营业收入和原材料、燃料、动力成本时，利润和利润分配表以及现金流量表中应单列增值税科目；采用不含税价格计算营业收入和原材料、燃料、动力成本时，利润和利润分配表以及现金流量表中不包括增值税科目。

(二) 消费税

消费税是对在我国境内生产/委托加工和进口的应税消费品所征收的一种税。消费税采用从价定率或从量定额的办法计算应纳税额。项目评估中涉及适用消费税的产品或进口货物时，应按税法规定计算消费税。

(三) 土地增值税

土地增值税是按转让房地产（包括转让国有土地使用权、地上的建筑物及其附着物）取得的增值额征收的税种，房地产项目应按规定计算土地增值税。

(四) 资源税

资源税是对在我国境内开采应税矿产品或者生产盐的单位和个人征收的一种税。资源税根据应税产品的课税数量和规定的单位税额计算应纳税额。其计算公式为：

应纳资源税额=应税产品课税数量×单位税额

纳税人开采或生产应税产品用于销售的，以销售数量为课税数量；纳税人开采或生产应税产品用于自用的，以自用数量为课税数量。

资源税税目、税额幅度以及减免按国家相关规定执行。

（五）企业所得税

根据税法的规定，企业在获得利润后，应先向国家缴纳所得税，剩余部分在企业、投资者和职工之间分配。

凡在我国境内实行独立核算的各类企业或者组织，其在我国境内、境外的生产经营所得和其他所得，均应依法缴纳企业所得税。

纳税人每一纳税年度的收入总额减去准予扣除项目后的余额，为应纳税所得额。纳税人发生年度亏损的，可用下一纳税年度的所得弥补；下一年度的所得不足弥补的，可以逐年延续弥补，但延续弥补期最长不得超过5年。我国所得税应纳税额是在应纳税所得额的基础上乘以所得税税率计算得到的。其计算公式为：

所得税应纳税额=应纳税所得额×所得税税率

在项目评估中，应交所得税一般按照利润总额乘以25%的所得税税率计算。如果项目符合法律、法规和国务院有关规定给予减免税的，依据法律和规定执行。

（六）城市维护建设税、教育费附加和地方教育附加

城市维护建设税是以纳税人实际缴纳的消费税、增值税为计税依据征收的一种税。城市维护建设税按纳税人所在地区实行差别税率。

教育费附加是为改善中小学教学设施和办学条件而征收的一种地方附加费用。教育费附加的计征依据是纳税人实际缴纳的消费税和增值税的税额，费率为3%。

为了贯彻落实《国家中长期教育改革和发展规划纲要》，进一步规范和拓宽财政性教育经费筹资渠道，支持地方教育事业发展，根据国务院部署和具体要求，以纳税人实际缴纳的消费税和增值税税额的2%缴纳地方教育附加。

（七）关税

关税是以进口应税货物为纳税对象的税种。项目评估中涉及应税货物的进口时，应按规定正确计算关税。引进设备材料的关税体现在投资估算中，而进口原材料的关税体现在成本中。

我们将财务分析（含建设投资）涉及的税种和计税时涉及的费用效益科目归纳于表8-7中。

表8-7　　　　　　　财务分析涉及税种表

税种名称	建设投资	总成本费用	增值税	税金及附加	利润分配
进口关税	√				
增值税	√	√	√		
消费税	√			√	
资源税		自用√		销售√	
土地增值税				√	
耕地占用税	√				
企业所得税					√
城市维护建设税				√	

税种名称	建设投资	总成本费用	增值税	税金及附加	利润分配
教育费附加				√	
地方教育附加				√	
车船税	√	√			
房产税		√			
土地使用税		√			
契税	√				
印花税	√	√			

【例 8-9】 接"例 8-1""例 8-8",某化学涂料项目没有消费税应税产品。根据项目具体情况,投入和产出的增值税税率为 16%。可抵扣固定资产进项税额为 1 153.70 万元。税金及附加费率为 10%(包括城市维护建设税税率 5%、教育费附加费率 3% 及地方教育附加费率 2%)。试估算该项目的增值税和税金及附加。

解答:

(1)计算应纳增值税。

根据国家固定资产消费型增值税的相关政策规定,对符合要求的固定资产增值税进项税额,可以凭借增值税抵扣凭证从销项税额中抵扣。由于本项目为新建项目,建设期内无销项税额可供抵扣,故延伸到项目投产后,从销项税额中逐年抵扣。

第 3 年应纳增值税:

①产出销项税额=2 016.00+1 120.00+1 792.00=4 928.00(万元)

②运营投入进项税额=2 596.16 +182.56=2 778.72(万元)

③第 3 年应纳增值税=当年销项税额-当年进项税额-以前年度待抵扣进项税余额(可抵扣固定资产进项税额)=4 928.00-2 778.72-1 153.70=995.58(万元)

第 4 年应纳增值税:

①产出销项税额=2 592.00+1 440.00+2 304.00=6 336.00(万元)

②运营投入进项税额=3 337.92+234.71=3 572.63(万元)

③第 4 年应纳增值税=6 336.00-3 572.63=2 763.37(万元)

第 5~20 年应纳年增值税:

①产出销项税额=2 880.00+1 600.00+2 560.00 =7 040.00(万元)

②运营投入进项税额=3 708.80+260.79=3 969.59(万元)

③第 5~20 年应纳年增值税=7 040.00-3 969.59=3 070.41(万元)

(2)税金及附加的计算。

第 3 年税金及附加:

城市维护建设税=应纳增值税×城市维护建设税税率=995.58×5%=49.78(万元)

教育费附加=应纳增值税×教育费附加费率=995.58×3%=29.87(万元)

地方教育附加=应纳增值税×地方教育附加费率=995.58×2%=19.91(万元)

税金及附加=城市维护建设税+教育费附加+地方教育附加=49.78+29.87+19.91=99.56(万元)

第4年税金及附加：

城市维护建设税=2 763.37×5%=138.17（万元）

教育费附加=2 763.37×3%=82.90（万元）

地方教育附加=2 763.37×2%=55.27（万元）

税金及附加=138.17+82.90+55.27=276.34（万元）

第5~20年每年税金及附加：

城市维护建设税=3 070.41×5%=153.52（万元）

教育费附加=3 070.41×3%=92.11（万元）

地方教育附加=3 070.41×2%=61.41（万元）

税金及附加=153.52+92.11+61.41 =307.04（万元）

根据上式计算的各年应纳增值税和税金及附加见表8-8。

表8-8　　　　　　　某化学涂料项目应纳增值税和税金及附加估算表　　　　　　　单位：万元

序号	项目	运营期							
		3	4	5	6	7	8	9	10~20
	生产负荷（%）	70	90	100	100	100	100	100	100
1	增值税	995.58	2 763.37	3 070.41	3 070.41	3 070.41	3 070.41	3 070.41	3 070.41
1.1	产出销项税额	4 928.00	6 336.00	7 040.00	7 040.00	7 040.00	7 040.00	7 040.00	7 040.00
	中水性氟树脂涂料	2 016.00	2 592.00	2 880.00	2 880.00	2 880.00	2 880.00	2 880.00	2 880.00
	溶剂型氟树脂涂料	1 120.00	1 440.00	1 600.00	1 600.00	1 600.00	1 600.00	1 600.00	1 600.00
	烘烤型氟树脂涂料	1 792.00	2 304.00	2 560.00	2 560.00	2 560.00	2 560.00	2 560.00	2 560.00
1.2	运营投入进项税额	2 778.72	3 572.63	3 969.59	3 969.59	3 969.59	3 969.59	3 969.59	3 969.59
	外购原材料费	2 596.16	3 337.92	3 708.80	3 708.80	3 708.80	3 708.80	3 708.80	3 708.80
	外购燃料及动力费	182.56	234.71	260.79	260.79	260.79	260.79	260.79	260.79
1.3	抵扣固定资产进项税额	1 153.70							
1.4	应纳增值税	995.58	2 763.37	3 070.41	3 070.41	3 070.41	3 070.41	3 070.41	3 070.41
2	税金及附加	99.56	276.34	307.04	307.04	307.04	307.04	307.04	307.04
2.1	城市维护建设税	49.78	138.17	153.52	153.52	153.52	153.52	153.52	153.52
2.2	教育费附加	29.87	82.90	92.11	92.11	92.11	92.11	92.11	92.11
2.3	地方教育附加	19.91	55.27	61.41	61.41	61.41	61.41	61.41	61.41

计算说明：

（1）计算期第3年应纳增值税=当年销项税额-当年进项税额-以前年度待抵扣进项税余额-（可抵扣固定资产进项税额）

=4 928.00-2 778.72-1 153.70=995.58（万元）

（2）计算期第4年应纳增值税=6 336.00-3 572.63=2 763.37（万元）

（3）计算期第5~20年应纳年增值税=7 040.00-3 969.59=3 070.41（万元）

七、利润总额及其分配的估算

（一）利润总额的估算

利润总额是企业在一定时期内生产经营活动的最终财务成果。它集中反映了企业生产经营各方面的效益。根据利润总额可以计算所得税和企业的净利润，从而进行净利润的分配。在项目财务评价中，利润总额是计算投资利润率、投资利税率的基础数据。

根据现行会计制度的规定，企业利润总额包括营业利润、投资净收益、补贴收入及营业外收支净值。其计算公式为：

利润总额=营业利润+投资净收益+补贴收入+营业外收支净值

在项目评估中，为简化计算，在估算利润总额时，假定不发生其他业务利润，也不考虑投资净收益及营业外收支净值，本期发生的总成本费用等于主营业务成本、销售费用、管理费用和财务费用的合计。利润总额的计算公式为：

利润总额=产品营业收入+补贴收入-总成本费用-税金及附加

（二）净利润分配的估算

1.净利润的含义

净利润是指利润总额扣除所得税后的差额。其计算公式为：

净利润=利润总额-所得税

2.净利润的分配程序

根据我国有关法规的规定，企业每年实现的净利润应首先用来弥补以前年度尚未弥补的亏损。如果当年企业发生亏损，或净利润小于（或等于）以前年度尚未弥补的亏损，则不存在净利润分配的问题；企业的亏损或未弥补的亏损按规定可用以后年度利润来弥补。如果净利润大于以前年度尚未弥补的亏损，则它们的差额就是可供分配的净利润，应当按照以下顺序和标准进行分配：

（1）提取法定盈余公积（在法定盈余公积累计达到注册资本的50%之前，按可供分配的净利润的10%计提；达到注册资本的50%后，不再提取）。

（2）提取法定公益金（按可供分配的净利润的5%~10%计提）。

（3）提取任意盈余公积。

（4）向投资者分配利润。本年利润加上期初未分配利润，再减去上述（1）~（3）项分配内容后，如果差额为正值，该差额即为可供投资者分配的利润。

（5）如果可供投资者分配的利润大于向投资者分配的利润，差额为未分配利润。

营业收入、成本、税金和利润的关系，如图8-3所示。

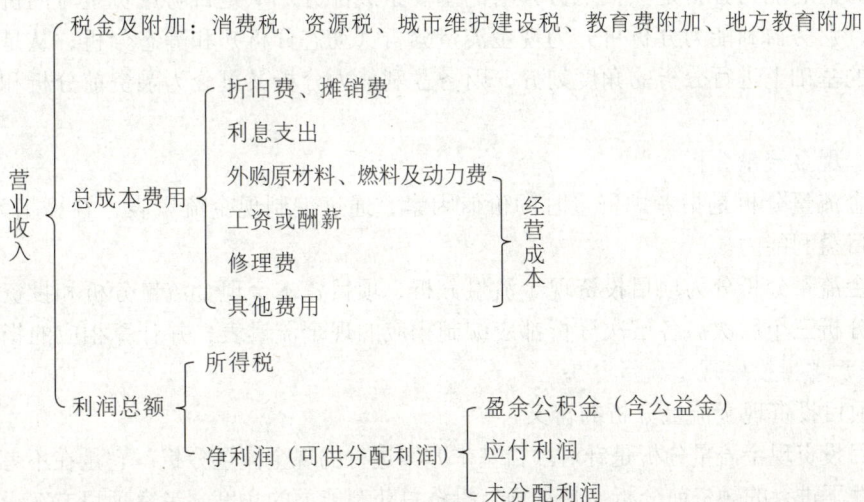

图 8-3　营业收入、成本、税金和利润的关系

【例8-10】接"例6-12""例8-1""例8-8""例8-9"，某化学涂料项目所得税税率为25%。税后利润分配方案为：提取10%的盈余公积金（包括法定盈余公积金和任意盈余公积金）；可供分配利润在借款偿还期内作为未分配利润用于偿还借款，还清借款后全部作为应付利润。该项目利润与利润分配表见表8-9。

表8-9　　　　　　　　　　　　　　某化学涂料项目利润与利润分配表　　　　　　　　　　单位：万元

序号	项目	运营期							
		3	4	5	6	7	8	9~19	20
	生产负荷（%）	70	90	100	100	100	100	100	100
1	营业收入	30 800.00	39 600.00	44 000.00	44 000.00	44 000.00	44 000.00	44 000.00	44 000.00
2	税金及附加	99.56	276.34	307.04	307.04	307.04	307.04	307.04	307.04
3	总成本费用	25 246.03	30 203.42	32 750.24	32 508.94	32 253.18	31 982.06	31 982.06	31 982.06
4	利润总额（1-2-3）	5 454.41	9 120.24	10 942.72	11 184.02	11 439.78	11 710.90	11 710.90	11 710.90
5	弥补以前年度亏损								
6	应纳税所得额（4-5）	5 454.41	9 120.24	10 942.72	11 184.02	11 439.78	11 710.90	11 710.90	11 710.90
7	所得税	1 363.60	2 280.06	2 735.68	2 796.00	2 859.94	2 927.72	2 927.72	2 927.72
8	净利润（4-7）	4 090.81	6 840.18	8 207.04	8 388.01	8 579.83	8 783.17	8 783.17	8 783.17
9	提取盈余公积金（10%）	409.08	684.02	820.70	838.80	857.98	878.32	878.32	878.32
10	可供分配利润（8-9）	3 681.73	6 156.16	7 386.34	7 549.21	7 721.85	7 904.86	7 904.86	7 904.86
10.1	应付利润	102.58	2 362.26	3 364.81	3 286.38	3 209.26	7 904.86	7 904.86	4 392.73
10.2	未分配利润	3 579.15	3 793.90	4 021.53	4 262.83	4 512.59			3 512.13
11	息税前利润（4+利息支出）	6 811.73	10 295.60	11 906.88	11 906.88	11 906.88	11 906.88	11 906.88	11 906.88
12	息税折旧摊销前利润（11+折旧+摊销）	8 382.29	11 616.16	13 227.44	13 227.44	13 227.44	13 227.44	13 227.44	13 227.44

第四节　财务盈利能力分析

财务盈利能力分析是项目财务分析的重要组成部分。从是否考虑资金时间价值的角度划分，财务盈利能力分析可分为现金流量分析（动态分析）和静态分析；从是否在融资方案的基础上进行分析的角度划分，财务盈利能力分析又可分为融资前分析和融资后分析。

一、现金流量分析

现金流量分析是指考虑资金时间价值因素，通过编制现金流量表，计算相关指标，考察项目盈利能力。

现金流量分析分为项目投资现金流量分析、项目资本金现金流量分析和投资各方现金流量分析三个层次。各层次分析都应编制相应的现金流量表，并计算相应的指标。

（一）项目投资现金流量分析

1.项目投资现金流量分析的含义

项目投资现金流量分析是针对项目基本方案进行的现金流量分析。它是在不考虑债务融资条件下进行的融资前分析，是从项目投资总获利能力的角度，考察项目方案设计的合理性。融资前分析计算的相关指标，可作为初步投资决策的依据和融资方案研究的基础。

根据需要，融资前分析可从所得税前和（或）所得税后两个角度进行考察，选择计算所得税前和（或）所得税后分析指标。

2.项目投资现金流量识别与报表编制

进行现金流量分析，首先要正确识别和选用现金流量，包括现金流入和现金流出。是否能作为融资前项目投资现金流量分析的现金流量，要看其是否与融资方案有关。项目投资现金流量分析的现金流入主要包括营业收入（必要时还可包括补贴收入），销项税额在计算期的最后一年，还包括回收固定资产余值（该回收固定资产余值应不受利息因素的影响，它区别于项目资本金现金流量表中的回收固定资产余值）及回收流动资金；现金流出主要包括建设投资、流动资金、经营成本、进项税额、应纳增值税、税金及附加。如果运营期内需要投入维持运营的投资，也应将其作为现金流出，所得税后分析还要将所得税作为现金流出。由于是融资前分析，该所得税应与融资方案无关，其数值应区别于其他财务报表中的所得税。该所得税应根据不受利息因素影响的息税前利润（EBIT）乘以所得税税率计算，称为调整所得税。

净现金流量（现金流入与现金流出之差）是计算评价指标的基础。根据上述现金流量编制的现金流量表称为项目投资现金流量表。项目投资现金流量表中相关数字根据下列原则填写：

（1）营业收入，根据"营业收入、增值税和税金及附加估算表"中的各年数字填列。

（2）销项税额，根据"营业收入、增值税和税金及附加估算表"中的各年数字填列。

（3）回收固定资产余值，根据公式"回收固定资产余值=固定资产原值（扣除建设期利息）-已提折旧"计算求得，并将数字填在项目计算期的最后一年。

（4）回收流动资金，根据公式"回收流动资金=投入的流动资金总额"计算求得，并将数字填在项目计算期的最后一年。

（5）建设投资，根据"建设投资年度使用计划表"中的各年数字填列。

（6）流动资金，根据"流动资金估算表"中的"本年流动资金增加额"填列。

（7）经营成本，根据"总成本费用估算表"中的各年数字填列。

（8）进项税额，根据"营业收入、增值税和税金及附加估算表"中的各年数字填列。

（9）应纳增值税，根据"营业收入、增值税和税金及附加估算表"中的各年数字填列。

（10）税金及附加，根据"营业收入、增值税和税金及附加估算表"中的各年数字填列。

（11）维持运营投资，将可能发生的数字填在实际发生的年份中（扣除原替换固定资产的净残值）。

（12）调整所得税，根据公式"调整所得税=息税前利润×所得税税率"求得，并将数字填在运营期相关年份内。

3.项目投资现金流量分析的指标

依据项目投资现金流量表可以计算项目投资所得税前、所得税后的财务净现值和财务内部收益率（FIRR）等动态指标以及投资回收期等静态指标。

（1）项目投资财务净现值（FNPV）。项目投资财务净现值是指按设定的折现率 i_c 计算的项目计算期内各年净现金流量的现值之和。其计算公式为：

$$FNPV = \sum_{t=1}^{n}(CI - CO)_t(1 + i_c)^{-t}$$

式中：CI——现金流入；CO——现金流出；$(CI - CO)_t$——第 t 年的净现金流量；$(CI-CO)_t$——第 t 年的净现金流量；n——计算期年数；i_c——设定的折现率，通常可选用财务内部收益率的基准值（最低可接受收益率）。

项目投资财务净现值是考察项目盈利能力的绝对量指标，它反映项目在满足按设定折现率要求的盈利之外所能获得的超额盈利的现值。项目投资财务净现值等于或大于零，表明项目的盈利能力达到或超过了设定折现率所要求的盈利水平，该项目的财务效益可以被接受。

（2）项目投资财务内部收益率（FIRR）。项目投资财务内部收益率是指能使项目在整个计算期内各年净现金流量现值累计等于零时的折现率，它是考察项目盈利能力的相对量指标。其表达式为：

$$\sum_{t=1}^{n}(CI - CO)_t(1 + FIRR)^{-t} = 0$$

式中：FIRR——欲求取的项目投资财务内部收益率。

将求得的项目投资财务内部收益率与设定的基准参数（i_c）进行比较，当 $FIRR > i_c$ 时，即认为项目的盈利性能够满足要求，该项目财务效益可以被接受。

4.所得税前分析和所得税后分析的作用

按项目投资所得税前的净现金流量计算的相关指标（所得税前指标）是投资盈利能力的完整体现，可用以考察项目的基本面，即由项目方案设计本身所决定的财务盈利能力，它不受融资方案和所得税政策变化的影响，仅体现项目方案本身的合理性。这些指标可以作为初步投资决策的主要指标，用于考察项目是否基本可行，并值得为之融资。

项目投资所得税后分析也是一种融资前分析，所采用的表格同所得税前分析类似，只是在现金流出中增加了调整所得税，根据所得税后的净现金流量来计算相关指标。

所得税后分析是所得税前分析的延伸。由于其计算基础——净现金流量中剔除了所得税，有助于判断在不考虑融资方案的条件下投资项目对企业价值的贡献，是企业投资决策的主要指标。

（二）项目资本金现金流量分析

1.项目资本金现金流量分析的含义和作用

项目资本金现金流量分析是融资后分析。分析指标应能反映从项目权益投资者整体角度考察盈利能力的要求。

项目资本金现金流量分析指标是比较和取舍融资方案的重要依据。在融资前分析的基础上，通过项目资本金现金流量分析，可以判断项目方案在融资条件下的合理性。因此，项目资本金现金流量分析指标是融资决策的依据，有助于投资者在其可接受的融资方案下最终决策出资。

2.项目资本金现金流量识别和报表编制

项目资本金现金流量分析需编制项目资本金现金流量表，该表的现金流入包括营业收入（必要时还可包括补贴收入）、销项税额、回收固定资产余值及回收流动资金；现金流出主要包括建设投资和流动资金中的项目资本金（权益资金）、经营成本、进项税额、应纳增值税、税金及附加、还本付息和所得税。如果计算期内需要投入维持运营投资，也应将其作为现金流出（通常设定维持运营投资由企业自有资金支付）。在编制资本金现金流量表的过程中应注意：

（1）项目资本金根据"项目总投资使用计划与资金筹措表"中的相关数字填列。

（2）借款本金偿还和借款利息支付根据"借款还本付息计划表"中的相关数字填列。

（3）所得税根据"利润与利润分配表"中的数字填列，与项目投资现金流量表中的调整所得税不同。

（4）净现金流量包括项目（企业）在缴税和还本付息之后所剩余的收益（含投资者应分得的利润），也即企业的净收益，它又是投资者的权益性收益。

3.项目资本金现金流量分析指标

按照我国现行项目财务分析方法的规定，可以只计算项目资本金财务内部收益率一个指标。其表达式和计算方法同项目投资财务内部收益率，只是所依据的表格和净现金流量的内涵不同，判断的基准参数也不同。

项目资本金财务内部收益率的基准参数应体现项目发起人（代表项目所有权益的投资者）对投资获利的最低期望值（最低可接受收益率）。当项目资本金财务内部收益率大于或等于该最低收益率时，说明在该融资方案下，项目资本金获利水平超过或达到了要求，该融资方案是可以接受的。

（三）投资各方现金流量分析

对于某些项目，为了考察投资各方的具体收益，还需要编制从投资各方角度出发的现金流量表，计算相应的财务内部收益率指标。

投资各方现金流量表中的现金流入和现金流出科目需根据项目具体情况和投资各方因项目发生的收入和支出情况选择填列。依据该表计算的投资各方财务内部收益率指标，其表达式和计算方法与项目投资财务内部收益率相同，只是所依据的表格和净现金流量内涵不同，判断的基准参数也不同。

投资各方财务内部收益率是一个相对次要的指标。在按股本比例分配利润和分担亏损、风险的原则下，投资各方的利益一般是均等的，可不计算投资各方财务内部收益率。只有投资各方有股权之外的不对等的利益分配时，投资各方的收益率才会有差异。比如，其中一方有技术转让方面的收益，或一方有租赁设施的收益，或一方有土地使用权收益的情况。另外，不按比例出资进行分配的合作经营项目，投资各方的收益率也可能会有差异。计算投资各方的财务内部收益率可以看出各方收益的非均衡性是否在一个合理的水平上，有助于促成投资各方在合作谈判中达成平等互利的协议。

（四）现金流量分析基准参数

1.现金流量分析基准参数的含义

现金流量分析指标的判别基准称为基准参数，最重要的基准参数是财务基准收益率或最低可接受收益率，其用于判别财务内部收益率是否满足要求，同时也是计算财务净现值的折现率。

采用财务基准收益率或最低可接受收益率作为折现率，用于计算财务净现值，可使财务净现值大于或等于零与财务内部收益率大于或等于财务基准收益率或最低可接受收益率两者对项目财务可行性的判断结果一致。

2.现金流量分析基准参数的选取

（1）基数参数的确定要与指标的内涵相对。所谓基准参数，就是设定的投资截止率，即最低可接受收益率，收益率低于这个水平不予投资。

不同的投资者，从不同角度去考虑，对投资收益会有不同的最低期望值。因此，在选择最低可接受收益率时，应有针对性，不应该总是用同一个最低可接受收益率作为各种财务内部收益率的判别基准。

（2）基准参数的确定要与所采用的价格体系相协调，即采用的投入和产出价格是否包含通货膨胀因素，应与指标计算时对通货膨胀因素的处理相一致。如果计算期内考虑通货膨胀，并采用时价计算财务内部收益率，则确定判别基准时也应考虑通货膨胀因素，反之亦然。

（3）基准参数的确定要考虑资金成本。投资获益要大于资金成本，否则该项投资就没有价值。通常把资金成本作为基准参数的确定基础，或称第一参考值。

（4）基准参数的确定要考虑资金机会成本。投资获益要大于资金机会成本，否则该项投资就没有比较价值。因此，通常也把资金机会成本作为基准参数的确定基础。

（5）项目投资财务内部收益率的基准参数。项目投资财务内部收益率的基准参数可采用国家、行业或专业（总）公司统一发布执行的财务基准收益率，或由评价者自行设定。一般可在加权平均资金成本的基础上再加上调控意愿等因素来确定财务基准收益率。选择项目投资财务内部收益率的基准参数时，要注意所得税前和所得税后指标的不同。

（6）项目资本金财务内部收益率的判别基准。项目资本金财务内部收益率的基准参数应为项目资本金所有者整体的最低可接受收益率。其数值大小主要取决于资金成本、资本收益水平、风险、项目资本金所有者对权益资金收益的要求以及投资者对风险的态度。

（7）投资各方财务内部收益率的判别基准。投资各方财务内部收益率的基准参数为投资各方对投资收益水平的最低期望值，也可称为最低可接受收益率。由于不同投资者的决策理念、资本实力和风险承受能力有很大差异，因此，投资各方财务内部收益率的判别基准只能由各投资者自行确定。

【例8-11】接"例6-12""例8-1""例8-8""例8-9"，设定的所得税前财务基准收益率为20%，所得税后财务基准收益率为15%，以投资者整体要求的最低可接受收益率为25%。

要求：

（1）识别并计算该项目计算期各年的现金流量，编制项目投资现金流量表。

（2）计算该项目投资财务内部收益率和财务净现值（所得税前和所得税后），并由此评价项目的财务可行性。

（3）编制项目资本金现金流量表，计算项目资本金财务内部收益率，并由此评价项目资本金的盈利能力是否满足要求。

解答：

（1）编制项目投资现金流量表。

第1年现金流量：

现金流入：0

现金流出：建设投资12 076.57万元

第2年现金流量：

现金流入：0

现金流出：建设投资13 143.43万元

第3年现金流量：

现金流入

①营业业收入：30 800.00万元

②销项税额：4 928.00万元

现金流出：

①流动资金：3 533.48万元

②经营成本：22 403.09万元

③进项税额：2 778.72万元

④应纳增值税：995.58万元

⑤税金及附加：99.56万元

⑥调整所得税：

首先，计算固定资产折旧（融资前分析，固定资产原值中不包含建设期利息）和摊销。

固定资产折旧计算如下：

固定资产原值=形成固定资产的费用+预备费-可抵扣固定资产进项税额

$$=18\,287.88+3\,307.12-1\,153.70$$

$$=20\,441.30（万元）$$

$$年折旧额=\frac{（1-净残值率）}{折旧年限}\times固定资产原值=\frac{1-5\%}{18}\times20\,441.30=1\,078.85（万元）$$

摊销计算如下：

无形资产中土地使用权按18年摊销。

年土地使用权摊销费=3 375.00÷18=187.50（万元）

其他资产在项目运营后第1年全部摊销：

其他资产摊销费=250万元

年摊销费=187.50+250=437.50（万元）

其次，计算息税前利润（此处的息税前利润不受建设期利息的影响，与利润表中的息税前利润有所不同）。

息税前利润=营业收入-经营成本-折旧-摊销-税金及附加

$$=30\,800.00-22\,403.09-1\,078.85-437.50-99.56$$

$$=6\,781.00（万元）$$

最后，计算调整所得税。

调整所得税=息税前利润×所得税税率=6 781.00×25%=1 695.25（万元）

第4年现金流量：

现金流入：

①营业收入：39 600.00万元

②销项税额：6 336.00万元

现金流出：

①流动资金：775.37万元

②经营成本：27 800.77万元

③进项税额：3 572.63万元

④应纳增值税：2 763.37万元

⑤税金及附加：276.34万元

⑥调整所得税：

息税前利润=39 600.00-27 800.77-1 078.85-187.5-276.34=10 256.54（万元）

调整所得税=10 256.54×25%=2 564.14（万元）

第5年现金流量：

现金流入：

①营业收入：44 000.00万元

②销项税额：7 040.00万元

现金流出：

①流动资金：389.19万元

②经营成本：30 507.09万元

③进项税额：3 969.59万元

④应纳增值税：3 070.41万元

⑤税金及附加：307.04万元

⑥调整所得税：

息税前利润=44 000.00-30 507.09-1 078.85-187.5-307.04=11 919.52（万元）

调整所得税=11 919.52×25%=2 979.88（万元）

第6年现金流量：

现金流入：

①营业收入：44 000.00万元

②销项税额：7 040.00万元

现金流出：

①流动资金：0

②经营成本：30 507.09万元

③进项税额：3 969.59万元

④应纳增值税：3 070.41万元

⑤税金及附加：307.04万元

⑥调整所得税：

息税前利润=44 000.00-30 507.09-1 078.85-187.5-307.04=11 919.52（万元）

调整所得税=11 919.52×25%=2 979.88（万元）

第7年现金流量：

现金流入：

①营业收入：44 000.00万元

②销项税额：7 040.00万元

现金流出：

①流动资金：0

②经营成本：30 507.09万元

③进项税额：3 969.59万元

④应纳增值税：3 070.41万元

⑤税金及附加：307.04万元

⑥调整所得税：

息税前利润=44 000.00−30 507.09−1 078.85−187.5−307.04=11 919.52（万元）

调整所得税=11 919.52×25%=2 979.88（万元）

第8～19年现金流量：

现金流入：

①营业收入：44 000.00万元

②销项税额：7 040.00万元

现金流出：

①流动资金：0

②经营成本：30 507.09万元

③进项税额：3 969.59万元

④应纳增值税：3 070.41万元

⑤税金及附加：307.04万元

⑥调整所得税：

息税前利润=44 000.00−30 507.09−1 078.85−187.5−307.04=11 919.52（万元）

调整所得税=11 919.52×25%=2 979.88（万元）

第20年现金流量：

现金流入：

①营业收入：44 000.00万元

②销项税额：7 040.00万元

③回收资产余值：

固定资产余值=固定资产原值×净残值率=20 441.30×5%=1 022.07（万元）

④回收流动资金：4 698.05万元

现金流出：

①流动资金：0

②经营成本：30 507.09万元

③进项税额：3 969.59万元

④应纳增值税：3 070.41万元

⑤税金及附加：307.04万元

⑥调整所得税：

息税前利润=44 000.00-30 507.09-1 078.85-187.5-307.04=11 919.52（万元）

调整所得税=11 919.52×25%=2 979.88（万元）

将以上所计算的各年现金流量汇入，编制项目投资现金流量表，见表8-10。

表8-10　　　　　　　　　　　　　项目投资现金流量表　　　　　　　　　　单位：万元

序号	项目	建设期		运营期						
		1	2	3	4	5	6	7	8~19	20
1	现金流入	0.00	0.00	35 728.00	45 936.00	51 040.00	51 040.00	51 040.00	51 040.00	56 760.12
1.1	营业收入			30 800.00	39 600.00	44 000.00	44 000.00	44 000.00	44 000.00	44 000.00
1.2	销项税额			4 928.00	6 336.00	7 040.00	7 040.00	7 040.00	7 040.00	7 040.00
1.3	回收固定资产余值									1 022.07
1.4	回收流动资金									4 698.05
2	现金流出	12 076.57	13 143.43	29 810.43	35 188.48	38 243.32	37 854.13	37 854.13	37 854.13	37 854.13
2.1	建设投资	12 076.57	13 143.43							
2.2	流动资金			3 533.48	775.37	389.19				
2.3	经营成本			22 403.09	27 800.77	30 507.09	30 507.09	30 507.09	30 507.09	30 507.09
2.4	进项税额			2 778.72	3 572.63	3 969.59	3 969.59	3 969.59	3 969.59	3 969.59
2.5	应纳增值税			995.58	2 763.37	3 070.41	3 070.41	3 070.41	3 070.41	3 070.41
2.6	税金及附加			99.56	276.34	307.04	307.04	307.04	307.04	307.04
3	所得税前净现金流量(1-2)	-12 076.57	-13 143.43	5 917.57	10 747.52	12 796.68	13 185.87	13 185.87	13 185.87	18 905.99
4	累计所得税前净现金流量	-12 076.57	-25 220.00	-19 302.43	-8 554.91	4 241.77	17 427.64	30 613.51	43 799.37	62 705.36
5	调整所得税			1 695.25	2 564.14	2 979.88	2 979.88	2 979.88	2 979.88	2 979.88
6	所得税后净现金流量(3-5)	-12 076.57	-13 143.43	4 222.32	8 183.38	9 816.80	10 205.99	10 205.99	10 205.99	15 926.11
7	累计所得税后净现金流量	-12 076.57	-25 220.00	-20 997.68	-12 814.30	-2 997.50	7 208.49	17 414.48	27 620.47	43 546.58

（2）依据项目投资现金流量表计算相关指标：

所得税前指标：

①财务净现值：

FNPV（i=20%）=-12 076.57×（P/F，20%，1）-13 143.43×（P/F，20%，2）+5 917.57×（P/F，20%，3）+10 747.52×（P/F，20%，4）+12 796.68×（P/F，20%，5）+13 185.87×（P/A，20%，14）（P/F，20%，5）+18 905.99×（P/F，20%，20）

=19 484.08（万元）

②财务内部收益率：

FNPV（i=35%）=-12 076.57×（P/F，35%，1）-13 143.43×（P/F，35%，2）+5 917.57×（P/F，35%，3）+10 747.52×（P/F，35%，4）+12 796.68×（P/F，35%，5）+13 185.87×（P/A，35%，14）（P/F，35%，5）+18 905.99×（P/F，35%，20）

=660.10（万元）

FNPV（i=38%）=-12 076-57×（P/F，35%，1）-13 143.43×（P/F，35%，2）+5 917.57×（P/F，35%，3）+10 747.52×（P/F35%，4,）+12 796.68×（P/F，35%，5）+13 185.87×（P/A，35%，14）（P/F，35%，5）+18 905.99×（P/F，35%，20）

=-993.88（万元）

所以：

$$FIRR = 35\% + \frac{660.10}{660.10 + |-993.88|} \times (38\% - 35\%) = 36.20\%$$

所得税前财务内部收益率大于设定的基准收益率20%，所得税前财务净现值（i=20%）大于零，项目在财务上是可以接受的。

所得税后指标：

①财务净现值：

$$\begin{aligned}FNPV\ (i=20\%) =& -12\,076.57 \times (P/F,\ 20\%,\ 1) -13\,143.43 \times (P/F,\ 20\%,\ 2) +4\,222.32 \times (P/F,\\ & 20\%,\ 3) +8\,183.38 \times (P/F,\ 20\%,\ 4) +9\,816.80 \times (P/F,\ 20\%,\ 5) +10\,205.99 \times\\ & (P/A,\ 20\%,\ 14)(P/F,\ 20\%,\ 5) +15\,926.11 \times (P/F,\ 20\%,\ 20)\\ =& 10\,469.82\ (万元)\end{aligned}$$

②财务内部收益率：

$$\begin{aligned}FNPV\ (i=25\%) =& -12\,076.57 \times (P/F,\ 25\%,\ 1) -13\,143.43 \times (P/F,\ 25\%,\ 2) +4\,222.32 \times (P/F,\\ & 25\%,\ 3) +8\,183.38 \times (P/F,\ 25\%,\ 4) +9\,816.80 \times (P/F,\ 25\%,\ 5) +10\,205.99 \times\\ & (P/A,\ 25\%,\ 14)(P/F,\ 25\%,\ 5) +15\,926.11 \times (P/F,\ 25\%,\ 20)\\ =& 3\,629.93\ (万元)\end{aligned}$$

$$\begin{aligned}FNPV\ (i=30\%) =& -12\,076.57 \times (P/F,\ 30\%,\ 1) -13\,143.43 \times (P/F,\ 30\%,\ 2) +4\,222.32 \times (P/F,\\ & 30\%,\ 3) +8\,183.38 \times (P/F30\%,\ 4,) +9\,816.80 \times (P/F,\ 30\%,\ 5) +10\,205.99 \times\\ & (P/A,\ 30\%,\ 14)(P/F,\ 30\%,\ 5) +15\,926.11 \times (P/F,\ 30\%,\ 20)\\ =& -622.15\ (万元)\end{aligned}$$

所以：

$$FIRR = 25\% + \frac{3\,629.93}{3\,629.93 + |-622.15|} \times (30\% - 25\%) = 29.27\%$$

所得税后财务内部收益率大于设定的财务基准收益率15%，所得税后财务净现值（i=15%）大于零，项目在财务上是可以接受的。

（3）编制项目资本金现金流量表，见表8-11。

计算项目资本金财务内部收益率：

$$\begin{aligned}FNPV\ (i=52\%) =& -5\,254.98 \times (P/F,\ 52\%,\ 1) -816.26(P/F,\ 52\%,\ 2) +2\,247.60 \times (P/F,\ 52\%,\\ & 3) +4\,085.72 \times (P/F,\ 52\%,\ 4) +5\,369.82 \times (P/F,\ 52\%,\ 5) +5\,404.18 \times (P/F,\\ & 52\%,\ 6) +5\,346.24 \times (P/F,\ 52\%,\ 6) +10\,062.17 \times (P/A,\ 52\%,\ 12)(P/F,\\ & 52\%,\ 7) +12\,321.51 \times (P/F,\ 52\%,\ 20) =8.42\ (万元)\end{aligned}$$

$$\begin{aligned}FNPV\ (i=53\%) =& -5\,254.98 \times (P/F,\ 53\%,\ 1) -816.26 \times (P/F,\ 53\%,\ 2) +2\,247.60 \times (P/F,\ 53\%,\\ & 3) +4\,085.72 \times (P/F,\ 53\%,\ 4) +5\,369.82 \times (P/F,\ 53\%,\ 5) +5\,404.18 \times (P/F,\\ & 53\%,\ 6) +5\,346.24 \times (P/F,\ 53\%,\ 6) +10\,062.17 \times (P/A,\ 53\%,\ 12)(P/F,\\ & 53\%,\ 7) +12\,321.51 \times (P/F,\ 53\%,\ 20) =-112.07\ (万元)\end{aligned}$$

$$FIRR = 52\% + \frac{8.42}{8.42 + |-112.07|} \times (53\% - 52\%) = 52.07\%$$

项目资本金财务内部收益率大于所设定的财务基准收益率（最低可接受收益率）25%，说明项目资本金获利水平超过了要求，从项目权益投资者的整体角度看，在该融资方案下财务效益是可以接受的。

二、静态分析

除了进行现金流量分析以外，在盈利能力分析中，还可以根据具体情况进行静态分析，选择计算一些静态指标。

表8-11

项目资本金现金流量表

单位：万元

序号	项目	建设期			运营期					
		1	2	3	4	5	6	7	8~19	20
1	现金流入	0.00	0.00	35 728.00	45 936.00	51 040.00	51 040.00	51 040.00	51 040.00	56 811.48
1.1	营业收入			30 800.00	39 600.00	44 000.00	44 000.00	44 000.00	44 000.00	44 000.00
1.2	销项税额			4 928.00	6 336.00	7 040.00	7 040.00	7 040.00	7 040.00	7 040.00
1.3	回收固定资产余值									1 073.43
1.4	回收流动资金									4 698.05
2	现金流出	5 254.98	816.26	33 480.40	41 850.28	45 670.18	45 635.82	45 693.76	40 977.83	44 489.96
2.1	项目资本金	5 254.98	816.26	903.38	187.86	94.68				
2.2	长期借款本金偿还			3 579.15	3 793.90	4 021.53	4 262.83	4 512.59		
2.3	流动资金借款本金偿还									3 512.13
2.4	借款利息支付			1 357.32	1 175.35	964.16	722.86	467.10	195.98	195.98
2.5	经营成本			22 403.09	27 800.77	30 507.09	30 507.09	30 507.09	30 507.09	30 507.09
2.6	进项税额			2 778.72	3 572.63	3 969.59	3 969.59	3 969.59	3 969.59	3 969.59
2.7	应纳增值税			995.58	2 763.37	3 070.41	3 070.41	3 070.41	3 070.41	3 070.41
2.8	税金及附加			99.56	276.34	307.04	307.04	307.04	307.04	307.04
2.9	所得税			1 363.60	2 280.06	2 735.68	2 796.00	2 859.94	2 927.72	2 927.72
3	净现金流量（3－5）	−5 254.98	−816.26	2 247.60	4 085.72	5 369.82	5 404.18	5 346.24	10 062.17	12 321.51

（一）静态分析的指标

1.项目投资回收期（P_t）

项目投资回收期是指以项目的净收益抵偿项目全部投资所需要的时间，一般以年为单位，并从项目建设开始时算起，若从项目投产开始时算起，应予以特别注明。

利用项目投资现金流量表中未经折现的净现金流量和累计净现金流量可以计算项目投资回收期。项目投资现金流量表中累计净现金流量由负值变为零时的时点，即项目投资回收期。其计算公式为：

$$P_t = 累计现金流量开始出现正值的年份数 - 1 + \frac{上年累计净现金流量的绝对值}{当年累计净现金流量}$$

对于某些风险较大的项目，特别需要计算投资回收期指标。

当投资回收期小于或等于设定的基准投资回收期时，表明投资回收速度符合要求。基准投资回收期的取值可根据行业水平或投资者的要求确定。

投资回收期法（静态）不考虑资金的时间价值，不考虑现金流量在各年的时间排列顺序，同时忽略了投资回收以后的现金流量，因此，利用投资回收期进行投资决策有可能导致决策失误。

2.总投资收益率

总投资收益率表示总投资的盈利水平，是项目达到设计能力后正常年份的年息税前利润（EBIT）或运营期内年平均息税前利润与项目总投资的比率。其计算公式为：

$$总投资收益率 = \frac{年息税前利润}{项目总投资} \times 100\%$$

其中：息税前利润=利润总额+支付的全部利息

或　息税前利润=营业收入−税金及附加−经营成本−折旧和摊销

总投资收益率高于同行业的收益率参考值，表明用总投资收益率表示的盈利能力满足要求。

3.项目资本金净利润率

项目资本金净利润率表示项目资本金的盈利水平，是项目达到设计能力后正常年份的年净利润或运营期内年平均净利润与项目资本金的比率。其计算公式为：

$$项目资本金净利润率 = \frac{年净利润}{项目资本金} \times 100\%$$

项目资本金净利润率高于同行业的净利润率参考值，表明用项目资本金净利润率表示的盈利能力满足要求。

（二）静态分析依据的报表

除投资回收期需要根据"项目投资现金流量表"计算外，静态分析指标计算所依据的报表主要是"项目总投资使用计划与资金筹措表"和"利润表"。

【例8-12】 接"例6-12""例8-1""例8-8""例8-10""例8-11"所给条件和计算结果，计算该项目静态投资回收期、总投资收益率和项目资本金净利润率。

（1）静态投资回收期的计算。

静态投资回收期根据项目投资现金流量表进行计算。根据表8-11中的累计所得税前净现金流量和所得税后净现金流量，可以计算出项目所得税前静态投资回收期和所得税后静态投资回收期。

$$静态投资回收期（所得税前）= 5 - 1 + \frac{|-8\,554.91|}{12\,796.68} = 4.67 （年）$$

$$静态投资回收期（所得税后）= 6 - 1 + \frac{|-2\,997.50|}{10\,205.99} = 5.29 （年）$$

（2）总投资收益率的计算。

按照达到设计生产能力后正常年份的年息税前利润计算总投资收益率。

$$总投资收益率 = \frac{11\,906.88}{30\,945.29} \times 100\% = 38.48\%$$

（3）项目资本金净利润率的计算。

按照达到设计生产能力后正常年份的年净利润计算总投资收益率。

$$项目资本金净利润率 = \frac{8\,783.17}{7\,257.16} \times 100\% = 121.03\%$$

第五节 偿债能力分析和财务生存能力分析

偿债能力分析是指通过编制相关报表，计算利息备付率、偿债备付率等比率指标，考察项目借款的偿还能力。财务生存能力分析是指通过编制财务计划现金流量表，结合偿债能力分析，考察项目（企业）资金平衡和余缺等财务状况，判断其财务可持续性。项目（企业）的利润表以及资产负债表在偿债能力分析和财务生存能力分析中也起着相当重要的作用。

一、相关报表的编制

（一）借款还本付息计划表

借款还本付息计划表是反映项目借款偿还期内借款支用、还本付息和借款偿还资金来源，用以计算利息备付率和偿债备付率指标，进行偿债能力分析的表格。

根据现行财务制度的规定，偿还建设投资借款的资金来源主要有当年可用于还本的折旧费和摊销费、当年可用于还本的未分配利润等。流动资金在项目计算期末一次性收回，因此不考虑流动资金借款的偿还问题。

偿债能力分析，应根据与债权人商定的或预计可能的债务资金偿还条件和方式计算并编制借款还本付息计划表。

【例8-13】接"例6-12""例8-1""例8-8""例8-9"，编制某化学涂料项目的建设投资借款还本付息计划表。

解答：

某化学涂料项目建设投资借款还本付息计划表见表8-12。

表8-12　　　　　　某化学涂料项目建设投资借款还本付息计划表　　　　　　单位：万元

序号	年份\项目	计算期						
		1	2	3	4	5	6	7
1	期初借款余额	0	7 032.57	20 176.00	16 596.85	12 802.95	8 781.42	4 518.59
2	本年借款	7 032.57	13 143.43					
3	本年应计利息	210.98	816.26	1 210.56	995.81	768.18	526.88	277.12

续表

序号	年份\\项目	计算期						
		1	2	3	4	5	6	7
4	本年还本付息	210.98	816.26	4 789.71	4 789.71	4 789.71	4 789.71	4 789.71
4.1	其中：还本			3 579.15	3 793.90	4 021.53	4 262.83	4 512.59
4.2	付息	210.98	816.26	1 210.56	995.81	768.18	526.88	271.12
5	年末借款余额	7 032.57	20 176.00	16 596.85	12 802.95	8 781.42	4 518.59	0

(二) 财务计划现金流量表

财务计划现金流量表是国际上通用的财务报表，用于反映计算期内各年的投资活动、融资活动和经营活动所产生的现金流入、现金流出和净现金流量，考察资金平衡和余缺情况，是表示财务状况的重要财务报表。

【例8-14】接"例8-1""例8-8""例8-9""例8-10""例8-13"，将上述相关表中数据纳入编制的某化学涂料项目的财务计划现金流量表。

解答：

某化学涂料项目财务计划现金流量表见表8-13。

表8-13　　　　某化学涂料项目财务计划现金流量表　　　　单位：万元

序号	项目	建设期		运营期						
		1	2	3	4	5	6	7	8~19	20
	生产负荷（%）			70	90	100	100	100	100	100
1	经营活动净现金流量	0.00	0.00	8 087.45	9 242.83	10 450.19	10 389.86	10 325.92	10 258.14	10 258.14
1.1	现金流入	0.00	0.00	35 728.00	45 936.00	51 040.00	51 040.00	51 040.00	51 040.00	51 040.00
1.1.1	营业收入			30 800.00	39 600.00	44 000.00	44 000.00	44 000.00	44 000.00	44 000.00
1.1.2	增值税销项税额			4 928.00	6 336.00	7 040.00	7 040.00	7 040.00	7 040.00	7 040.00
1.1.3	补贴收入									
1.1.4	其他收入									
1.2	现金流出	0.00	0.00	27 640.55	36 693.17	40 589.81	40 650.14	40 714.08	40 781.86	40 781.86
1.2.1	经营成本			22 403.09	27 800.77	30 507.09	30 507.09	30 507.09	30 507.09	30 507.09
1.2.2	增值税进项税额			2 778.72	3 572.63	3 969.59	3 969.59	3 969.59	3 969.59	3 969.59
1.2.3	应纳增值税			995.58	2 763.37	3 070.41	3 070.41	3 070.41	3 070.41	3 070.41
1.2.4	税金及附加			99.56	276.34	307.04	307.04	307.04	307.04	307.04
1.2.5	所得税			1 363.60	2 280.06	2 735.68	2 796.00	2 859.94	2 927.72	2 927.72
2	投资活动净现金流量	-12 076.57	-13 143.43	-3 533.48	-775.37	-389.19	0.00	0.00	0.00	0.00
2.1	现金流入	0.00	0.00	0.00	0.00	0.00	0.00	0.00	0.00	0.00

续表

序号	项目	建设期		运营期						
		1	2	3	4	5	6	7	8~19	20
2.2	现金流出	12 076.57	13 143.43	3 533.48	775.37	389.19	0.00	0.00	0.00	0.00
2.2.1	建设投资	12 076.57	13 143.43							
2.2.2	维持运营投资									
2.2.3	流动资金			3 533.48	775.37	389.19				
3	筹资活动净现金流量	12 076.57	13 143.43	−1 402.99	−4 193.88	−4 596.49	−4 985.69	−4 979.69	−195.98	−3 708.11
3.1	现金流入	12 287.55	13 959.69	3 533.48	775.37	389.19	0.00	0.00	0.00	0.00
3.1.1	项目资本金投入	5 254.98	816.26	903.38	187.86	94.68				
3.1.2	维持运营投资									
3.1.3	建设投资借款	7 032.57	13 143.43							
3.1.4	流动资金借款			2 630.10	587.51	294.51				
3.1.5	短期借款									
3.2	现金流出	210.98	816.26	4 936.47	4 969.25	4 985.69	4 985.69	4 979.69	195.98	3 708.11
3.2.1	各种利息支出	210.98	816.26	1 357.32	1 175.35	964.16	722.86	467.10	195.98	195.98
3.2.2	偿还长期借款本金			3 579.15	3 793.90	4 021.53	4 262.83	4 512.59		
3.2.3	偿还流动资金借款本金									3 512.13
3.2.4	偿还短期借款本金									
3.2.5	股利分配			0.00	0.00	0.00	0.00	0.00	0.00	0.00
4	净现金流量	0.00	0.00	3 150.98	4 273.58	5 464.50	5 404.18	5 346.24	10 062.17	6 550.04
5	累计盈余资金	0.00	0.00	3 150.98	7 424.56	12 889.06	18 293.24	23 639.48	33 701.64	40 251.68

二、偿债能力分析

投资项目偿债能力分析，是根据借款还本付息计划表的数据与利润表以及总成本费用表的有关数据计算利息备付率和偿债备付率指标，考察项目借款偿还能力的过程。

(一) 利息备付率

利息备付率是借款偿还期内的息税前利润与当年应付利息额的比值。它从付息资金来源的充裕性角度反映支付债务利息的能力。利息备付率的计算公式如下：

$$利息备付率 = \frac{息税前利润}{当年应付利息}$$

其中，息税前利润等于利润总额和当年应付利息之和，当年应付利息额是指计入总成本费用的全部利息。

利息备付率应分年计算。利息备付率表示用项目利润偿付利息的保证倍率，利息备付率高，说明利息偿付的保证度大，偿债风险小。对于正常经营的企业，利息备付率至少应当大于1，一般不宜低于2，并结合债权人的要求确定。利息备付率低于1，表明没有足够资金支付利息，偿债风险很大。

（二）偿债备付率

偿债备付率是从偿债资金来源的充裕性角度反映偿付债务本息的能力的，是指在债务偿还期内，各年可用于还本付息的资金额与当年应还本付息额的比值。其计算公式为：

$$偿债备付率 = \frac{可用于还本付息的资金额}{当年应还本付息额}$$

可用于还本付息的资金是指息税折旧摊销前利润（息税前利润加上折旧和摊销）减去所得税后的余额；当年应还本付息额包括还本金额及计入总成本费用的全部利息。如果运营期间支出了维护运营的投资费用，应从分子中扣减。

偿债备付率应分年计算。偿债备付率表示可用于偿付债务本息的资金偿还借款本息的保证倍率。在正常情况下，偿债备付率至少应大于1，一般不宜低于1.3，并结合债权人的要求确定。偿债备付率低，说明偿付债务本息的资金不足，偿债风险大。当这一指标小于1时，表示可用于计算还本付息的资金不足以偿付当年债务。

对于采用最大能力偿还方式偿还建设投资借款的投资项目，除了计算上述指标外，还应根据"借款还本付息计划表"计算借款偿还期指标。其计算公式为：

$$\frac{借款}{偿还期} = \frac{偿还借款本金的资金来源大于}{年初借款本息累计的年份数} - \frac{开始}{借款年份} + \frac{当年年初借款本息累计}{当年可用于偿还借款的资金来源}$$

计算完借款偿还期指标后，应与贷款机构的要求年限进行比较，等于或小于贷款机构的要求期限，即认为该项目具有足够的偿债能力；否则，认为该项目偿债能力不足。

【例8-15】某化学涂料项目与备付率指标有关的数据见表8-14，试计算该项目的利息备付率和偿债备付率。

表8-14　　　　某化学涂料项目与备付率指标有关的数据　　　　单位：万元

序号	项目	运营期				
		3	4	5	6	7
1	应还本付息	4 936.47	4 969.25	4 985.69	4 985.69	4 979.69
1.1	还本	3 579.15	3 793.90	4 021.53	4 262.83	4 512.59
1.2	应付利息额	1 357.32	1 175.35	964.16	722.86	467.10
2	息税前利润	6 811.73	10 295.60	11 906.88	11 906.88	11 906.88
3	折旧	1 133.06	1 133.06	1 133.06	1 133.06	1 133.06
4	摊销	437.50	187.50	187.50	187.50	187.50
5	所得税	1 363.60	2 280.06	2 735.68	2 796.00	2 859.94

解答：

根据表8-14中数据计算的备付率指标见表8-15。

表8-15   某化学涂料项目利息备付率与偿债备付率计算表

指标	运营期				
	3	4	5	6	7
利息备付率	5.02	8.76	12.35	16.47	25.49
偿债备付率	1.42	1.88	2.10	2.09	2.08

计算结果分析：该项目投产后，利息备付率和偿债备付率指标均能满足要求。

三、财务生存能力分析

财务生存能力分析是指通过编制财务计划现金流量表，分析考察投资项目在整个计算期内的资金充裕程度，分析财务可持续性，判断在财务上的生存能力。

财务生存能力应通过以下相辅相成的两个方面，同时结合偿债能力进行分析：

1.分析是否有足够的净现金流量维持正常运营

（1）在项目（企业）运营期间，只有能够从各项经济活动中得到足够的净现金流量，项目才能持续生存。在财务生存能力分析中，应根据财务计划现金流量表考察项目计算期内各年的投资活动、融资活动和经营活动所产生的各项现金流入和流出，计算净现金流量和累计盈余资金，分析项目是否有足够的净现金流量维持正常运营。

（2）拥有足够的经营净现金流量是财务上可持续的基本条件，特别是在运营初期。一个项目拥有较大的经营净现金流量，说明项目方案比较合理，实现自身资金平衡的可能性大，不会过分依赖短期融资来维持运营；反之，一个项目没有足够的经营净现金流量，或经营净现金流量为负值，说明维持项目正常运营会遇到财务上的困难，实现自身资金平衡的可能性小，有可能要靠短期融资来维持运营，有些项目可能需要政府补助来维持运营。

（3）通常，运营期前期的还本付息负担较重，故应特别注重运营期前期的财务生存能力分析。如果拟安排的还款期过短，致使还本付息负担过重，导致为维持资金平衡必须筹借的短期借款过多，可以设法调整还款期，甚至寻求更有利的融资方案，减轻各年还款负担，所以财务生存能力分析应结合偿债能力分析进行。

2.各年累计盈余资金不出现负值是财务上可持续的必要条件

在项目整个运营期间，允许个别年份的净现金流量出现负值，但不能允许任一年份的累计盈余资金出现负值；一旦出现负值，应适时进行短期融资，该短期融资应体现在财务计划现金流量表中，同时短期融资的利息也应纳入成本费用和其后的计算中。较大或较频繁的短期融资，有可能导致以后的累计盈余资金无法实现正值，致使项目难以持续运营。

本章小结

财务分析是根据国家现行会计准则、财税制度和价格体系，通过预测财务效益与费用，编制财务报表，计算评价指标，对项目进行财务盈利能力分析、偿债能力分析和财务生存能力分析，据以评价项目财务可行性的一种经济评价方法。

财务分析可分为融资前分析和融资后分析，一般应先进行融资前分析，在融资前分析结论满足要求的情况下，初步设定融资方案，再进行融资后分析。

财务分析应遵循费用与效益计算口径的一致性原则，费用与效益识别的有无对比原则，动态分析与静态分析相结合，以动态分析为主的原则和基础数据确定的稳妥原则。

财务分析涉及的价格体系有三种，即固定价格体系（或称基价体系）、实价体系和时价体系。

财务效益与费用估算包括项目计算期内各年的经济活动情况及全部财务收支结果的估算。包括项目总投资的估算、资金来源与筹措的估算、项目运营期的确定、总成本费用估算、营业收入与增值税和税金及附加的估算、利润总额及其分配的估算等内容。

财务效益与费用估算的原则包括以现行经济法规为依据、有无对比和效益与费用对应一致的原则建设期是指从项目资金正式投入开始到项目建成投产为止所需要的时间。

运营期是指项目从建成投产年份起至项目报废为止所经历的时间，分为投产期和达产期两个阶段。

营业收入是指销售产品或者提供服务所获得的收入。它是项目财务效益的主体，也是项目财务分析的重要数据。

总成本费用是指在一定时期（如一年）内为组织生产和销售产品或提供服务而发生的全部费用，主要包括生产成本和期间费用。

经营成本是现金流量分析中所采用的一个特定的概念，作为运营期内的主要现金流出。经营成本与融资方案无关。

经营成本与总成本费用的关系表现为经营成本是从总成本费用中扣除固定资产折旧费、摊销费和利息支出后的成本费用。

根据成本费用与产量的关系，可将总成本分解为固定成本、可变成本和半可变（或半固定）成本。

利润总额是企业在一定时期内生产经营活动的最终财务成果。它集中反映了企业生产经营各方面的效益。

财务分析包括盈利能力分析、偿债能力分析和财务生存能力分析。

财务盈利能力分析是项目财务分析的重要组成部分，包括现金流量分析（动态分析），也可进行静态分析。

从是否在融资方案的基础上进行分析的角度区分，财务盈利能力分析又可分为融资前分析和融资后分析。

现金流量分析包括项目投资现金流量分析、项目资本金现金流量分析和投资各方现金流量分析三个层次。各层次分析都应编制相应的现金流量表，并计算相应的指标。

财务盈利能力分析静态指标主要有投资回收期、总投资利润率和资本金净利润率。

投资项目偿债能力分析，是指根据借款还本付息计划表的数据与利润表以及总成本费用表的有关数据计算利息备付率和偿债备付率指标，考察项目借款偿还能力的过程。

财务生存能力分析通过编制财务计划现金流量表，分析考察投资项目在整个计算期内的资金充裕程度，分析财务可持续性，判断在财务上的生存能力。

基础知识练习

一、单项选择题（每题的备选项中，只有1个最符合题意）

1.为了合理反映项目的效益和财务状况，财务分析应采用（　　　）。

A.市场价格　　　　　　　　　　　　B.预测价格

C.固定价格　　　　　　　　　　　　D.时点价格

2.按照成本与产量的关系，成本与费用可分为（　　　）。

A.单位产品成本和总成本费用　　　　B.生产成本和期间费用

C.固定成本和可变成本　　　　　　　D.经营成本和总成本费用

3.某项目建设投资3 650万元，其中2 000万元形成了固定资产，固定资产折旧年限为10年，净残值率为5%，按年限平均法计算的第9年的折旧额为（　　　）万元。

A.200　　　　　　B.190　　　　　　C.365　　　　　　D.347

4.关于总成本费用中的利息支出的说法，不正确的是（　　　）。

A.等额还本付息方式在还款期内每年付息额相同

B.等额还本，利息照付方式还款期内每年偿还的本金相同

C.财务分析中流动资金借款的偿还一般设定在计算期最后一年

D.计算短期借款利息所采用的利率一般可为一年期借款利率

5.下列选项中，属于融资前分析的是（　　　）。

A.项目投资现金流量分析　　　　　　B.项目资本金现金流量分析

B.项目投资各方现金流量分析　　　　D.项目财务计划现金流量分析

6.反映项目计算期内各年投资活动、融资活动和经营活动所产生的现金流量的报表是（　　　）。

A.项目投资现金流量表　　　　　　　B.项目资本金现金流量表

B.项目投资各方现金流量表　　　　　D.项目财务计划现金流量表

7.关于偿债能力的表述，错误的是（　　　）。

A.新建项目主要通过计算利息备付率、偿债备付率，判断其偿债能力

B.考察项目资金平衡和余缺情况的报表是财务计划现金流量表

C.对于正常经营的企业，利息备付率至少应大于1，一般不宜低于2

D.偿债备付率至少应大于1，一般不宜低于2

8.在财务分析中，考察项目的财务可持续性的是（　　　）。

A.盈利能力分析　　　　　　　　　　B.偿债能力分析

C.财务生存能力分析　　　　　　　　D.不确定性分析

9.在项目的整个运营期间，各年累计盈余资金一旦出现负值，应适时进行（　　　）。

A.短期融资　　　　　　　　　　　　B.长期融资

B.偿债能力分析　　　　　　　　　　D.财务生存能力分析

二、多项选择题（每题的备选项中，有2个或2个以上符合题意，至少有1个错项）

1.财务分析应遵循的基本原则有（　　　）。

A.费用与效益计算范围的前后对比原则

B.费用与效益识别的有无对比原则

C.动态分析与静态分析相结合，以动态分析为主原则

D.定性分析与定量分析相结合，以定量分析为主原则

E.基础数据确定的稳妥原则

2.下列选项中，会导致商品相对价格发生变化的因素有（　　　）。

A.消费者的消费水平发生变化　　　　　　　　　B.价格政策变化

C.劳动生产率提高　　　　D.可替代品的出现　　　　　E.货币贬值

3.财务分析涉及的价格体系有（　　　）。

A.基价体系　　　　　　　C.时价体系　　　　　　　　C.预测价格

B.影子价格　　　　　　　E.实价体系

4.关于财务分析采用价格体系的简化处理的说法中，正确的有（　　　）。

A.在项目建设期，一般只考虑通货膨胀因素的影响

B.在项目运营期内，通常盈利能力分析和偿债能力分析可以采用同一套价格，即预测的运营期价格

C.在项目运营期内，根据项目和产出的具体情况，一般选用固定价格

D.当有要求时，项目偿债能力分析和财务生存能力分析可以采用实价体系

E.当通货膨胀严重时，项目偿债能力分析和财务生存能力分析要采用时价体系

5.关于项目计算期的说法中，错误的有（　　　）。

A.项目评价用计算期即项目的建设期

B.建设进度计划中的建设工期和评价用的建设期起点相同，终点不同

C.根据项目实际，评价用建设期可能大于或等于项目实施进度中的建设工期

D.既有法人融资的项目，评价用建设期与项目建设工期一般无差异

E.新设法人项目，评价用建设期与建设工期起点没有差异

6.下列（　　　）属于经营成本的构成内容。

A.外购原材料费　　　　　B.利息支出　　　　　　　　C.修理费

D.摊销费　　　　　　　　E.工资或薪酬

7.现金流量分析分为（　　　）。

A.项目投资现金流量分析　　　　　　B.项目资本金现金流量分析

C.项目投资各方现金流量分析　　　　D.项目财务现金流量分析

E.融资前现金流量分析

8.关于所得税前和所得税后分析的说法中，正确的有（　　　）。

A.所得税前指标可以考察项目方案设计本身所决定的盈利能力

B.所得税前指标可以作为最终投资决策的主要指标

C.所得税前指标特别适用于建设方案研究中的方案比选

D.项目投资所得税后分析属于融资后分析

E.所得税后分析有助于判断在不考虑融资方案的条件下项目投资对企业价值的贡献

9.偿债能力分析主要是通过编制相关报表，计算（　　　）等比率指标，判断项目偿还债务的能力。

A.利息备付率　　　　　　B.借款偿还期　　　　　　　C.资产负债率

D.偿债备付率　　　　　　E.投资回收期

10.关于项目财务生存能力分析的表述中，正确的是（　　　）。

A.项目财务生存能力分析通过财务计划现金流量表进行

B.拥有足够的经营净现金流量是财务可持续的基本条件

C.应特别注重项目运营期前期的财务生存能力分析

D.各年净现金流量不出现负值是财务可持续的必要条件

E.财务生存能力分析应结合偿债能力分析进行

三、案例分析题

背景资料：某工业项目计算期为10年，建设期2年，第3年投产，第4年开始达到设计生产能力。建设投资2 800万元（不含建设期贷款利息），第1年投入1 000万元，第2年投入1 800万元，均匀投入。投资方自有资金2 500万元，根据筹资情况建设期分2年各投入1 000万元，余下的500万元在投产年初作为流动资金投入。建设投资不足部分向银行贷款，贷款年利率为6%。从第3年起，以年初的本息和为基准开始还贷，每年付清利息，并分5年等额还本。

该项目固定资产投资总额中，预计85%形成固定资产，15%形成无形资产。固定资产综合折旧年限为10年，采用直线法折旧，固定资产残值率为5%，无形资产按5年平均摊销。

该项目计算期第3年的经营成本为1 500万元、第4年至第10年的经营成本为1 800万元。设计生产能力为50万件，销售价格（不含税）为54元/件。产品固定成本占年总成本的40%。

问题：

1.列式计算固定资产年折旧额及无形资产摊销费，并按表8-16所列项目填写相应数字。

表8-16　　　　　　　　　某工业项目相关数据

序号	项目名称	1	2	3	4	5	6	7	8~10
1	年初借款累计								
2	本年应计利息								
3	本年应还本金								
4	本年应还利息								
5	当年折旧费								
6	当年摊销费								

2.列式计算计算期末固定资产余值。

列式计算计算期第3年、第4年、第8年的总成本费用。

实践操作训练

■ 实训操练

一、实训目的

通过实验，熟悉投资项目财务分析的基本步骤、应坚持的原则、分析过程中价格的使用，掌握财务数据估算的基本方法以及投资项目盈利能力分析、偿债能力分析的内容、相关报表的填列、指标的计算，并能利用指标的结果对项目财务可行性进行分析。

二、实验准备

（1）了解投资项目财务分析的内容和步骤。

（2）熟悉固定资产的构成内容。

（3）掌握固定资产折旧的不同方法。

（4）掌握利息支出的估算方法。

（5）掌握增值税的估算方法。

（6）掌握投资项目盈利能力分析的内容、步骤、报表填列和指标计算。

（7）掌握投资项目偿债能力分析的内容、步骤、报表填列和指标计算。

三、实训内容

1.固定资产原值估算

某项目建设投资 249 649 万元，其中固定资产费用 222 850 万元，无形资产费用 5 000 万元，其他资产费用 500 万元，预备费用 21 119 万元，固定资产进项税额 20 683 万元。

实训要求：估算该项目的固定资产原值。

2.固定资产折旧的计算

实训要求：根据实训内容 1 估算结果，假设固定资产折旧年限为 5 年，设固定资产净残值率为 10%，分别用年限平均法、年数总和法和双倍余额递减法计算各年折旧额和折旧总额。

3.长期借款利息计算

某项目还款期起初借款余额为 1 000 万元，年利率为 5%，设定的还款期限为 5 年。

实训要求：如果采用等额还本付息方法，每年还本付息额以及每年支付利息和还本额为多少？如果采用等额还本、利息照付的方法，计算结果又如何？

4.增值税估算

某制造行业项目按国家税法规定执行 16% 的增值税税率，达产期第 1 年经营成本为 3 400 万元，其中包含固定成本 1 300 万元，营业收入为 4 900 万元。（以上数据均为含增值税金额）

实训要求：计算该项目达产年应缴纳的增值税。

5.项目投资财务净现值

某投资项目前 2 年每年年末投资 400 万元，从第 3 年开始，每年年末等额回收 260 万元，项目计算期为 10 年。设基准收益率为 10%。

实训要求：计算该项目的财务净现值。

6.项目投资回收期

某投资项目的净现金流量见表 8-17。

表 8-17　　　　　　　　　　某投资项目的净现金流量　　　　　　　　　　单位：万元

年份	1	2	3	4	5
净现金流量	-200	80	40	60	100

实训要求：计算该项目的静态投资回收期。

7.资产负债率

某企业资产总额为3 773万元，流动资产总额为1 653万元，其中存货608万元；负债及所有者权益3 773万元，其中流动负债583万元，中长期借款1 183万元。

实训要求：计算该企业的资产负债率。

8.总投资收益率

某项目总投资2 000万元，建设投资借款700万元，需要支付的建设期利息为150万元，偿还期5年，在运营期内等额还本利息照付，利息率为10%，项目建成后第2年即能达产，达产年份利润总额为150万元，上缴所得税为74.25万元（享有所得税优惠政策）。

实训要求：计算该项目达产第2年的总投资收益率。

■ **综合实训案例**

案例一

背景资料：

某地拟新建一工业项目。根据预可行性研究报告提供的工艺设备清单和咨询价格资料，估算该项目主厂房设备投资4 500万元，主厂房的建筑工程费占设备投资的20%，安装工程费占设备投资的12%，其他工程费用按照设备（含安装）和厂房投资系数法进行估算，有关系数见表8-17。以上各项费用均构成项目的固定资产费用。

表8-17　　　　　　　　　　　　各项费用有关系数表

辅助工程	公用工程	服务性工程	环境保护工程	总图运输工程	工程建设其他费用
10%	12%	0.5%	2.5%	1.5%	30%

预计建设期物价上涨率为3.5%，基本预备费费率为10%。项目建设期为2年，第1年投入65%，第2年投入35%。

该项目的资金来源为自有资金和借款，贷款本金5 000万元，年利率为6%。每年贷款比例与资金投入比例相同，且在每年年中均衡使用。与银行约定，从生产期的第1年开始，按5年等额还本付息方式还款。固定资产折旧年限为10年，按平均年限法计提折旧，净残值率为5%，在生产期末回收固定资产余值。

项目生产期为8年，流动资金总额为500万元，全部来自自有资金。生产期第1年年初投入30%，其余70%在该年年末投入。流动资金在计算期末全部回收。预计生产期各年的经营成本均为2 000万元（不含增值税进项税额），营业收入（不含增值税销项税额）在生产期第1年为4 000万元，第2~8年均为5 500万元。税金及附加占营业收入的比例为6%，所得税税率为25%，行业基准收益率为15%。

实训要求：

（1）估算该项目的建设投资。

（2）计算建设期利息和还款期各年的还本额和付息额。

（3）计算该项目的固定资产余值及各年的折旧额。

（4）编制该项目的项目投资现金流量表。计算项目投资税后财务净现值，并判断该项目在财务上是否可行。

案例二

背景资料：

某拟建工业项目，基础数据如下：

（1）建设投资5 000万元（其中无形资产800万元）。建设期2年，运营期8年。

（2）项目资金来源为银行借款和项目资本金。贷款总额为2 000万元，在建设期内每年均衡投入贷款资金1 000万元。贷款年利率为10%。贷款按等额还本，利息照付的方式在项目投产后3年内还清（每年年末付息）。流动资金全部由项目资本金解决。无形资产在运营期前5年内摊销。固定资产净残值为200万元，按年限平均法计提折旧，折旧年限为8年。

（3）该项目的资金投入、收益、成本等相关数据见表8-18。

表8-18　　　　　　　　某项目资金投入、收益、成本等相关数据　　　　　　单位：万元

序号	项目	建设期		运营期					
		1	2	3	4	5	6	7	8~10
1	建设投资（不含建设期利息）	2 500	2 500						
1.1	项目资本金	1 500	1 500						
1.2	银行借款	1 000	1 000						
2	流动资金			500	125				
3	营业收入（不含税）			4 000	4 500	5 000	5 000	5 000	5 000
4	税金及附加			40	45	50	50	50	50
5	经营成本			2 000	2 250	2 500	2 500	2 500	2 500

（4）项目所得税税率为25%，盈余公积金和公益金按税后利润的15%提取。

实训要求：

（1）计算项目投产后第1年的应计利息。

（2）计算项目投产后第1年的利润总额、所得税以及应提取的盈余公积金和公益金。

（3）编制项目还本付息计划表。

（4）计算项目投产后第1年的偿债备付率，分析其偿债能力，并说明还有哪些指标反映项目的清债能力。

（5）项目评估人员依据以上计算结果，做出了项目在财务上可行的判断，这样做是否恰当？请简述理由。

第八章自测题一

第八章自测题二

第八章自测题三

第九章　投资项目不确定性分析和风险分析

学习目标

　　通过本章的学习，学生应了解不确定性和风险的含义，投资项目不确定性和风险产生的原因；掌握盈亏平衡分析、敏感性分析方法；了解风险分析的程序及内在的逻辑联系；重点掌握风险分析的专家调查法、风险因素取值评定法及概率树分析法，并能根据风险分析的结果，找出相应的风险防范对策。

学习要求一览表

能力模块	能力要求	相关知识点
不确定性和风险	熟悉不确定性和风险的含义、区别；风险产生的原因；不确定性分析和风险分析的区别和联系	（1）不确定性和风险的含义 （2）风险产生的原因 （3）不确定性分析和风险分析的区别和联系
盈亏平衡分析	掌握盈亏平衡分析的方法	（1）盈亏平衡分析的假设条件 （2）盈亏平衡点的计算 （3）盈亏平衡点的分析
敏感性分析	掌握敏感性分析的基本步骤和指标计算	（1）敏感性因素的确定 （2）敏感性指标的计算 （3）敏感性分析的基本步骤
风险分析	掌握风险分析的程序、方法和风险对策的选择	（1）风险分析的程序 （2）风险分析的基本方法 （3）风险对策

第一节 投资项目不确定性分析和风险分析概述

一、不确定性与风险

(一)不确定性的含义

在进行项目评估的财务分析时,项目评估人员根据所拥有的信息资料,进行基础数据的估算,然后计算有关财务指标,从财务上判断投资项目的可行性,最终做出项目可行与否的决策。然而,这些基础数据(包括投资、成本、产量、价格等)受政治因素、文化因素、社会因素、经济因素、资源与市场条件、技术发展情况等因素的影响,随着时间、地点、条件的改变而发生变化。这些变化可能会使投资项目经济效益的预期值与实际值出现偏差。因此,不确定性是指客观存在与主观认识之间的一种差距,反映了因难以预测后果而产生的一种怀疑态度(即不敢肯定),或者是指一种决策可能有一种以上的可能结果。

(二)风险的含义

风险是和不确定性相联系的一个概念,在数理统计上,风险被认为是介于确定性和不确定性之间的一种状态,即不幸事件发生的概率或可能性,或是人们并不希望的事件出现的可能性。对投资项目而言,风险就是导致投资项目发生损失的可能性,这种可能性会随着项目的进展而逐渐明朗起来,也即不确定性程度在减小。

(三)不确定性与风险的关系

不确定性与风险既有紧密的联系,又有所区别。两者的关系可归纳为以下几个方面:

1.不确定性是风险的起因

人们对未来事物认识的局限性、可获信息的不完全性以及未来事物本身的不确定性使得未来经济活动的实际结果可能会偏离预期目标,这就形成了投资活动结果的不确定性,从而使投资活动的主体可能得到高于或低于预期的效益,甚至遭受一定的损失,导致经济活动"有风险"。

2.不确定性与风险相伴而生

正是由于不确定性是风险的起因,所以不确定性与风险总是相伴而生的。如果不是从定义上刻意区分,往往会将它们混为一谈。即使从理论上刻意区分,实践中这两个名词也常常混合使用。

3.不确定性与风险的区别

不确定性的结果可能高于预测,也可能低于预测。若普遍的认识是结果可能低于预期,甚至遭受损失,人们将其称为"有风险"。此外,还可以用是否得知发生的可能性来区分不确定性与风险,即不知发生的可能性时,称之为不确定性;而已知发生的可能性,就称之为风险。不确定性是不可能量化的,而风险是可以量化的。

4.投资项目的不确定性与风险

在经济活动中,风险不以人们的意志为转移而客观存在着,投资项目风险也不例外。尽管在投资项目评估的全过程中已尽可能地对基本方案的各个方面进行了详尽的研究,但由于预测结果的不确定性,项目将来经营的状况可能会与设想发生偏离,项目实施后的实际结果可能与预测的基本方案的结果产生偏差，有可能使实际结果低于预期，从而使投资项目面临潜在的风险。

二、不确定性与风险产生的原因

产生不确定性和风险的原因很多，既有主观的原因，也有客观的原因。信息的不对称性和人的有限理性，决定了项目评估人员不可能准确无误地预测未来的一切。客观方面的原因大致可以分为以下几个方面：

1.市场供求和生产能力的变化

项目的建设期一般比较长，投产后的经济寿命也较长。在市场经济条件下，商品供求关系主要靠价值规律调节，人们的需求结构、需求数量变化频繁，难以预测，有可能使生产能力过剩。投资项目建设过程中的种种问题，有可能使项目的生产能力达不到原来的设计标准。这些都会使投资项目的规模效益下降，减少利润甚至导致亏损。

2.工艺技术方案和技术装备的更改、变化

在项目执行过程中或投产过程中，发生工艺技术方案及技术装备的更改、变化，会给企业的经济效益和经营成本带来影响，引起投资效益指标的变化，从而造成项目的不确定性。

3.建设工期、建设资金需求和结构的变化

建设工期延长会增加项目贷款利息，提高建设成本。建设资金或经济资金结构变动，如自有资金比重下降，债务资金比重上升等情况，都会影响建设成本和经营成本，这些影响的结果最终均反映在投资经济效益上。

4.经济环境的变化

在市场经济条件下，国家的宏观经济调控政策如产业政策、税收政策，各种改革措施如企业经营制度的改革，以及社会经济发展本身对投资项目都有着重要影响，都会影响投资项目的效益，使投资项目具有不确定性。

5.社会、政治、法律、文化等方面的影响

社会、政治、法律、文化等因素构成投资项目的一般环境，尤其是政治因素对项目的影响很大。在政治比较稳定的时期，实现项目预期效益的可能性就大；反之，就会影响项目预期效益的实现。

6.自然和资源条件的影响

投资项目的建设，必然需要一定的自然条件和一定的资源供给。项目评估必须对项目建设所在地的自然条件以及项目所需资源的供给条件进行认真的分析研究，必须注意分析自然和资源条件变化对项目产生的影响。

以上种种不确定因素的客观存在，使人们很难完全预见投资项目的实际投资效果，这给投资项目决策带来了风险，因此有必要在财务分析的基础上，进行不确定性分析和风险分析，减轻各种不确定因素对投资项目的不利影响，提高投资决策的水平。

三、不确定性分析与风险分析

（一）不确定性分析与风险分析的概念

通过分析投资项目各个技术经济变量（不确定因素）的变化对投资项目经济效益的影响，分析投资项目对各种不确定因素变化的承受能力，进一步确认项目在财务和经济上的可靠性，这个过程称为不确定性分析。

通过分析各个技术经济变量（不确定因素）的变化及变化的可能性大小对投资项目经济效益的影响，这时一个不确定性问题就会转变成一个风险问题（或是一个确定性问题），这个过程就是风险分析。

不确定性分析方法主要有盈亏平衡分析和敏感性分析。一般来讲，盈亏平衡分析只适用于项目的财务分析；敏感性分析既适用于财务分析，同时也适用于经济分析。不确定性分析主要是定量分析。

风险分析常采用定量分析和定性描述相结合的方法。因为投资项目所涉及的风险因素有些是可以量化的，可以通过定量分析的方法对它们进行估计和分析；但同时在客观上也存在着许多不可量化的风险因素，它们有可能给项目带来更大的风险，有必要对不可量化的风险因素进行定性的描述。从可操作性的角度分析，投资项目风险分析常采用的定量分析方法是概率分析法。

（二）不确定性分析与风险分析的区别与联系

在进行财务分析的基础上，为了提高预测结果的准确性，投资项目既需要作不确定性分析，也需要作风险分析，两者的分析内容、方法和作用不同。不确定性分析只是对投资项目受各种不确定因素的影响进行分析，并不可能知道这些不确定因素可能出现的各种状况及发生的可能性；而风险分析则要通过预知不确定因素（以下称风险因素）可能出现的各种状况及发生的可能性，求得其对投资项目的影响，进而对风险程度进行判断，做出风险条件下的投资决策。

不确定性分析与风险分析之间也有一定的联系。例如，由敏感性分析可以得知，影响项目效益的敏感因素和敏感程度（所谓敏感是指某个因素或变量的较小变化将会引起项目评价指标的较大变化以至于有可能改变决策的结果），但不知这种影响发生的可能性，如需要得知可能性，就必须借助于概率分析（风险分析）。通过敏感性分析所找出的敏感因素可以作为概率分析风险因素的确定依据。

第二节　投资项目不确定性分析

不确定性分析就是分析可能的不确定因素对经济评价指标的影响，从而估计项目可能承担的风险，确定项目在经济上的可靠性。不确定性分析主要包括盈亏平衡分析和敏感性分析。

一、盈亏平衡分析

（一）盈亏平衡分析的含义

盈亏平衡分析是指在项目达到设计生产能力的条件下，通过计算盈亏平衡点来分析拟建项目成本费用与收益的平衡关系，判断拟建项目适应市场变化能力和抵抗风险能力的一种分析方法，也称为量本利分析。盈亏平衡分析根据现行的会计制度、税收制度和价格进行分析和计算，一般只在财务分析中使用。

盈亏平衡点是项目盈利与亏损的分界点，它标志着项目不盈不亏的生产经营临界水平。在这一点上，项目当年的营业收入扣除税金及附加和所得税后等于总成本费用，此时项目的经营结果是既无盈利也无亏损。通过盈亏平衡点的计算，有助于发现项目增加盈利的机会和确定各个有关因素变动对利润的影响程度。

盈亏平衡分析分为线性盈亏平衡分析和非线性盈亏平衡分析。在项目评估中，一般使用线性盈亏平衡分析。

（二）线性盈亏平衡分析的计算与分析

1.线性盈亏平衡分析的假设条件

进行线性盈亏平衡分析需要符合以下假设条件：

（1）生产量等于销售量，即当年生产的产品或服务（扣除自用量）全部销售出去。

（2）产量变化，单位可变成本不变，从而总成本费用是生产量的线性函数。

（3）产量变化，产品销售价格不变，从而营业收入是销售量的线性函数。

（4）只生产单一产品，或生产多种产品，但可以换算为单一产品计算，也即不同产品

负荷率的变化是一致的。

2.线性盈亏平衡分析的公式计算法

（1）以产量表示的盈亏平衡点。

根据前述的假设条件，得到盈亏平衡分析基本损益方程式：

$$S = C + T \times Q$$

$$P \times Q = F + V \times Q + T \times Q$$

将上式整理，并以 Q_{BEP} 替代 Q，得：

$$Q_{BEP} = \frac{F}{P - V - T}$$

式中：S——产品的营业收入；C——产品总成本费用；T——单位产品税金及附加；P——产品销售单价；Q——年产量；F——年固定成本；V——单位产品可变成本；BEP——盈亏平衡点。

上式中的相关数字均是以不含增值税价格计算的，如果采用含增值税价格，分母中应再减去单位产品增值税。

上式表明，当产量达到 Q_{BEP} 时，项目即可达到盈亏平衡。以产量表示的盈亏平衡点，表明项目不发生亏损时必须达到的最低限度的产量，即 Q_{BEP} 是项目生产达到保本时的产量。一个拟建项目如果具有较小的 Q_{BEP}，表明该项目适应市场变化的能力较强，抵抗风险的能力较强。

（2）以生产能力利用率表示的盈亏平衡点。

生产能力利用率的盈亏平衡点是指盈亏平衡时的销售量占企业正常销售量的比例。即：

$$R_{BEP} = \frac{Q_{BEP}}{Q} \times 100\% = \frac{F}{(P - V - T)Q} \times 100\%$$

如采用含税价格，分母中应再减去年增值税。

上式表明，当生产能力利用率达到 R_{BEP} 时，项目即可达到盈亏平衡。以生产能力利用率表示的盈亏平衡点，表明项目不发生亏损时必须达到的最低限度的生产能力，即 R_{BEP} 是项目生产达到保本点时的生产负荷。一个拟建项目如果有较小的 R_{BEP}，表明该项目适应市场变化的能力较强，抵抗风险的能力较强。

（3）以产品销售价格表示的盈亏平衡点。

由盈亏平衡分析基本损益方程式可得盈亏平衡时的销售单价为：

$$P_{BEP} = \frac{F}{Q} + V + T$$

如采用含税价格，上式中应再加上单位产品增值税。

以销售单价表示的盈亏平衡点，表明项目不发生亏损时必须保持的最低价格，即 R_{BEP} 是项目生产达到保本点时的价格。如果项目有较小的 R_{BEP}，表明项目适应市场价格下降的能力较强，抵抗风险能力较强。

3.线性盈亏平衡分析的图解法

把盈亏平衡的各因素及其关系用直角坐标图来反映，这种方法称为盈亏平衡分析的图解法。用图解法画出的图表称为盈亏平衡图。

盈亏平衡图的横轴表示产销量，纵轴表示收入额或成本额。先确定固定成本线，再在图上画出总成本线和销售收入线。销售收入线与总成本线的相交处，即为盈亏平衡点；从盈亏平衡点画一条垂直线，与横轴的相交处，即为以产量表示的盈亏平衡点；从盈亏平衡点画一条垂直线，与纵轴的相交处，即以金额表示的盈亏平衡点。在盈亏平衡点的右侧，销售收入线与总成本线之间的区域，表示企业可能获得的利润的区域；在盈亏平衡点的左侧，销售收入线与总成本线之间的区域，表示企业可能发生的亏损的区域。盈亏平衡图如图9-1所示。

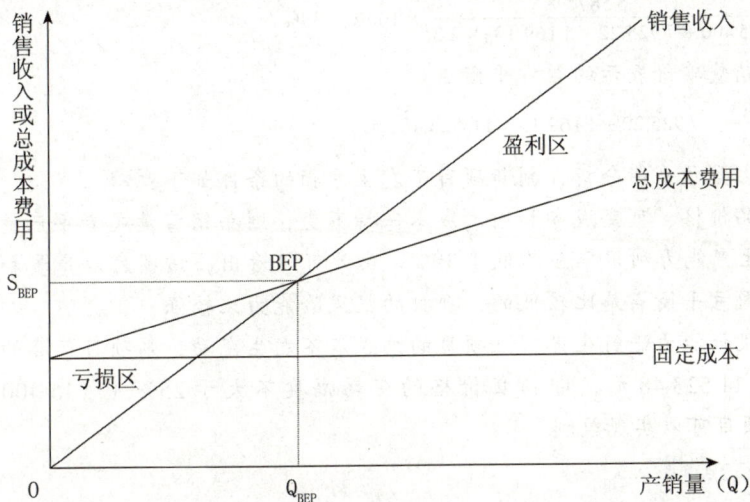

图9-1　盈亏平衡图

盈亏平衡图可以大致勾画出拟建项目经营状况的轮廓，直观地揭示出需要管理层采取行动的重点。例如对于铁路、港口、电力等固定成本较大的项目，盈亏平衡点处的产量也较高，为了增加这类项目的盈利，必须尽量增大产量以求得较高的收入，并扩大盈利区域。铁路和港口要改善车辆和船舶调度，增加货运量或提高港口吞吐能力；电厂要提高容量因子，降低厂内用电。轻工业项目的固定成本低，盈亏平衡点也较低，为了提高项目的盈利水平，应尽量减少变动成本，如降低原材料能源消耗、提高劳动生产率或加速产品的升级换代、增加花色品种等，以提高产品的销售价格，从而提高其盈利能力。

（三）盈亏平衡分析注意要点

（1）盈亏平衡点应按照项目达产年份的数据计算，不能按计算期内的平均值计算。

由于盈亏平衡点表示的是相对于设计生产能力，达到多少产量或生产负荷才能实现盈亏平衡，或为保持盈亏平衡最低销售价格是多少。因此，必须按照项目达产年份的销售收入和成本费用数据进行计算。否则，按计算期内各年平均数据计算，就失去了意义。

（2）当计算期内各年数值不同时，最好按还款期间和还款后的年份分别计算。由于存在还款期，各年利息数额不同，折旧费和摊销费也不尽相同，所以成本费用的数据可能因年而异，具体按哪年数据计算盈亏平衡点，可根据项目情况选择。一般情况下，最好选择还款期间的第1个达产年和还完款以后的年份分别计算，以便分别得出最高的盈亏平衡点和最低的盈亏平衡点。

【例9-1】某项目年产2.3万吨A产品，年生产总成本23 815万元，其中固定成本5 587万元，单位可变成本7 925.22元，销售单价为每吨15 400元，单位销售税费为1 169.13元。试计算盈亏平衡点并进行盈亏平衡分析（以上均为不含税金额）。

解答：

（1）以产量表示的盈亏平衡点。

$$Q_{BEP} = \frac{5\,587}{15\,400 - 7\,925.22 - 1\,169.13} = 0.89\,(万吨)$$

（2）以生产能力利用率表示的盈亏平衡点。

$$R_{BEP} = \frac{5\,587}{(15\,400 - 7\,925.22 - 1\,169.13) \times 2.3} \times 100\% = 39\%$$

（3）以销售单价表示的盈亏平衡点。

$$P_{BEP} = \frac{5\,587}{2.3} + 7\,925.22 + 1\,169.13 = 11\,523.48\,(元)$$

通过以上盈亏平衡分析，判断项目不发生亏损的条件如下：

如果产品价格、可变成本和固定成本保持不变，则年销售量或者年产量应满足大于0.89万吨，生产能力利用率应不低于39%。由此可以看出，该项目以产量和生产能力利用率表示的盈亏平衡点是比较低的，项目的抗风险能力比较强。

如果按设计能力进行生产，且项目的总成本不发生变动，则项目产品的销售单价应满足不低于11 523.48元，即销售价格的变动幅度不大于25%（（15 400-11 523.48）÷15 400），项目可以实现盈利。

二、敏感性分析

（一）敏感性分析的基本原理

1.敏感性分析的含义

敏感性分析是通过考察项目的不确定因素的变化对项目评价指标的影响，从中找出敏感性因素，确定评价指标对该因素的敏感程度和项目对其变化的承受能力的一种不确定性分析方法。敏感性分析也称为灵敏度分析。

敏感性分析侧重于对最敏感的关键因素及其敏感程度进行分析。通常是分析单个因素的变化对评价指标的影响程度，称为单因素敏感性分析；必要时也可以分析两个或多个不确定因素的变化对项目经济效益指标的影响程度，称为多因素敏感性分析。在投资项目评估中，一般使用单因素敏感性分析。

2.不确定因素与敏感性因素

在项目的寿命期内可能发生变化的因素主要有：产品的产量、产品价格、产品成本、固定资产投资、建设工期、汇率、生产负荷、折现率等。由于它们都带有一定程度的不确定性，所以称为不确定因素。它们数值的变动，都会对项目经济评价指标产生影响。

但是，上述不确定因素的数值在同一变动幅度下，对项目经济评价指标的影响程度是不同的。也就是说，各个指标值如净现值、内部收益率等对各种不确定因素变化的反映程度是不一样的。所谓"敏感性因素"，就是指其数值的较小变动使项目经济评价指标发生较大变动或对其产生显著影响的因素。

敏感性分析，就是为了筛选出不确定因素中的敏感性因素，了解投资项目的风险根源和风险大小，集中力量对敏感性因素进行研究，尽量降低敏感性因素的不确定性，进而降低项目风险，提高决策的准确性。

（二）单因素敏感性分析

单因素敏感性分析，就是假定其他因素保持不变，仅就单个因素的变动，分析其对项目经济效益或效果产生的影响。

1.单因素敏感性分析的程序

（1）不确定因素的选取。在影响投资项目效益的多个不确定因素中，可以根据以下两条原则选择主要的不确定因素进行敏感性分析：一是预计在可能的变动范围内，该因素的变动将会极大地影响项目投资效益；二是对在确定性分析中所采用的该因素的数据来源的可靠性、准确性把握不大。一般情况下，确定敏感性分析的因素可从下列因素中选定：投资额、产品价格、产品销售量、经营成本、变动成本、项目寿命期、折现率等，也可以结合行业和项目特点，根据经验加以判断。

（2）敏感性分析效益指标的选取。由于敏感性分析是在确定性分析的基础上进行的，故敏感性分析指标应与确定性分析所使用的指标相一致。一般选择财务内部收益率和财务净现值作为敏感性分析的指标。

（3）研究并设定不确定因素的变动范围。敏感性分析通常是针对不确定因素的不利变化进行的，为绘制敏感性分析图的需要，也可考虑分析不确定因素的有利变化。一般地，选择不确定因素按照一定的变化幅度（如±5%、±10%、±15%和±20%等）发生变化，通常选择±10%；对于那些不便使用百分数表示的因素如建设期，可采用延长一段时间表示，通常延长一年。

（4）逐一计算不确定因素变动引起的经济评价指标的变动。逐一计算在其他因素不变时，某一不确定因素的数值在可能的变动范围内变动所引起的经济评价指标的变动值，并建立一一对应关系，用表格或图形予以表示。

（5）计算敏感性分析指标，确定敏感性因素。计算的敏感性分析指标包括敏感度系数和临界点。

①敏感度系数。敏感度系数也称灵敏度，是指项目评价指标变化的百分率与不确定因素变化的百分率之比。敏感度系数高，表示项目效益对该不确定因素的敏感程度高。其计算公式如下：

$$S_{AF} = \frac{\Delta A/A}{\Delta F/F}$$

式中：S_{AF}——评价指标 A 对于不确定因素 F 的敏感度系数；A——评价指标的目标值；

F——分析的不确定性因素的预期值（估计值）；ΔA/A——不确定因素 F 发生 ΔF 变化时，评价指标 A 的相应变化率；ΔF/F——不确定因素 F 的变化率；$S_{AF}>0$，表示评价指标与不确定因素同方向变化；$S_{AF}<0$，表示评价指标与不确定因素反方向变化。$|S_{AF}|$ 较大者，说明该因素的变化对项目指标的影响比较大，即敏感度系数高。

②临界点与临界值。临界点是指不确定因素的变化使项目由可行变为不可行的极限变化数值。以财务内部收益率为例，即指该不确定因素使项目内部收益率等于基准收益率或净现值变为零时的变化百分率。临界点也可用该百分率对应的具体数值表示，该数值称为临界值。当不确定因素的变化超过了临界点（或临界值）所表示的不确定因素的极限变化时，项目内部收益率指标将会转为低于基准收益率，表明项目由可行变为不可行。

临界点的高低与设定的基准收益率有关，对于同一个投资项目随着设定基准收益率的提高，临界点就会降低。而在一定的基准收益率下，临界点越低，说明该因素对项目效益指标影响越大，项目对该因素就越敏感。

临界点的计算主要使用内插法，也可使用计算机软件的函数或图解法求得。由于项目评价指标的变化与不确定因素变化之间不是直线关系，通过敏感性分析图求得临界点的近似值，有时有一定的误差。

（6）提出敏感性分析的结论和建议。结合确定性分析与敏感性分析的结果，可以粗略预测项目可能的风险，对项目作进一步评价，并为下一步风险分析打下基础，同时还可以进一步寻找控制风险相应的对策。如果进行敏感性分析的目的是对不同的投资项目进行选择，一般应选择敏感度系数小、承受风险能力强、可靠性大的项目或方案。

2.单因素敏感性分析在投资项目决策中的应用

【例 9-2】某项目设计生产能力为 10 万吨，计划总投资为 1 800 万元，建设期 1 年，投资期期初一次性投入，产品销售价格为每吨 63 元，年经营成本为 250 万元，项目生产期为 10 年，期末预计设备残值收入为 60 万元，基准收益率为 10%。试就投资额、产品价格（销售收入）和经营成本等影响因素对该投资方案进行敏感性分析。

解：选择净现值敏感性分析的对象，根据题意计算出项目的净现值，即：

$$FNPV = -1\,800 + (63 \times 10 - 250) \times (P/A, 10\%, 10) + 60 \times (P/F, 10\%, 10) = 558.26 （万元）$$

由于 FNPV > 0，从财务分析的角度看，该项目是可行的。

以下进行敏感性分析：

第一步，选定三个不确定因素：投资额、产品价格和经营成本，编制敏感性分析表（见表 9-1）。

表 9-1　　　　　　　　　　　　　敏感性分析表

不确定因素	-20%	-10%	0%	10%	20%
投资额		★		★	
产品价格		★		★	
经营成本		★		★	

第二步，为简单起见，选定FNPV作为项目效益的分析指标。

第三步，确定不确定因素的变动范围为±10%（见表9-1）。

第四步，计算各不确定因素分别在±10%的范围内变动时，对净现值（FNPV）的影响。

（1）设投资额变动的百分比为x，计算FNPV相应的变动数值。

$$FNPV = -1\,800 \times (1+x) + (63 \times 10 - 250) \times (P/A, 10\%, 10) + 60 \times (P/F, 10\%, 10)$$

当x=-10%时，方程为：

$$FNPV = -1\,800 \times 0.9 + (63 \times 10 - 250) \times 6.144\,6 + 60 \times 0.385\,5$$
$$= 738.26 (万元)$$

当x=10%时，方程为：

$$FNPV = -1\,800 \times 1.1 + (63 \times 10 - 250) \times 6.144\,6 + 60 \times 0.385\,5$$
$$= 378.26 (万元)$$

（2）设产品价格变动的百分比为y，计算FNPV相应的变动数值。

$$FNPV = -1\,800 + \left[63 \times (1+y) \times 10 - 250 \right] \times (P/A, 10\%, 10) + 60 \times (P/F, 10\%, 10)$$

当y=-10%时，方程为：

$$FNPV = -1\,800 + (63 \times 0.9 \times 10 - 250) \times 6.144\,6 + 60 \times 0.385\,5$$
$$= 171.15 (万元)$$

当$y = 10\%$时，方程为：

$$FNPV = -1\,800 + (63 \times 1.1 \times 10 - 250) \times 6.144\,6 + 60 \times 0.385\,5$$
$$= 945.37 (万元)$$

（3）设经营成本变动的百分比为z，计算FNPV相应的变动数值。

$$FNPV = -1\,800 + \left[63 \times 10 - 250(1+z) \right] \times (P/A, 10\%, 10) + 60 \times (P/F, 10\%, 10)$$

当z=-10%时，方程为：

$$FNPV = -1\,800 + (63 \times 10 - 250 \times 0.9) \times 0.614\,46 + 60 \times 0.385\,5$$
$$= 711.87 (万元)$$

当z=10%时，方程为：

$$FNPV = -1\,800 + (63 \times 10 - 250 \times 1.1) \times 6.144\,6 + 60 \times 0.385\,5$$
$$= 404.64 (万元)$$

第五步，计算每个不确定因素的敏感度系数S_{AF}。

（1）投资额的敏感度系数。

当x=-10%时：

$$S_{AF} = \frac{(738.26 - 558.26) \div 558.26}{-0.1} = -3.22$$

当x=10%时：

$$S_{AF} = \frac{(378.26 - 558.26) \div 558.26}{0.1} = -3.22$$

（2）产品价格的敏感度系数。

当y=-10%时：

$$S_{AF} = \frac{(171.15 - 558.26) \div 558.26}{-0.1} = 6.93$$

当y=10%时：

$$S_{AF} = \frac{(945.37 - 558.26) \div 558.26}{0.1} = 6.93$$

（3）经营成本的敏感度系数。

当 z=-10% 时：

$$S_{AF} = \frac{(711.87 - 558.26) \div 558.26}{-0.1} = -2.75$$

当 z=10% 时：

$$S_{AF} = \frac{(404.64 - 558.26) \div 558.26}{0.1} = -2.75$$

第六步，用内插法计算每个不确定因素的临界点和临界值。

（1）投资额的临界点和临界值。

设投资额变化的临界点为 x：

$$\frac{738.26 - 378.26}{0 - 378.26} = \frac{-10\% - 10\%}{x - 10\%}$$

求得：x=0.31

投资额变化的临界值为：

1 800×（1+0.31）=2 358（万元）

（2）产品价格的临界点和临界值。

设产品价格变化的临界点为 y：

$$\frac{171.5 - 945.37}{0 - 945.37} = \frac{-10\% - 10\%}{y - 10\%}$$

求得：y=-0.14

销售单价变化的临界值为：

63×（1-0.14）=54.18（元）

（3）经营成本的临界点和临界值。

设经营成本变化的临界点为 z：

$$\frac{711.87 - 404.64}{0 - 404.64} = \frac{-10\% - 10\%}{z - 10\%}$$

求得：z=0.36

经营成本的临界值为：

250×（1+0.36）=340（万元）

第七步，填写敏感度系数和临界点分析表，见表9-2。

表9-2　　　　　　　　敏感度系数和临界点分析表

序号	不确定因素	不确定因素变动范围（%）	财务净现值（万元）	敏感度系数	临界点	临界值
1	基本方案		558.26			
2	投资额	-10%	738.26	-3.22	31%	2 358万元
		+10%	378.26	-3.22		
3	产品价格	-10%	171.15	6.93	-14%	54.18元
		+10%	945.37	6.93		
4	经营成本	-10%	711.87	-2.75	36%	340万元
		+10%	404.64	-2.75		

第八步，绘制敏感性分析图，如图9-2所示。

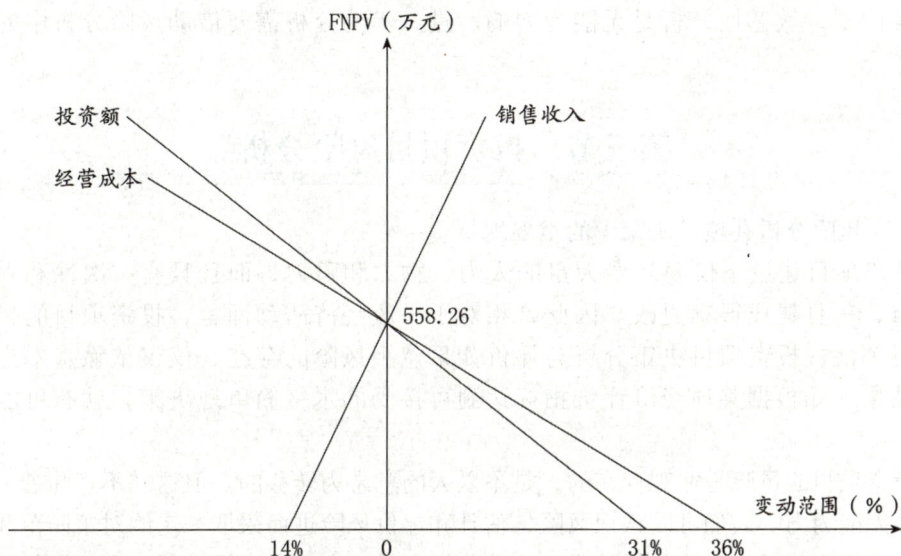

图 9-2　单因素敏感性分析图

第九步，根据敏感度系数和临界点分析表及敏感性分析图进行综合性分析。

由表9-2和图9-2可以明显地看出，三个不确定因素对FNPV指标的影响按从大到小顺序排列，依次为：产品价格（销售收入）、投资额、经营成本。

当产品价格下降幅度超过14%时，净现值由正变负，也即项目由可行变为不可行。产品价格最低不能低于54.18元。

当投资额增加的幅度超过31%时，净现值由正变负，也即项目由可行变为不可行。投资额最高不能高于2 358万元。

当经营成本上升的幅度超过36%时，净现值由正变负，也即项目由可行变为不可行。经营成本最高不能高于340万元。

其中，产品价格（销售收入）是最敏感的因素，因此，从项目决策的角度来讲，应当对产品价格进一步作更准确的测算。因为从项目风险的角度来讲，如果未来产品销售收入发生变化的可能性较大，则意味着这一项目的风险也较大。

（三）对敏感性分析的认识

敏感性分析是项目经济评价经常用到的一种方法，是投资项目决策中的一个重要程序。它在一定程度上对不确定因素的变动对项目投资效益的影响作了定量的描述，可以确定使方案在经济上可行所允许的不确定因素发生不利变动的最大幅度，帮助项目分析人员识别影响项目或项目方案效果的最为敏感的因素并采取相应的措施进一步优化设计方案。

但是敏感性分析在使用中也有明显的局限性。它仍然不能说明不确定因素发生变动的可能性大小，也就是没有考虑不确定因素在未来发生变动的概率，而这种概率与项目的风险紧密相联。在实务中，我们经常会遇到这样的情况：某些因素可能是敏感性因素，但是它在未来发生不利变动的可能性很小，实际上它给项目带来的风险并不大；另外的一些因素，虽然它们不太敏感，不是敏感性因素，但由于它们在未来发生不利变化的可能性很大，因而实际上给项目带来的风险可能比敏感性因素还要大。对于此类问题，敏感性分析是无能为力的。进一步的分析需要借助风险分析中的概率分析。

第三节　投资项目风险分析

一、风险分析在项目决策中的重要地位

投资项目建设不仅要耗费大量的人力、物力和财力，而且具有一次性和固定性的特点，一旦建成很难更改。因此，相对于一般经济活动而言，投资项目的风险尤为值得关注。投资项目决策分析与评价如果忽视风险的存在，仅仅依靠基本方案的预期结果，如根据某项经济评价指标达到可接受的水平简单地决策，就有可能蒙受损失。

投资项目的风险是客观存在的，是不以人的意志为转移的。但这并不意味着人类面对风险无能为力。人们可以认识风险，估计和评价风险进而采取一定的对策防范和控制风险。在投资项目的决策分析阶段，决策分析人员应充分考虑投资项目可能面临的各种风险因素，揭示这些风险因素发生可能性的大小，并提出在项目的实施和经营中加以防范和控制的对策。这样，一方面可以避免因在决策中忽视风险的存在而蒙受损失，另一方面还可以为项目的全过程风险管理打下基础。

风险分析是认识项目可能存在的风险因素，估计这些风险因素发生的可能性及由此造成的影响，分析为防止或减少不利影响而采取对策的一系列活动，它包括风险识别、风险估计、风险评价和风险应对四个基本阶段。

二、风险识别

风险识别就是要确定对项目评价指标有决定性影响的关键变量，它是风险分析的基础。

（一）风险识别的原则

（1）具有不确定性和可能造成损失是风险的最基本特征，要从这个基本特征入手去识别风险因素。

（2）投资项目风险具有阶段性，在项目的不同阶段存在的主要风险有所不同，因此识别风险因素要考虑其阶段性。

（3）投资项目风险因项目和行业不同具有特殊性，因此风险因素的识别要注意针对性，强调具体项目具体分析。

（4）投资项目风险具有相对性，对于项目的有关各方（不同风险管理主体）可能会有不同的风险，或者同样的风险因素在不同方面体现出的影响大小不同，因此识别风险时要注意其相对性。

（二）风险识别的方法

风险识别应根据项目的特点选用适当的方法。风险识别常用的方法有资料分析法、专家调查法、敏感性分析法、系统分解法（也称层次分解法）和情景分析法等。具体操作中，一般采用前三种方法。

（1）资料分析法。资料分析法是指根据类似项目的历史资料寻找对项目有决定性影

响的关键变量。

（2）专家调查法。专家调查法是指根据对拟建项目所在行业的市场需求、生产技术状况、发展趋势等的全面了解，并在专家调查、定性分析的基础上，确定关键变量。

（3）敏感性分析。敏感性分析是风险识别的重要手段，通过敏感性分析，将那些最为敏感的因素确定为关键变量。

（三）投资项目的主要风险

1.市场风险

市场风险是竞争性项目常遇到的重要风险。它的损失主要表现在项目产品销路不畅、产品价格较低等，以致产销量和销售收入达不到预期的目标，使项目的预期收益受损。市场方面涉及的风险因素较多，主要来自三个方面：一是市场供求总量的实际情况与预测值有偏差；二是项目产品缺乏市场竞争力；三是实际价格与预测价格有偏差。

2.技术风险

在进行项目评估过程中，虽然对拟采用技术的先进性、可靠性、适用性和可得性进行了必要的论证分析，选定了认为合适的技术，但是由于各种主观和客观原因，仍然可能发生预想不到的问题，使投资项目遭受损失。

3.资源风险

资源风险主要是指资源开发项目，如金属与非金属、石油、天然气等矿产资源的储量、品位、可开采量及采选方式等与原预测结果产生较大偏离，导致项目开采成本增高、产量降低或者开采期缩短的可能性。

在水资源短缺地区建设项目或者项目本身耗水量大时，水资源风险因素也应予以重视。制造业或某些基础设施的项目，其外购原材料和燃料的来源存在可靠性风险问题，运输条件和保障程度也可能是风险因素之一。

4.工程风险

对于矿山、铁路、港口、水库以及部分加工项目，工程地质或水文地质情况十分重要，但限于技术水平，有可能勘测不清，致使在项目的生产运营甚至施工期间就出现问题，造成经济损失。因此，在地质情况复杂的地区开发项目时，这方面的风险因素分析是尤为重要的。

5.投资风险

投资方面的风险因素可以细分为：由于工程量预计不足、设备材料价格上升导致投资估算不满足需要；由于计划不周全或外部条件因素导致建设工期拖延；由于外汇汇率的不利变化导致投资增加等。这其中有人为因素，也有客观因素，应予以仔细识别。

6.融资风险

投资项目的经济效益与目标融资成本有关，凡影响融资成本的因素都应仔细识别。资金来源的可靠性、充足性和及时性，也是应予以考虑的风险因素。

7.外部环境风险

对于某些项目，外部环境因素也是风险因素之一，包括自然环境、经济环境和社会环境因素的影响。例如，项目选址不当，项目对社区和生态环境法人影响估计不足，或是项目环保措施不当，在项目建成后，可能给社会和生态带来严重影响，引起社区居民和社会的反对，造成直接的经济损失。

8.政策风险

政策风险是指由于政府政策调整，使项目原定目标难以实现造成损失，如税收、金融、环保、产业政策等的调整变化，税率、利率、汇率、通货膨胀率的变化都会对项目经济效益带来影响。

9.配套条件风险

投资项目需要外部配套设施，如供水排水、供电供气、公路铁路、港口码头以及上下游企业和产品的配套等，项目规划中虽然都作了考虑，但实际上仍然可能存在外部配套设施没有如期落实，致使投资项目不能发挥应有的效益，从而带来风险。

10.其他风险

对于某些项目，还要考虑其特有的风险因素。例如，对于中外合资项目，要考虑合资对象的法人资格和资信问题，还有合作的协调性问题。对于农业投资项目，还要考虑气候、土壤和水利等条件的变化对收成不利影响的风险因素等。

三、风险估计

风险估计是指在风险识别之后，通过定性或定量的方法估计风险发生的可能性及对项目的影响程度。常用的风险估计方法主要有专家评估法、风险因素取值评估法、概率树分析法等。

（一）专家评估法

专家评估法是以发函、开会或其他形式向专家进行调查，由其对项目风险因素及风险程度进行评定，将众多专家的意见集中起来形成分析结论的一种定性分析方法。由于它比一般的经验识别方法更具客观性，因此应用更为广泛。采用专家评估法时，所聘请的专家应熟悉该行业和所评估的风险因素，并能做到客观、公正。为减少主观性，专家人数一般应在20位左右，至少不低于10位。

（二）风险因素取值评估法

风险因素取值评估法是一种专家定量评定方法。它是就风险因素的最乐观值、最悲观值和最可能值向专家进行调查，然后根据专家给出的估计值计算出期望值，再将所有专家期望值的平均值与项目评估所采用的值相比较，求得两者的偏差值和偏差程度，据以判别风险程度。偏差值和偏差程度越大，风险程度越高。期望值的计算公式为：

$$期望值 = \frac{最乐观值 + 4 \times 最可能值 + 最悲观值}{6}$$

【例9-3】某项目财务分析中产品销售价格为4 000元/吨，采取专家定量评定法，应用最乐观值、最悲观值和最可能值进行价格风险估计。专家对销售价格的估计值见表9-3。

表 9-3　　　　　　　　　　　　　　　　风险因素取值评定

风险因素名称：销售价格　　　　　　财务分析采用值：4 000元/吨　　　　　　　　　单位：元/吨

专家	最乐观值（A）	最可能值（B）	最悲观值（C）	期望值（D）
1	4 000	3 700	3 500	3 717
2	4 100	3 900	3 700	3 900
3	3 800	3 700	3 600	3 700
4	4 200	4 000	3 800	4 000
5	3 500	3 300	3 200	3 317
期望平均值	3 727			
偏差值	3 727-4 000=-273			
偏差程度（%）	-273÷4 000=-6.8%			

注：（1）期望平均值 $= \dfrac{\sum\limits_{i=1}^{n} D_i}{n}$（其中，$i$为专家号，$n$为专家人数）；

（2）偏差值=期望平均值-采用值；

（3）偏差程度 $= \dfrac{\text{偏差值}}{\text{采用值}}$。

（三）概率树分析法

概率树分析法是运用概率论和数理统计原理，针对风险因素的概率分布和风险因素对评价指标的影响所进行的定量分析。概率树分析法一般按下列步骤进行：

第一步，选定一个或几个评价指标，通常将内部收益率、净现值作为评价指标。这些评价指标都称为随机变量（随机内部收益率、随机净现值），即随着各种风险因素的变化而变化。

第二步，选定需要进行概率分析的风险因素，通常有产品价格、销售量、主要原材料价格、投资额及外汇汇率等，判断出各风险因素可能出现的状态及其发生的概率。这一步是概率分析的关键，也是概率分析的基础。

风险因素概率分布估计方法，应根据评价的需要、资料的可得性及费用条件来选择，或者通过专家调查法确定（如前述），或者利用历史统计资料和数理统计分析方法进行测定。

第三步，完成多种风险因素不同状态的组合。我们可以借助"概率树"来描述各种因素不同状态的组合，并求出评价指标（内部收益率、净现值）的相应取值和概率分布。

第四步，计算评价指标（如内部收益率、净现值）的期望值和项目可接受的概率。

第五步，分析计算结果，判断其可接受性，研究减轻和控制不利影响的措施。

【例9-4】 已知某工程项目寿命期10年，基础数据见表9-4。基准折现率为10%。通过统计资料分析和主观预测、估计，给出了年销售收入和经营成本两个独立的不确定因素可能发生的变动及相应的概率，具体见表9-5。试对项目进行概率树分析。

表9-4 　　　　　　　　　　　工程项目基础数据表　　　　　　　　　单位：万元

项目 ＼ 年度	0	1～10
投资额	200	
年销售收入（S）		80
年经营成本（C）		40

表9-5 　　　　　　　　　　项目不确定因素变动率及其概率

不确定因素 ＼ 概率 ＼ 变动率	状态1 +20%	状态2 0	状态3 -20%
年销售收入（S）	0.5	0.4	0.1
年经营成本（C）	0.5	0.4	0.1

解答：

第一步：根据题意，可以选择净现值NPV作为概率分析评价指标。

第二步：根据本题给出的数据，题目本身已经完成了上述概率树分析的第二步，即已经得到了年销售收入（S）和年经营成本（C）两种独立的不确定因素可能发生的变动率及其发生的概率。

已知S和C的变动率，可各自求出它们三种状态下的数额及其发生的概率，见表9-6（i=1，2，3）。

表9-6 　　　　　　　　　　　三种状态下的数据

三种状态下的销售收入 S_i		三种状态下的经营成本 C_i	
数额（万元）	发生的概率	数额（万元）	发生的概率
$S_1=80\times(1+20\%)=96$	0.5	$C_1=40\times(1+20\%)=48$	0.5
$S_2=80$	0.4	$C_2=40$	0.4
$S_3=80\times(1-20\%)=64$	0.1	$C_3=40\times(1-20\%)=32$	0.1

第三步：借助概率树完成各个不确定因素不同状态的组合，并求出评价指标（NPV）的相应取值和概率分布。概率树如图9-3所示，NPV的计算表见表9-7。

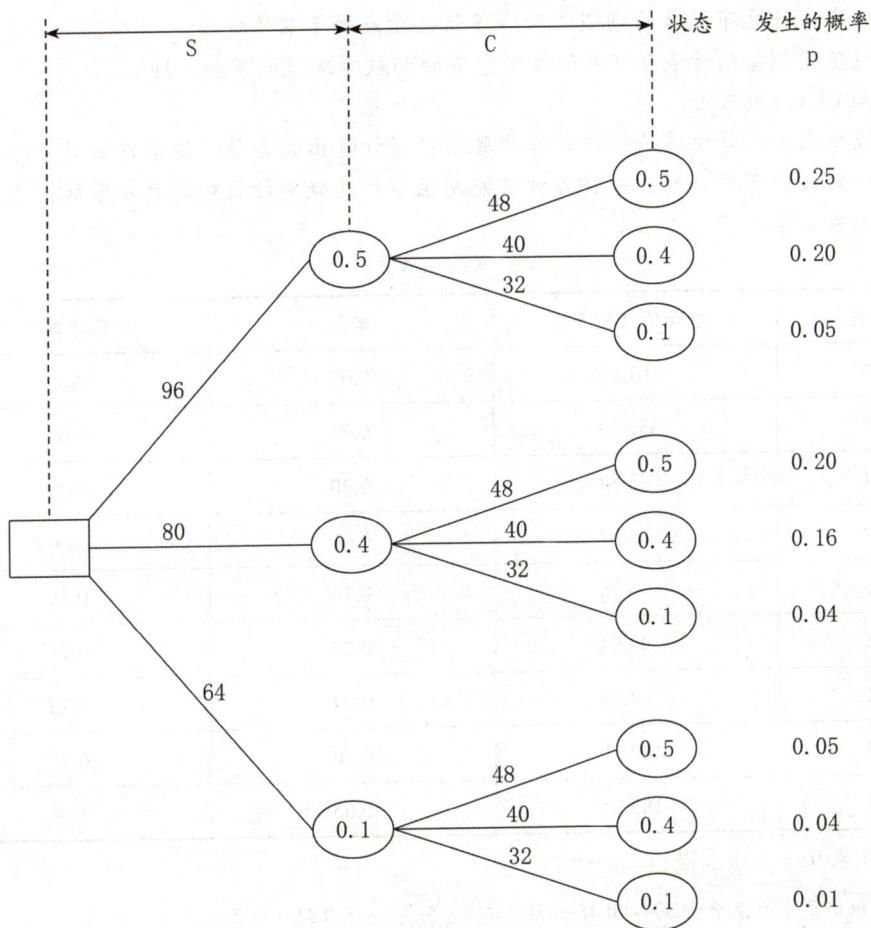

图 9-3　概率树

表 9-7

NPV 计算表

单位：万元

事件	净现金流量		NPV$_j$	加权 NPV
	0	1～10 年	(i=10%)	
1	−200	96−48=48	94.94	94.94×0.25=23.74
2	−200	96−40=56	144.10	144.10×0.20=28.82
3	−200	96−32=64	193.25	193.25×0.05=9.66
4	−200	80−48=32	−3.37	−3.37×0.20=−0.67
5	−200	80−40=40	45.78	45.78×0.16=7.32
6	−200	80−32=48	94.94	94.94×0.04=3.80
7	−200	64−48=16	−101.69	−101.69×0.05=−5.08
8	−200	64−40=24	−52.53	−52.53×0.04=−2.10
9	−200	64−32=32	−3.37	−3.37×0.01=−0.03
				项目 NPV 期望值 E（NPV）=65.46

第四步：计算净现值的期望值和净现值大于或等于零的概率。

净现值的期望值为表9-7中各种状态下的加权净现值的累加，即：

E（NPV）=65.46万元

净现值大于或等于零的概率计算步骤为：将计算出的各种可能事件的财务净现值按数值由小到大的顺序排列，并将各种可能发生事件的概率按同样的顺序累加，求得累计概率，见表9-8。

表9-8   累计概率

事件	净现值（NPV）	概率	累计概率
7	−101.69	0.05	0.05
8	−52.53	0.04	0.09
4	−3.37	0.20	0.29
9	−3.37	0.01	0.30
5	45.78	0.16	0.46
6	94.94	0.25	0.71
1	94.94	0.04	0.75
2	144.10	0.20	0.95
3	193.25	0.05	1.00

根据表9-8，可求得：

净现值小于零的概率=$0.30+（0.46-0.30）\times \dfrac{3.37}{3.37+45.78}=0.31$（线性插值法）

即项目不可行的概率为0.31，净现值大于或等于零的概率为：

P（NPV≥0）=1-P（NPV＜0）=1-0.31=0.69

计算得出净现值大于或等于零的可能性为0.69。

在应用概率树分析时，应注意：

（1）风险变量（风险因素或自变量）之间假定是相互独立的，即相互不影响。这样才能通过对每个风险各种状态的取值进行不同的组合，构造出唯一的风险概率树，计算出每个风险变量所处状态的联合概率。

（2）当风险变量数和每个变量的状态数较多（大于3个）时，风险因素取值服从连续性分布；或者各风险变量之间不是相互独立，而存在相互关联关系时，不适于使用概率树分析法。在这种状态下，应用最多的是蒙特卡罗模拟法。

（3）在实际应用中，还可根据数理统计的原理，对于风险随机变量（即评价指标，如净现值、内部收益率）通过计算主要的风险参数的期望值、方差、标准差及变异系数来描述项目风险的大小。有兴趣的读者可自行翻阅有关书籍。

四、风险评价

风险评价是在风险估计的基础上，通过相应的指标体系和评价标准，确定项目的风险程度，从而找到该项目的关键风险，确定项目的整体风险水平，为选择风险对策提供依据。

风险评价的判别标准可采用两种类型：

（一）以经济指标的累计概率、标准差为判别标准

（1）财务（经济）内部收益率大于等于基准收益率的累计概率值越大，风险越小；标准差越小，风险越小。

（2）财务（经济）净现值大于等于零的累计概率值越大，风险越小；标准差越小，风险越小。

（二）以综合风险定级为判别标准

投资项目风险分析一般选用矩阵列表法划分风险等级。矩阵列表法简单直观，将风险因素出现的可能性及对项目的影响程度构造成一个矩阵，表中每一单元分别对应一种风险的可能性及影响程度。为适应现实生活中人们以单一指标描述事物的习惯，将风险的可能性与影响程度综合起来，用某种级别表示，见表9-9。表9-9是以风险应对的方式来表示风险的综合等级，所示风险等级亦可根据前面风险估计部分的专家调查法及概率分析法等方法的结论确定。

表9-9　　　　　　　　　　　　综合风险等级分类表

综合风险等级		风险影响程度			
		严重	较大	适度	低
风险的可能性	高	K	M	R	R
	较高	M	M	R	R
	适度	T	T	R	I
	低	T	T	R	I

综合风险等级分为K、M、T、R、I五个等级：K表示项目风险很强，出现这类风险就要放弃项目；M表示项目风险强，需要修正拟议中的方案，改变设计或采取补偿措施；T表示风险较强，需要设定某些指标的临界值，指标一旦达到临界值，就要变更方案或对负面影响采取补偿措施；R表示风险适度（较小），适当采取措施后不影响项目；I表示风险弱，可忽略。

在综合风险等级分类表中，落在该表左上角的风险会产生严重后果；落在该表左下角的风险，发生的可能性相对低，必须注意临界值的变化，提前防范与管理；落在该表右上角的风险影响虽然相对适度，但是发生的可能性相对高，也会对项目产生影响，应注意防范；落在该表右下角的风险，损失不大，发生的概率小，可以忽略不计。

五、风险应对（风险对策研究）

风险管理是投资项目全过程管理的一个永恒的主题，项目评估阶段的风险管理是投资项目风险管理的重要组成部分。在这个过程中，不仅要了解项目可能面临的风险，而且要提出针对性的防范对策，避免风险的发生或将风险损失降到最低点，实现预期的投资效益。

（一）选择风险对策的原则

（1）针对性。风险对策研究应有很强的针对性，应结合行业特点，针对特定项目主

要的或关键的风险因素提出必要的措施，将其影响降低到最小程度。

（2）经济性。规避风险是要付出代价的，如果提出的风险对策所花费的费用远大于可能造成的损失，该对策将毫无意义。在风险应对研究中应将规避风险所付出的代价与该风险可能造成的损失进行权衡，旨在寻求以最小的费用获取最大的效益。

（3）可行性。决策分析与评价阶段所进行的风险对策研究应立足于现实客观的基础之上，提出的风险对策应在财务、技术等方面是切实可行的。

（二）决策阶段风险的主要应对措施

（1）提出多个备选方案，通过多方案的技术、经济比较，选择最优方案。

（2）对有关重大工程技术难题潜在风险因素，提出必要研究与试验课题，准确地把握有关问题，消除模糊认识。

（3）对影响投资、质量、工期和效益等有关数据的风险因素（如价格、汇率和利率等），在编制投资估算、制订建设计划和分析经济效益时，应留有充分的余地，谨慎决策，并在项目执行过程中实施有效监控。

（三）建设或运营期风险的主要应对措施

1.风险回避

风险回避是彻底规避风险的一种方法，即断绝风险的来源。例如，风险分析显示产品市场存在严重风险，若采取回避风险的对策，就会做出缓建或放弃项目的决策，待市场变化后再予以考虑。这样做固然避免了可能遭受损失的风险，但同时也放弃了投资获利的可能性。因此，风险回避对策的采用一般都是很慎重的，只有在对风险的存在与发生，以及对风险损失的严重性有把握时才有积极意义。风险回避一般适用于两种情况：一是某种风险可能造成相当大的损失，且发生的频率较高；二是应用其他的风险防范对策代价昂贵，得不偿失。

2.风险分担

风险分担是针对风险较大，投资人无法独立承担，或是为了控制项目的风险源，而采取与其他企业合资或合作等方式，共同承担风险、共享收益的方法。例如：与当地企业合资，可以降低社会风险；与技术开发能力强的企业合资，以降低技术风险；为了降低融资风险，向银行申请部分贷款等。

风险分担通常并不能完全消除风险，同时，风险分担存在一定的成本。例如，为了技术风险而引进国外成熟的技术，需要花费一定的技术引进费、使用费或是技术提成费等。

风险分担是绝大部分项目采用的风险防范对策，应针对项目的具体情况提出，既可以是项目内部采取的技术措施、工程措施和管理措施，也可以采取向外分散的方式来减少项目承担的风险。

3.风险转移

风险转移是将项目可能面临的风险转移给他人承担，以避免风险损失的一种方法。转移风险有两种方式：一是将风险源转移出去；二是只把部分或全部风险转移出去。就投资项目而言，第一种风险转移方式是风险回避的一种特殊形式。第二种风险转移方式又可细分为保险转移方式和非保险转移方式两种。

保险转移是采取向保险公司投保的方式将项目风险损失转嫁给保险公司承担，如对某些人力难以控制的灾害性风险就可以采取保险转移方式。

非保险转移方式是将项目中风险大的部分转移给项目的承包方或合作方。非保险转移是项目前期工作中应更多研究的风险对策，如采用新技术可能面临较大的风险，在可行性研究中可以提出在技术合同谈判中增加保证性条款，若达不到设计能力或设计消耗指标时的赔偿条款建议时，将风险损失全部或部分转移给技术转让方。在设备采购和施工合同中也可以采用上述类似转移部分风险的条款。非保险转移主要有三种方式：出售、发包、免责合同。出售是通过买卖契约将风险转移给其他单位，如项目可以通过发行股票或债券筹集资金，股票或债券的认购者在取得项目的一部分所有权时，也同时承担了一定的风险。发包是指通过从项目执行组织外部获得货物、工程或服务而把风险转移出去。免责合同是在合同中列入免责条款，在某些事故发生时，项目班子本身不承担责任。

4.风险自担

风险自担就是将风险损失留给项目自己承担。这适用于两种情况：一是已知项目有风险，但由于可能获得高额利润而必须保留和承担这种风险；二是已知项目有风险，但若采取某种防范措施，其费用支出会大于自担风险的损失，这时常常会选择主动自担风险。风险自担通常适用于风险损失小、发生频率高的风险。

在完成风险识别、风险估计和风险评估后，应归纳项目的主要风险，说明其起因、程度和可能造成的后果，以全面清晰地揭示项目主要风险；同时将风险对策研究结果进行汇总，编制风险与对策汇总表。

本章小结

不确定性是指一种决策可能有一种以上的结果，但每个结果可能出现的概率是未知的；而风险是指未来结果是不确定的，但未来结果出现的可能性即概率分布是已知或可以估计的。

投资项目的风险因素主要来自于市场、技术、资源、工程、投资、融资、配套项目和外部环境等。

不确定性分析的方法主要有盈亏平衡分析和敏感性分析。

盈亏平衡分析适用于项目财务分析，而敏感性分析既可用于财务分析，也可用于经济分析。盈亏平衡分析是静态分析方法，而敏感性分析是动态分析方法。

盈亏平衡分析是通过计算盈亏平衡点，分析拟建项目成本与收益的平衡关系，判断拟建项目适应市场变化的能力和抵抗风险能力的一种分析方法。在项目评估中，经常采用的是以产（销）量表示的盈亏平衡点和以生产能力利用率表示的盈亏平衡点。

敏感性分析是在财务分析、经济分析等确定性分析的基础上，进一步分析、预测项目主要不确定因素的变化对投资项目评价指标如净现值、内部收益率的影响，从中找出敏感性因素，确定评价指标对该因素的敏感程度和项目对其变化的承受能力的一种不确定性分析方法。敏感性分析的计算和评价指标主要有两个：一是敏感度系数；二是临界点或临界值。

风险分析一般经过风险识别、风险估计、风险评价和风险应对四个阶段。风险分析的实质在于确定项目风险发生的可能性和风险损失程度。

风险估计常用的方法主要有专家评估法、风险因素取值评估法和概率树分析法。

在项目评估中，不仅要了解项目可能面临的风险，而且还要在风险评价的基础上，提出有针对性的风险防范对策。建设或运营期风险防范的对策主要有风险回避、风险分担、风险转移和风险自担等。

基础知识练习

一、单项选择题（每题的备选项中，只有1个最符合题意）

1.敏感性分析通常多进行（　　），以找出关键的敏感因素。

A.单因素　　　　　B.多因素　　　　　C.综合因素　　　　D.复合因素

2.通常财务分析的敏感性分析中必选的分析指标是（　　）。

A.财务净现值　　　　　　　　　B.项目投资财务内部收益率

C.静态投资回收期　　　　　　　D.动态投资回收期

3.下列关于盈亏平衡分析的说法中，错误的是（　　）。

A.在盈亏平衡点，销售收入（扣除销售税金及附加）等于总成本费用

B.投资项目决策分析与评价中一般仅进行线性盈亏平衡分析

C.盈亏平衡点越低，项目抗风险的能力越强

D.盈亏平衡分析适宜在财务分析和经济分析中应用

4.（　　）是风险变量的加权平均值。

A.期望值　　　　　B.方差　　　　　　C.标准差　　　　　D.离散系数

5.下列风险对策中，可以彻底规避风险、断绝风险来源的是（　　）。

A.风险回避　　　　B.风险控制　　　　C.风险转移　　　　D.风险接受

二、多项选择题（每题的备选项中，有2个或2个以上符合题意，至少有1个错误选项）

1.关于风险与不确定性的表述中，正确的有（　　）。

A.一般投资项目决策分析与评价主要侧重分析、评价风险带来的不利影响

B.不确定性是不可以量化的，但是可保险的

C.可能造成损失，也可能带来收益是不确定性与风险的基本特征

D.风险分析应贯穿于项目分析的各个环节和全过程

E.不确定性分析与风险分析的目的是共同的

2.敏感性分析的步骤包括（　　）。

A.确定敏感性分析方案　　　　　　B.选取不确定因素

C.确定不确定因素变化程度　　　　D.选取分析指标

E.计算敏感性分析指标

3.下列关于盈亏平衡分析图的说法中，正确的有（　　）。

A.销售收入线与总成本线的交点是盈亏平衡点

B.在盈亏平衡点的基础上，增加产量，将会出现亏损

C.产品总成本是固定总成本和变动总成本之和

D.以产量表示的盈亏平衡点位置越高，适应市场变化的能力越强

E.以产量表示的盈亏平衡点位置越高，项目抗风险的能力越强

4.项目风险分析包括（　　）几个基本阶段。

A.风险识别　　　　　　　B.风险估计　　　　　　　C.风险计量

D.风险评价　　　　　　　E.风险应对

5.在下列（　　）的情况下，应采取风险回避的对策。

A.某种风险可能造成相当大的损失，且发生的频率较高

B.采用其他风险对策，其费用支出会大于自担风险的损失

C.采用其他风险对策防范风险代价昂贵，得不偿失

D.某种风险发生的频率很高

E.某种风险可能造成的损失很大，但发生的频率较低

三、简答题

1.什么是不确定性？什么是风险？怎样区别它们？

2.不确定性与风险产生的原因是什么？

3.在投资项目评价中，不确定性分析与风险分析的主要方法各是什么？

4.不确定性分析与风险分析之间有什么区别与联系？

5.什么是盈亏平衡分析？进行盈亏平衡分析需要有哪些假设条件？

6.线性盈亏平衡分析可以通过什么方法进行？它们各自有什么特点？

7.在盈亏平衡分析过程中，需注意哪些问题？

8.什么是敏感性分析？它是按照怎样的程序进行的？

9.什么是风险分析？投资项目的风险因素主要有哪些？

10.项目风险分析包括哪些基本的工作阶段？

11.什么是概率分析？它一般按照怎样的步骤进行？

12.项目风险应对的措施主要有哪些？

四、案例分析题

1.某项目达产第一年的销售收入为 31 389 万元，销售税金及附加为 392 万元，固定成本为 10 542 万元，可变成本 9 450 万元，销售收入与成本费用均采用不含税价格表示，该项目设计生产能力 100 万吨。计算该项目以产品销售价格和生产能力利用率表示的盈亏平衡点。

2.某投资项目聘请专家为其预测项目 2019 年的销售收入，预测结果见表 9-10。依据专家估计，计算该项目 2019 年销售收入的期望值、标准差和离散系数。

表 9-10　　　　　　　　　专家预测销售收入及概率分布

销售收入（万元）	1 000	1 500	2 000	2 500	3 000
概率（%）	20	25	25	20	10

实践操作训练

■ 实训操练

一、实训目的

通过实验，了解不确定性分析和风险分析的基本程序与主要方法，掌握盈亏平衡分析、敏感性分析方法，能熟练应用概率树分析法进行估算，并能根据风险分析的结果，

找出相应的风险防范对策。

二、实训准备

（1）了解不确定性分析和风险分析的基本程序与主要方法。

（2）掌握盈亏平衡分析法和敏感性分析法。

（3）掌握概率树分析法。

三、实训内容

1.盈亏平衡分析

某新建项目正常年份的设计生产能力为100万件，年固定成本为5 800万元，每件产品售价预计600元，税金及附加按照营业收入的6%计算，单位产品的变动成本估算额为400元。以上价格均为不含增值税价格。

实训要求：

（1）对项目进行盈亏平衡分析，计算项目的产量盈亏平衡点和单价盈亏平衡点。

（2）在市场销售良好的情况下，正常生产年份的最大可能盈利额为多少？

（3）在市场销售不良的情况下，企业欲保证能获年利润1 200万元的年产量应为多少？

（4）在市场销售不良的情况下，为了促销，产品的市场价格由600元降低10%销售时，若欲获年利润600万元，年产量应为多少？

（5）从盈亏平衡分析角度，判断该项目的可行性。

2.敏感性分析

某电子产品项目不确定性因素对内部收益率的影响结果见表9-11。

表9-11 某电子产品项目不确定性因素对内部收益率的影响结果

不确定因素	取值变化情况					敏感系数
	-20%	-10%	0	+10%	+20%	
产品产量	12.60	16.00	19.5	22.98	26.40	
产品价格	9.50	15.60	19.5	24.65	29.88	
经营成本	27.20	23.40	19.5	15.68	11.55	
投资额	25.38	22.43	19.5	16.45	13.5	

实训要求：

（1）当不确定因素变动量为20%时，补充表中空缺部分。

（2）绘制敏感性分析图（基准收益率为15%）。

（3）找出各因素变动的临界变化值。

3.概率树分析

对某实用新型专利项目进行投资，需20万元，实施期1年。根据市场调查预测，项目投产后净现金流量分别为5万元、10万元、12.5万元的概率分别为0.3、0.5、0.2。在各种市场变化的情况下，生产期为2年、3年、4年、5年的概率分别为0.2、0.2、0.5、0.1，若折现率为10%。

实训要求：计算该项目净现值期望值、净现值大于等于零的累计概率。

■ 综合实训案例

案例一

背景资料:

某新建项目设计生产能力为600万吨/年,总投资140 000万元。其中,建设投资125 000万元,建设期利息5 300万元,流动资金9 700万元。根据融资方案,资本金占项目总投资的比例为35%,由A、B两个股东直接投资,其资金成本采用资本资产定价模型进行确定,其中,社会无风险投资收益率为3%,市场投资组合预期收益率为8%,项目投资风险系数参照该行业上市公司的平均值,取1。项目其余投资来自银行长期贷款,贷款年利率为7%。所得税税率为25%。

项目达到正常生产年份的营业总收入为125 000万元,税金及附加为1 200万元,固定成本为42 500万元,变动成本为21 000万元。(收入和成本均以不含增值税的价格表示)

在对项目进行不确定性分析时,设定投资不变。

在进行风险分析时,假设投资额可能会增加,评估人员预测在未来产品售价和经营成本可能发生变化的概率以及对净现值的影响见表9-12。

表9-12 可能事件及其对应的财务净现值

投资(万元)	销售收入		经营成本		净现值 (万元)
	变化状态	概率	变化状态	概率	
125 000	-20%	0.25	-20%	0.2	10 344
			0	0.5	-33 304
			+20%	0.3	-77 557
140 000	0	0.5	-20%	0.2	87 036
			0	0.5	43 388
			+20%	0.3	-864
	+20%	0.25	-20%	0.2	163 712
			0	0.5	120 064
			+20%	0.3	75 812

实训要求:

(1)计算本项目融资方案的综合税后资金成本。

(2)计算本项目达到盈亏平衡时的生产能力利用率,并判断项目对市场的适应能力。

(3)计算本项目财务净现值大于等于零的概率,并判断本项目的财务抗风险能力。

(4)说明当项目面临风险时,常用的风险对策有哪些。

案例二

背景资料:

某投资项目的设计生产能力为年产10万台某种设备,主要经济参数的估算值为:初始投资额为12 000万元,预计产品价格为400元/台,年经营成本1 700万元,运营年限10年,运营期末残值为1 000万元,基准收益率为12%。

实训要求:

(1)以财务净现值为分析对象,就项目的投资额、产品价格和年经营成本等因素进行敏感性分析。

(2)绘制财务净现值随投资、产品价格和年经营成本等因素的敏感性曲线图。

(3)保证项目可行的前提下,计算该产品价格下浮临界百分比。

(4)通过上述分析和主观预测、估计,给出了产品销售价格和年经营成本两个独立的不确定因素可能发生的变动及相应的概率,具体见表9-13。

表9-13　　　　　　　　　项目不确定因素变动率及其概率

不确定因素 \ 变动率 概率	状态1 −20%	状态2 0	状态3 +20%
产品价格(P)	0.2	0.5	0.3
年经营成本(C)	0.3	0.4	0.3

根据以上资料,试对项目进行概率树分析,计算项目财务净现值的期望值及财务净现值大于等于零的累计概率。

第九章自测题一　　　　　　　　　　第九章自测题二

第十章 投资项目的经济分析

学习目标

　　通过本章的学习，学生应正确理解投资项目经济分析的含义；投资项目经济分析的必要性；需要进行经济分析的建设项目的范围；掌握经济分析与财务分析的区别；熟悉经济分析的步骤；掌握建设项目经济效益和费用的识别、影子价格的含义和实际测算、经济分析参数的重要性及选用；重点掌握费用效益分析方法和费用效果分析方法；了解并正确理解经济分析多目标分析方法。

学习要求一览表

能力模块	能力要求	相关知识点
经济分析	理解经济分析的含义，熟悉经济分析的项目范围，掌握经济分析与财务分析的区别及经济分析的步骤	(1) 经济分析的含义 (2) 经济分析的范围 (3) 经济分析与财务分析的区别 (4) 经济分析的步骤
经济效益与费用的识别	掌握经济效益与费用识别的原则和方法	(1) 直接效益与费用 (2) 间接效益与费用 (3) 有形效果与无形效果 (4) 转移支付
影子价格的确定	了解影子价格的含义，掌握外贸货物的影子价格、非外贸货物的影子价格及特殊投入物影子价格的确定方法，掌握经济分析中使用的国民经济参数	(1) 影子价格的含义 (2) 外贸货物影子价格的确定 (3) 非外贸货物影子价格的确定 (4) 特殊投入物影子价格的确定 (5) 国民经济参数的应用
经济分析的主要方法	掌握经济效益分析方法的步骤和应用	(1) 经济效益分析的步骤和方法 (2) 费用效果分析的步骤和方法

第一节　投资项目经济分析概述

一、经济分析的含义及必要性

(一) 经济分析的含义

经济分析是按照合理配置资源的原则，从国家经济整体利益出发，考察项目的费用和效益，用影子工资、影子汇率和社会折现率等经济评价参数，计算项目对国民经济的净贡献，分析项目的经济效率、效果和对社会福利的贡献，评价项目经济合理性的一种经济评价方法。

(二) 经济分析的必要性

(1) 经济分析是国家对资源进行合理配置的需要。资源稀缺是人类社会面临的一个基本经济事实。寻求资源的合理有效配置，是一国经济运行中面临的一个基本的经济课题。在完全的市场经济中，由市场这只"看不见的手"来调节资源的流向。而在非完全的市场经济中，或者在市场失灵的情况下，就需要政府在资源配置中发挥作用。经济分析对项目的经济效益及效果进行分析评价，为政府在资源配置中的决策提供参考依据。

(2) 项目的财务分析并不能取代经济分析的功能和作用。项目的财务分析是站在投资者的立场考察项目的经济效益，项目的财务盈利性并不一定能够全面而客观地反映项目对国民经济的贡献和国民经济为项目付出的代价。至少在三个方面，项目对社会的影响可能没有被正确地反映，即市场价格的扭曲、项目的外部费用和效益、政府对于项目实施的征税及财务补贴。

经济分析把国民经济作为一个整体来考察项目，评价项目给整个国民经济带来的效益和国民经济为此而付出的代价，不但考察项目的直接效益和直接费用，而且考察项目的间接效益和间接费用，以及各种有形效果和无形效果，是市场经济体制下政府对公共项目进行评价的重要方法。

(3) 经济分析是政府干预投资活动的重要手段。2006年国家发展和改革委员会与建设部颁布的《建设项目经济评价方法与参数》(第三版)中特别强调，在新的投资体制下，国家对项目的审批和核准重点应放在项目的外部效果和公共性方面。经济分析强调从资源配置经济效率的角度分析项目的外部效果，分析国家为项目付出的代价和获取的收益，从而判断项目的经济合理性，所以它是政府审批或核准项目的重要依据。

(4) 即使是企业投资的项目，如企业投资的水电资源开发、交通运输、教育、医疗服务等项目，无论是实行核准制还是备案制，在关心财务评价结论的同时，也需要关注建设项目的经济效果。这主要是因为：项目的经济价值是构成财务现金流量的基础；项目的经济价值是企业评价其应该承担的社会成本、履行社会责任的重要依据，同时也可以为企业获得政府的转移支付等支持提供依据；项目的经济价值还是企业处理各种利益关系的重要依据。

(三) 经济分析的主要目的

(1) 全面识别整个社会为项目付出的代价，以及项目为提高社会福利所做出的贡献，评价项目投资的经济合理性。

(2) 分析项目的经济费用效益流量与财务现金流量的差别，以及造成这些差别的原因，提出相关的政策调整建议。

（3）对于市场化运作的基础设施等项目，通过经济分析来认证项目的经济价值，为制订财务方案提供依据。

（4）分析各利益相关者为项目付出的代价及获得的收益，通过对受损者及受益者的经济费用效益分析，为社会评价提供依据。

二、经济分析的项目范围

需要进行经济分析的项目有：

（1）自然垄断项目。例如电力、电信、交通运输等行业的项目，这类项目存在着规模效益的产业特征，企业一般不会按照帕累托最优规则进行运作，从而导致市场配置资源失效。

（2）公共产品项目。例如公共设施、生态环境项目，即项目提供的产品或服务在同一时间内可以被共同消费，具有消费的非排他性和非竞争性特征。由于市场价格机制只有通过将那些不愿意付费的消费者排除在该物品的消费之外才能得以有效运作，因此市场机制对公共产品项目的资源配置失灵。

（3）具有明显外部效果的项目。外部效果是指一个个体或厂商的行动对另一个个体或厂商产生了影响，而该影响的行为主体又没有负相应的责任或没有获得应有报酬的现象。产生外部效果的行为主体由于不受预算约束，因此其在行动过程中常常不考虑外部效果的结果承受者的损益情况，导致这类行为主体低效率甚至无效率地使用资源，造成消费者剩余与生产者剩余的损失及市场的失灵。

（4）资源开发项目和涉及国家安全的项目。这两类项目具有明显的公共性、外部效果等综合特征，不能完全依靠市场配置资源。

（5）受过度行政干预的项目。政府对经济活动的干预，如国家给予补贴或者减免税收，如果干扰了正常的经济活动效率，也是导致市场失灵的重要因素。

现阶段需要进行经济费用效益分析的项目主要有：

（1）政府预算内投资的用于关系国家安全、国土开发和市场不能有效配置资源的公益性项目和公共基础设施项目、保护和改善生态环境项目、重大战略性资源开发项目。

（2）政府各类专项建设基金投资的用于交通运输、农林水利等基础设施、基础产业建设的项目。

（3）利用国际金融组织和外国政府贷款，需要政府主权信用担保的建设项目。

（4）法律、法规规定的其他政府性投资的建设项目。

（5）企业投资建设的涉及国家经济安全、影响环境资源、公共利益、可能出现垄断、涉及整体布局等公共性问题、需要政府核准的建设项目。

三、经济分析与财务分析

（一）经济分析与财务分析的区别

1.评价的角度和目的不同

财务分析是从项目财务（企业）角度，考察项目的盈利能力，以确定投资行为的财务可行性及进行方案优选，同时考察项目的偿债能力、生存能力、利润分配情况，以及投资方盈利能力等；而经济分析是从国家整体角度，考察项目对国民经济的贡献、国民经济需要付出的代价，考察资源是否在国家范围内有效利用与合理分配，以确定投资行为的经济合理性。

2.费用和效益的含义及范围划分不同

财务分析着眼于货币的流入与流出。凡是流入项目的货币就是财务效益；凡流出项目的货币就是财务费用。财务效益包括补贴（计入效益）、各种税金和利息（计入费用）。经济分析则着眼于项目引起的社会资源的变动——项目为社会提供的有用产品和服务增加了社会资源，就计入国民经济意义上的效益；由于项目的投入，耗费了社会资源，则计入国民经济意义上的费用。补贴、税金和国内借款利息均作为转移支付，不计入经济分析的效益或费用。

财务分析将项目作为一个独立的经济系统进行分析，因此其分析的范围仅包括发生在项目范围内的费用或效益。而经济分析是以整个国家作为一个独立的经济系统进行分析，不仅考察项目本身的经济效果，还要考察项目对于国家范围内其他相关部门产生的影响。所以它不仅包括国民经济意义上的直接费用和效益，而且还包括由项目引起的、在直接费用和效益中未得到反映的间接（外部）费用和效益，也称为外部效果。同时，外部效果不仅包括可用货币计量的"有形外效"，还包括无法使用货币计量的"无形外效"。

3.费用和效益的计算价格不同

财务分析对投入物和产出物采用国内现行市场价格即财务价格计量费用与效益，经济分析则采用更能反映货物真实价格，以及更有利于社会资源合理分配的影子价格计量费用与效益。

4.主要参数和判据不同

财务分析采用国家适时公布的外汇牌价和行业的基准收益率或投资者自己给定的折现率作为方案取舍的依据；经济分析则采用国家统一测定、定期公布的影子汇率和社会折现率、影子价格及其换算系数或比价系数作为评价的依据。

(二) 财务分析、经济分析与最终决策

项目的财务分析与经济分析是相互联系和制约的。一般来说，财务分析是经济分析的前提和基础，经济分析是最终决策的先决条件和主要依据。就是说，对财务分析和经济分析的结论，原则上以经济分析的结论为决策的依据。

第一，如果项目财务分析和经济分析都可行，那么实施这个投资项目就是十分理想的资源配置方式，从经济的角度看，该项目是可行的。

第二，如果项目财务分析是可行的，却没有增加国民经济的正效益，甚至给国民经济带来了负效益，这就违背了经济的有效率原则，从经济的角度看，该项目就是不可行的。

第三，如果项目财务分析是不可行的，但经济评价合理，项目方案应根据经济分析所提供的价值信息进行优化，必要时可提出相应的财务政策方面的建议，调整项目的财务条件，使项目在财务上也可行。比如，放松价格管制，允许部分产品以较高的价格出售，或者给予税收优惠、减免部分税收，或者给予项目优惠贷款或增加直接投资减轻项目负债等。

第四，如果项目财务分析和经济分析都不可行，则一般应予以否定。

四、经济分析的步骤

经济分析包括经济费用效益分析、费用效果分析及宏观和区域经济影响分析等，其主要步骤包括：

（1）利益相关者的识别。分析项目的投资建设及运营活动所涉及的各利益相关者。项目的利益相关者包括政府、投资者、建设者、贷款者、产出物的使用者和非使用者，通过对项目相关利益者的影响分析，以便采取相应的政策来协调各种利益关系，以利于项目的顺利实施。

（2）对项目涉及的各利益相关者为项目的投资建设及运营活动所付出的费用和获得的效益进行识别，分辨哪些是直接费用与直接效益，哪些是间接费用与间接效益。

（3）对能够进行量化的费用和效益进行量化计算，合理选取和测算项目投入物与产出物的影子价格和经济评价参数，计算项目经济效益和经济费用，编制经济费用效益流量表进行定量分析评价；或者进行费用效果分析，计算有关评价指标，进行方案比选及经济分析和评价。

（4）对于不能进行货币量化的费用效益进行定性分析，评价建设项目对区域经济及相关利益主体的影响。

（5）分析项目所产生的利益分配格局及费用负担情况，评价不同利益相关者对项目的受益或受损情况。

（6）根据经济分析的结果，为项目的投资、建设和运营提出需要改善的对策建议，包括对优化项目财务方案的建议。

第二节　经济效益与费用的识别

一、经济效益与费用识别的基本原则

（一）对经济效益与费用进行全面识别的原则

凡项目对社会经济所做的贡献，均计为项目的经济效益，包括项目的直接效益和间接效益；凡社会经济为项目所付出的代价均计为项目的经济费用，包括直接费用和间接费用。

（二）增量分析的原则

增量分析，即按照"有无对比"增量分析的方法，将项目实施后的效果与无项目时的情况进行对比分析，作为计算机会成本或增量效益的依据。

（三）关注关联效果原则

关联效果，是指由于项目的建设和运行，在项目以外对相关联的社会其他部门及利益群体等引起的关联效应。

（四）以本国居民为分析对象的原则

经济效益与费用的识别应以本国社会成员作为分析对象。对于跨国界、对本国之外的其他社会成员也产生影响的项目，应重点分析由于项目的实施对本国社会成员带来的效益和费用，对本国以外的社会群体所产生的效果应给予单独陈述。

（五）正确处理转移支付的原则

正确处理"转移支付"是经济效益与费用识别的关键。转移支付代表购买力的转移

行为，接受转移支付的一方所获得的效益与付出方所产生的费用相等，转移支付行为本身并没有导致新增资源的发生。因此在经济分析中不应计算没有实际经济费用或效益发生，仅以转移支付的形式所表现出来的各种影响。

二、经济效益与费用的识别

（一）直接效益与直接费用

1.直接效益

项目的直接效益是指由项目产出物产生的并在项目范围内按照产出物的影子价格计算的经济效益，表现为项目投产后为社会提供的物质产品、成果和服务所产生的效益。

项目的直接效益主要表现为以下几个方面：

（1）当项目产出物用来满足国内新增加的需求时，其直接效益表现为国内新增需求的支付意愿。

（2）当项目产出物直接出口或替代进口产品使得进口减少时，项目的直接效益就表现为国家外汇收入的增加或外汇支出的减少。

（3）若项目产出物用于替代其他厂商的产品或服务，使得被替代厂商减产或停产，从而节省了社会资源，此时，项目的直接效益就表现为这些节省的社会资源价值。

2.直接费用

项目的直接费用是指由项目使用投入物所产生的并在项目范围内按照投入物的影子价格计算的经济费用，表现为保证项目建设和运营而消耗的各种物料、人工、资金、技术以及自然资源等社会资源的价值。

项目的直接费用主要表现为以下几个方面：

（1）当社会扩大生产规模用于满足项目对社会资源的需求时，项目的直接费用表现为社会扩大生产规模所增加耗用的社会资源的价值。

（2）当社会不能通过扩大生产规模满足项目对社会资源的需求，导致其他厂商放弃这些资源来满足项目需求时，项目的直接费用表现为社会因其他厂商放弃使用这些资源而损失的效益。

（3）当项目投入物导致进口增加或出口减少时，项目的直接费用就表现为国家外汇收入的减少或外汇支出的增加。

（二）间接效益与间接费用

进行项目的经济分析应关注项目的外部性，并对项目产生的外部效果进行识别，通常把项目所产生的外部效果称作间接效益和间接费用。项目的间接效益与间接费用是指由项目引起，在项目直接效益和直接费用中没有得到反映的，对社会其他群体产生的正面或负面影响。

项目的间接效益与间接费用主要表现为：

1.技术扩散效果

一个技术先进项目的实施，会由于技术人员的正常流动、技术在社会上的正常扩散和推广，使整个社会受益。

2.环境及生态影响效果

有些项目对自然环境产生污染，对生态环境造成破坏，主要包括：排放污水造成的水污染；排放有害气体和粉尘造成的大气污染；噪音污染；放射性污染；自然生态破坏等。

项目造成的环境污染和生态破坏,是项目的一种间接费用。这种间接费用较难定量计算,可近似地按同类企业所造成的损失估计,或按恢复环境质量所需的费用估计。有些项目含有环境治理工程,会对环境产生好的影响,评价中也应考虑相应的效益。环境影响不能定量计算的,应进行定性描述。如果污染确实严重,可以通过定性分析结果否定该项目。

3.上下游企业相邻效果

项目的投资建设有可能对上下游产业链的构成产生影响,并对区域产业结构及价值链空间布局产生影响。项目的上游企业是指为该项目提供原材料或半成品的企业,项目的实施可能会刺激这些上游企业的发展,增加新的生产能力或是使原有的生产能力得到更充分的利用。例如兴建汽车厂,会对为汽车厂生产零部件的企业产生刺激,对钢铁生产企业产生刺激。项目的下游企业是指使用项目的产出物作为原材料或半成品的企业,项目的产品可能会对下游企业的经济效益产生影响,使其闲置的生产能力得到充分利用,或使其在生产上节约成本。例如国内已经有了很大的电视机生产能力而显像管生产能力不足时,兴建显像管生产厂会对电视机厂的生产产生刺激。通过产业链的整合及资源配置调整可以使得项目对区域经济的影响发挥出来。

4.价格传递效果

有些项目的产品大量出口,从而导致了国内此类产品出口价格的下降,减少了国家总体的创汇收益,成为项目的外部费用。典型的情况出现于国内企业之间的恶性竞争,竞相压价,使国内的一些出口产品在国际市场上的价格大幅度下跌,国家出口收入下降。如果项目的产品增加了国内市场供应量,导致产品价格下降,可以使原用户和消费者得到产品降价的好处。但这种好处一般不应计为项目的间接效益,因为产品降价将使原生产厂的效益减少,也就是说生产厂减少的效益转移给了用户和消费者,对整个国民经济而言,效益并没有增加或减少。这与产品出口所导致的价格变化不同。

5.乘数效果

乘数效果是指项目的实施使原来闲置的资源得到利用,从而产生一系列的连锁反应,刺激某一区域及宏观经济发展。例如,兴建汽车厂会带动零部件厂的发展,带动各种金属材料和非金属材料生产的发展,进而带动机床生产、能源生产的发展等。

(三)转移支付

转移支付即项目与社会实体之间的并不伴随资源变动的纯粹货币性质的转移。由于这种转移未伴有资源的相应投入和产出,不影响社会最终产品的增减,即不反映国民收入的变化,只表现为资源的支配权利在项目和社会实体间转移,因而,它不属于经济分析中的效益或费用。在以财务分析为基础进行经济分析时,需在原财务分析的效益、费用中将其剔除。

1.税费

税费是企业或个人向政府的转移支付。例如在财务分析中,房产税、城镇土地使用税、车船税在管理费用中列支,税金及附加是企业将按销售收入的一定比例计算的款项上交给国家财政,它们记为项目的支付;利润中列支的所得税及建设投资中列支的进口设备、材料的关税,也是项目的支付。但经济分析是站在国民经济角度考察项目的,以是否增加国民经济的资源消耗或增加国民经济的收入价值来判定费用或效益，各种税费支付，实际上并不耗费任何资源，只是项目所在部门把这笔款项转移给财政部门。因而，这些税费不应列入项目的费用，否则就会高估项目的代价，从而降低项目的效益。

2.补贴

补贴主要是指价格补贴，是政府为鼓励或扶持项目的建设所给予的价格上的优惠。不论何种形式的补贴——直接补贴或间接补贴，对财务分析来说，可以直接或间接减少项目的费用，增加项目的净收益。在经济分析中，各类补贴并不影响社会资源的增减，是与税费相反的转移支付，不应把这种补贴作为项目的效益，以免低估项目的经济代价，人为地增加项目的效益。

3.利息

国内借款和还本付息是在国家范围内，项目和其他社会实体之间（如银行）的货币转移，仅仅代表资源支配权利的转移，并未伴随着社会资源的变动，因而，其也是一种转移支付，在经济分析中不应把国内贷款利息列入项目的费用。

第三节 经济效益与费用的估算

一、经济效益与费用的估算原则

1.支付意愿原则

所谓支付意愿是指消费者因为受益愿意为项目的产出支付的价格。在市场供求完全均衡时，市场价格就是意愿支付价格。在项目经济分析中，用支付意愿度量项目产出物的正面效益。

2.受偿意愿原则

所谓受偿意愿是指因为项目的产出，使消费者接受某种不利影响而要求项目或活动主体予以补偿的货币数额。受偿意愿通常用以度量产出物的负面影响，如由于项目的产出所造成的环境恶化、生态失衡的外部效果。

3.机会成本原则

项目投入物经济价值的计算应遵循机会成本的原则，分析项目所使用资源的机会成本。机会成本应按照该资源因项目使用而放弃的其他最好可行替代用途所产生的效益计算。

4.实际价值计算原则

在进行经济分析时，应采用反映社会资源真实价值的实际价格对项目产生的所有效益和费用进行计算，不考虑通货膨胀因素的影响，但应考虑相对价格变动的影响。

二、经济效益与费用的估算价格——影子价格

（一）影子价格的含义

影子价格是投资项目经济分析时专用的计算价格。它是指当社会处于某种最优状态时，能够反映社会劳动的消耗、资源稀缺程度、市场供求关系和资源合理配置要求的项目投入物和产出物的价格。影子价格是依据经济分析的定价原则确定的、比交换价格更为合理的价格。

（二）货物的分类

根据货物的可外贸性，货物可分为外贸货物和非外贸货物；根据货物价格机制的不同，货物可分为市场定价货物和非市场定价货物。外贸货物属于市场定价货物；非外贸货物既有市场定价货物，也有非市场定价货物。

特殊投入物包括土地、劳动力和自然资源。

（三）市场定价货物的影子价格

在进行经济分析时，市场定价货物的影子价格应在市场价格的基础上，加上或减去相应的物流费用来确定。

1.外贸货物的影子价格

外贸货物是指其生产或使用将直接或间接影响国家进出口水平的货物，主要包括：

（1）项目产出物直接出口、间接出口或替代进口；

（2）项目投入物直接进口、间接进口或减少出口。

外贸货物的影子价格应基于口岸价格计算，可以反映其价格取值具有一定的国际竞争力。其计算公式为：

出口产出物的影子价格（出厂价）=离岸价（FOB）×影子汇率−出口费用

进口投入物的影子价格（到厂价）=到岸价（CIF）×影子汇率+进口费用

其中，影子汇率是外汇的影子价格，应能正确反映外汇的经济价值，由国家指定的专门机构统一发布。

出口费用和进口费用是指货物进出口环节在国内发生的所有相关费用，包括运输费用、储存费用、装卸费用、运输保险费用等。出口费用和进口费用应采用影子价格估值，用人民币表示。

【例10-1】我国新建一个乳制品加工基地需引进全套乳制品加工设备。假定加工设备的本国到岸价格为9 000美元。请根据下述资料推算该项目进口设备的财务价格和经济价格。

（1）官方汇率为1美元=6.8元人民币。

（2）影子汇率换算系数为1.08。

（3）进口关税为到岸价格的10%。

（4）进口设备增值税税率为16%。

（5）设备在本国的装卸、营销费用为到岸价格的5%。

（6）设备运抵项目所在地的运输费为3 000元人民币。

（7）设备在运输途中支付的保险费为500元人民币。

（8）假设设备在本国的装卸、营销的财务费用与其经济费用相等，运输的经济费用比其财务费用大1.6倍。

解答：

（1）进口设备的到岸价格（CIF）：9 000美元。

（2）将到岸价格换算为人民币：9 000×6.8=61 200（元）。

（3）进口设备关税：61 200×10%=6 120（元）。

（4）进口设备增值税：（61 200+6 120）×16%=10 771.2（元）。

（5）我国港口贸易费用：61 200×5%=3 060（元）。

（6）我国港口到项目所在地的运费和保险费：3 000+500=3 500（元）。

将以上（2）至（6）项内容加起来即为进口设备的财务价格。所以：

进口设备的财务价格=61 200+6 120+10 771.2+3 060+3 500=84 651.2（元）

在经济分析中：

（1）关税、增值税为转移支付，不计为经济费用。

（2）进口设备影子价格：61 200×1.08=66 096（元）。

（3）根据已知条件，贸易费用不需调整，为3 060元。

（4）运输经济费用：3 500×2.6=9 100（元）。

微课8

进口设备的财务费用与经济价值

所以，调整后的设备购置费（即进口设备的经济价格）为：

进口设备的经济价格=66 096+3 060+9 100=78 256（元）

2.市场定价非外贸货物的影子价格

（1）如果货物或服务处于竞争性市场中，市场价格能够反映支付意愿或机会成本，可直接采用市场价格作为计算项目产出物或投入物的影子价格的依据。

产出物的影子价格（出厂价）=市场价格−国内运杂费

投入物的影子价格（到厂价）=市场价格+国内运杂费

（2）若项目产出物或投入物的规模很大，项目的实施足以影响其投入物或产出物的市场价格，致使市场价格发生实质性的下降，导致"有项目"和"无项目"两种情况下市场价格不一致，取两者的平均值作为测算影子价格的依据。

（3）投入物与产出物的影子价格中流转税（如消费税、增值税等）按下列原则处理：

①项目产出物。增加供给满足国内市场供应的，影子价格按支付意愿确定，含流转税；顶替原有市场供应的，影子价格按机会成本确定，不含流转税。

②项目投入物。用新增供给满足国内市场供应的，影子价格按机会成本确定，不含流转税；挤占原有用户需求来满足项目的，影子价格按支付意愿确定，含流转税。

③在不能判别产出或投入是增加供给还是挤占（替代）原有供给的情况下，可以简化处理为：产出的影子价格一般包含实际缴纳的流转税，投入的影子价格一般不含实际缴纳的流转税。分别体现产出或投入的支付意愿和机会成本。

（四）不具有市场价格的产品或服务的影子价格

当项目的产出物不具有市场价格，或其价格难以反映真实的经济价值时，应遵循消费者支付意愿或接受补偿意愿的原则，使用以下方法测算其影子价格。

（1）按照消费者支付意愿的原则，通过其他相关市场信号，按照显示偏好法寻找提示这些影响的隐含价值对其效果进行间接估算。例如，项目的外部效果导致关联对象产出水平或成本费用的变动，则对这些变动进行客观量化的分析，可作为对项目外部效果进行量化的依据。

（2）根据意愿调查评估法，按照陈述偏好的原则进行间接估算。一般通过对被评估者的直接调查，直接评价调查对象的支付意愿或接受补偿意愿，从中推断出项目造成的有关外部影响的影子价格。应注意调查评估中可能出现以下偏差：

①如果调查对象相信他们的回答能影响决策，从而使他们实际支付的私人成本低于

正常条件下的预期值，调查结果可能产生策略性偏倚。

②如果调查者对各种备选方案介绍得不完全或使人误解，调查结果可能产生资料性偏倚。

③如果问卷假设的收款或付款方式不当，调查结果可能产生手段性偏倚。

④调查对象长期免费享受环境和生态资源等所形成的"免费搭车"心理，导致调查对象将这种享受视为天赋权利而反对为此付款，从而导致调查结果假想性偏倚。

（五）政府调控价格货物的影子价格

由于体制的原因，我国尚有部分产品或服务（水、电、铁路运输等）不完全由市场机制决定价格，而是由政府对其价格进行调控，使得这些产品或服务的价格不能完全反映其真实的经济价值。

在经济分析中，对于政府调控价格货物的影子价格，一般采用成本分解法、消费者支付意愿法和机会成本法等特殊方法测定。

（六）特殊投入物的影子价格

项目的特殊投入物主要包括劳动力、土地和自然资源，其影子价格需要采用特殊的方法确定。

1.劳动力的影子价格

劳动力的影子价格，即影子工资，它是社会为项目使用的劳动力而付出的代价，包括劳动力的机会成本和劳动力转移而引起的新增资源消耗。

劳动力机会成本是指由于项目占用劳动力，而不能再用于其他部门或不能享受闲暇时间而被迫放弃的价值。该劳动力价值应根据项目所在地的人力资源市场及就业状况、劳动力资源以及技术熟练程度等方面分析确定。技术熟练程度要求高、稀缺的劳动力，其机会成本高；反之，其机会成本低。

新增资源消耗是指由于人力资源在本项目就业，或从其他就业岗位转移到本项目而发生的经济资源消耗，包括迁移费、新增的城市交通、城市基础设施配套等相关投资和费用。

2.土地的影子价格

土地作为项目的一项投入，国民经济为此所付出的代价为增加的资源消耗和土地的机会成本。因此，土地的影子价格可用国民经济为项目使用土地而增加的资源消耗和土地的机会成本来度量。项目使用土地无论是否需要实际支付费用，均应根据土地用途的机会成本原则或消费者支付意愿原则计算新增资源消耗，确定其影子价格。

（1）非生产性用地的土地影子价格。项目占用住宅区、休闲区等非生产性用地，在土地市场完善的情况下，应以市场交易价格作为土地的影子价格；如果土地市场不完善或没有市场交易价格的，应按消费者支付意愿原则确定该土地的影子价格。

（2）生产性用地的土地影子价格。项目占用农业、林业、牧业、渔业及其他生产性用地的土地影子价格，按照这些生产用地的机会成本及因改变土地用途而发生的新增资源消耗计算。其计算公式为：

土地的影子价格=土地机会成本+新增资源消耗

①土地机会成本。土地机会成本应按项目占用土地而使社会成员因此损失的该土地的"最佳可行替代用途"的净效益计算，并适当考虑净效益的递增速度以及净效益计算

基年距项目开工年的年数。土地机会成本的计算公式为：

$$OC = NB_0(1+g)^{n+1} \times \left[1-(1+g)^n(1+i_s)^{-n}\right]/(i_s-g)$$

式中：OC——土地的机会成本；n——项目计算期；NB_0——基年土地的"最佳可行替代用途"的净效益（用影子价格计算）；T——土地净效益测算年距项目开工年的年数；g——土地"最佳可行替代用途"的年均净效益增长率；i_s——社会折现率（$i_s \neq g$）。

②新增资源消耗。新增资源消耗按照"有项目"状态下由于土地被占用而造成原有土地上的附属物财产的损失及其他资源的消耗来计算。

③实际征地费用的分解。在项目评估实际操作中，一般通过对财务分析数据中的土地征用费进行调整计算。项目实际征地费用由三部分组成：

属于机会成本的费用，如土地补偿费、青苗补偿等，按机会成本计算方法调整计算。

属于新增资源消耗的费用，如征地动迁费、安置补偿费及地上附着物补偿费等，按影子价格计算。

属于转移支付的费用，不计入土地经济费用，如耕地占用税、土地复垦费、新菜地开发建设基金等。

3. 自然资源的影子价格

自然资源是指自然形成的，在一定经济、技术条件下可以被开发利用，以提高人们生活福利水平和生存能力，并同时具有某种"稀缺性"的实物性资源的总称。

在项目的经济分析中，将自然资源分为资源资产和非资源资产，在影子价格的计算中只考虑资源资产。所谓资源资产是指所有权已经界定，或者随着项目的实施可以界定，所有者能够有效控制并能够在目前或可预见的将来产生预期经济效益的自然资源。资源资产属于经济资产范畴，包括土地、森林、矿产和水资源等。

项目的建设和运营需要投入的资源资产，是项目投资所付出的代价，无论在财务上是否付费，在经济费用效益评价中都必须测算其经济价值，即这些代价要用资源的经济价值而不是市场价格表示。

（1）水和森林等可再生自然资源的影子价格一般按资源的再生费用计算。

（2）矿产等不可再生资源的影子价格一般按资源的机会成本计算。但如果该种资源的供给有时限性，即在未来的一个有限时间内如10年或20年会耗尽，其影子价格就不能用机会成本计算，因为现在耗用这种资源的代价，就是当其枯竭时，用户不得不转向其他费用更高的替代物来满足需求。所以，现在开发使用该种资源的费用是将来必须使用更昂贵替代物的额外费用的现值。

三、国民经济评价参数及选取

国民经济评价参数是指在投资项目的经济分析中为计算效益和费用，衡量技术经济指标而使用的一些参数。制定国民经济评价参数，实际上是政府干预的一种重要方式。所以，从理论上讲，国民经济评价参数应反映最佳的资源分配、宏观经济目标、政府价值判断和在一定时期的经济政策等。国民经济评价参数既是数量度量标准，也是价值判断标准。

（一）社会折现率

社会折现率是用以衡量资金时间经济价值的重要参数，代表资金占用的机会成本。作为项目费用效益不同时间价值之间的折算率，社会折现率反映了对于社会费用效益价值的时间偏好；作为资金占用的机会成本，社会折现率反映了社会投资所要求的最低收益率水平。

社会折现率是投资项目决策的重要工具。从微观上看，社会折现率是经济分析中项目经济可行性和方案比选的主要参数和判据。作为计算参数，它用来计算经济净现值；作为判据，它对项目的经济内部收益率进行检验。从宏观上看，社会折现率是国家调控投资流动性的主要手段之一。由于社会折现率是投资项目应达到的最低投资收益率标准，采用适当的社会折现率进行经济分析和评价，有助于间接地调节资金的供求平衡、引导投资方向、调控投资规模、提高投资效益，以及促进资金在长线和短线项目之间的合理配置。

社会折现率根据社会经济发展多种因素综合测定，由国家专门机构统一测算发布。我国目前的社会折现率一般取值为8%。对于永久性工程或收益期超长的项目，社会折现率可适当降低，但不应低于6%。

（二）影子汇率

影子汇率是指能正确反映外汇真实价值的汇率，即外汇的影子价格，它是对市场汇率或法定汇率等实际汇率的调整。

在经济分析中，影子汇率通过影子汇率换算系数计算，即：

影子汇率=国家外汇牌价×影子汇率换算系数

影子汇率换算系数是影子汇率与国家外汇牌价的比值。投资项目投入物和产出物涉及进出口的，应采用影子汇率换算系数调整计算影子汇率。

作为项目经济评价的重要参数，影子汇率对项目决策有重要影响。影子汇率换算系数高，反映外汇的影子价格高，会使主要产出物为外贸货物的项目的外汇收入的社会价值较高；而对于投入物中有较多进口货物的项目，投入外汇的社会成本较高。

在项目评价中，影子汇率的取值可以影响项目进出口的选择。项目投资中使用进口设备或原材料，与国产设备或原材料比较时，如果影子汇率取值较高，进口设备或原材料的社会成本较高，国产设备或原材料的社会成本较低，有利于在方案选择中选用国产设备或原材料。

影子汇率换算系数由国家统一测定和发布，并定期调整。目前，我国的影子汇率换算系数取值为1.08。

（三）影子工资

在经济分析中，影子工资作为项目使用劳动力的费用。劳动力的影子工资一般使用影子工资换算系数求得：

影子工资=财务分析中所用的工资及福利费×影子工资换算系数

影子工资换算系数是国民经济评价的重要参数，应当根据劳动力的状况、结构和就业水平而定。

对于技术劳动力，影子工资换算系数为1。对于非技术劳动力，一般情况下影子工资换算系数为0.25～0.8，由非技术劳动力供给的富余程度来决定影子工资换算系数，非技术劳动力较为富余的地区可取较低值，不太富余的地区可取较高值，对于在建设期内大量使用民工的项目，其民工的影子工资换算系数为0.5。

第四节　投资项目经济分析的主要方法

一、费用效益分析

费用效益分析是投资项目经济分析的核心方法，主要是通过编制经济费用效益流量表，计算经济内部收益率和经济净现值等指标，分析项目的经济盈利能力。

经济费用效益流量表的编制，可以按照经济费用效益识别和计算的原则和方法直接进行，也可以在财务分析的基础上将财务现金流量经过调整转换为反映真正资源变动状况的经济费用效益流量。

（一）直接进行经济费用效益分析

直接进行经济费用效益分析的步骤为：

1.进行费用效益的识别和计算

（1）将投入物和产出物分为具有市场价格的货物（包括外贸货物和非外贸货物）、不具有市场价格的货物以及特殊投入物（人力资源、土地、资产资源）。按照经济费用效益识别和计算的方法和原则，分别计算其经济价值。

（2）对于难以进行货币量化的产出效果，应尽可能地采用其他量纲进行量化。难以量化的，进行定性描述，以全面反映项目的产出效果。

2.估算投资费用和经营费用

（1）编制投资费用估算表。在投资费用估算中应注意：

①由于采用影子价格，不考虑涨价因素，故预备费中不包括涨价预备费。

②由于不考虑融资问题，投资费用中不含建设期利息。

③固定资产其他费用中的土地费用，应当将实际征地费用调整为影子价格，即按土地的机会成本和新增资源消耗两部分进行计算。

④流动资金部分，应当按投入物的影子价格计算，并且不包含现金、应收、应付、预收、预付等不反映实际资源消耗的部分。

（2）编制经营费用估算表。在经营费用估算中，除投入物必须使用影子价格并且不考虑流转税外，工资需按影子工资反映；在"其他费用"一栏中，不包含各种税费。

3.编制经济费用效益流量表

将尽可能货币化的间接效益和费用填入表内（注意产出物（非外贸货物）的影子价格含流转税）；计算出经济内部收益率和经济净现值；对其他量纲计量的和完全无法计量的间接费用和效益，分别进行定量和定性的描述。

4.进行不确定性分析

在经济费用效益分析中，虽然采用影子价格体系，但是我们估算和预测出来的数据不可避免地存在不确定性，所以必须通过敏感性分析和概率分析判断项目的抗风险能力，为决策提供依据。

（二）在财务分析基础上进行经济费用效益分析

在财务分析基础上进行经济费用效益分析的步骤为：

1.用影子价格对原财务价格进行调整

项目投入物和产出物的原财务价格，需要逐一甄别，按相关原则采用影子价格。使用外汇的部分，用影子汇率换算系数予以调整。

2.剔除转移支付因素

（1）在总投资中剔除建设期利息，进口设备、材料的关税和增值税；流动资金投资中的现金和应收、应付、预收、预付账款也应剔除。

（2）在原财务经营成本中剔除其他费用中的车船税、城镇土地使用税等税项，进口材料、备品备件的关税和增值税。

注意：在项目产出物（非外贸货物）的影子价格中，一般应当包括应缴纳的流转税。

3.剔除总投资中的涨价预备费

由于影子价格与涨价因素无关，故应将财务分析项目总投资中的涨价预备费剔除。

4.调整外汇价值

涉及外汇收入和支出时均需要用影子汇率计算外汇价值，即将外汇价格乘以影子汇率，转换成人民币。

5.按各相关原则对间接费用和效益进行估算

在原来的财务分析中，仅包括项目的直接费用和效益，所以应当按前面介绍的各有关原则，对有形间接费用和效益进行测算。无形间接效果则尽可能予以量化或作定性说明。

6.编制经济费用效益流量表

经济费用效益流量表中必须包含货币化了的间接费用和效益，计算出经济内部收益率和经济净现值。对以其他量纲计量的，以及完全无法计量的间接费用和效益，分别进行定量和定性的描述。

7.进行不确定性分析

需要注意的是，不论是直接进行费用效益分析还是在原财务分析基础上进行费用效益分析，分析中除编制项目投资经济费用效益流量表（基本报表）外，还需要编制以下报表作为辅助报表：

（1）经济费用效益分析投资费用估算调整表。

（2）经济费用效益分析经营费用估算调整表。

（3）项目间接费用（效益）估算表。

（4）项目直接效益估算调整表。

【例10-2】要求结合第6章及第8章某化学涂料项目案例对某化学涂料项目进行经济费用效益分析。

解答：

在财务分析项目投资现金流量表的基础上调整编制经济费用效益流量表，主要包括以下七个步骤：

1. 调整直接效益流量

项目的直接效益主要表现为营业收入。产出需要采用影子价格的，用影子价格替换财务分析中所使用的预测价格，重新计算营业收入。应根据具体的供求情况，选择适当的方法确定产出物的影子价格。

出口产品要用影子汇率计算外汇价值。

通过上述计算，编制营业收入调整估算表。

在某化学涂料项目的财务分析中，营业收入按不含税价格计算。根据调查，中水性氟树脂涂料、烘烤型氟树脂涂料两种产品属于市场定价的非外贸货物，市场空间大，按消费者支付意愿确定影子价格，即采用含税价格重新计算项目的营业收入；溶剂型氟树脂涂料，市场空间小，必将挤占其他生产厂商的市场份额，按不含税价格作为其影子价格。

调整后的营业收入及与财务数据的对比情况见表10-1。

表10-1　　　　　　　　某化学涂料项目营业收入调整估算表　　　　　　　　单位：万元

序号	项目	财务数据			经济数据		
	生产负荷（%）	70	90	100	70	90	100
	营业收入合计	30 800.00	39 600.00	44 000.00	34 828.00	44 802.00	49 780.00
1	中水性氟树脂涂料	12 600.00	16 200.00	18 000.00	14 724.00	18 954.00	21 060.00
2	溶剂型氟树脂涂料	7 000.00	9 000.00	10 000.00	7 000.00	9 000.00	10 000.00
3	烘烤型氟树脂涂料	11 200.00	14 400.00	16 000.00	13 104.00	16 848.00	18 720.00

2. 调整建设投资

（1）将建设投资中的涨价预备费从现金流出中剔除。

（2）根据具体情况，将建设投资中的劳动力按影子工资计算费用，也可不予调整。

（3）有进口用汇的按照影子汇率换算并剔除作为转移支付的进口关税和进口环节增值税。

（4）建设投资中的国内费用中含有的增值税进项税额可根据市场定价的非外贸货物影子价格定价原则以及各类投入物的市场供求情况决定是否剔除，也可采用含税价格或不含税价格计算。

（5）其他费用剔除不必调整。

（6）建设投资中的土地费用的调整，按土地影子价格的确定方法和要求进行调整。

某化学涂料项目中，进行如下调整：

（1）外汇部分按影子汇率换算为人民币。

（2）通过对当前经济形势和国内投资货物市场状况进行分析，认为国内投资货物市场供求基本平衡，可通过新增供应来满足项目需求，因而采用不含税价格作为其影子价格，即剔除国内设备费、安装工程费和建筑工程费中内含的增值税进项税额。

（3）进口设备材料关税和进口环节增值税属于转移支付，予以剔除。

（4）工程建设其他费用中，土地费用按市场价格重新计算；其他费用不予调整。

　　调整后的建设投资经济数据及与财务数据对比见表10-2（外币对人民币的汇率为6.2）。

表10-2　　　　　　　　　　　**某化学涂料项目建设投资调整表**　　　　　　　人民币单位：万元

外币单位：万美元

序号	项目	财务数据			经济数据		
		外币	人民币	合计	外币	人民币	合计
1.	固定资产费用	505.13	15 156.07	18 287.88	505.13	14 257.11	17 639.46
1.1	建筑工程费		10 411.00	10 411.00		10 411.00	10 411.00
1.2	设备购置费	505.13	3 093.79	6 225.60	505.13	2 194.83	5 577.11
1.3	安装工程费		536.83	536.83		536.83	536.83
1.4	固定资产其他费用		1 114.45	1 114.45		1 114.45	1 114.45
2	无形资产费用		3 375.00	3 375.00		8 437.50	8 437.50
2.1	土地费用		3 375.00	3 375.00		8 437.50	8 437.50
3	其他资产费用		250.00	250.00		250.00	250.00
4	预备费		3 307.12	3 307.12		2 191.29	2 191.29
4.1	基本预备费		2 191.29	2 191.29		2 191.29	2 191.29
4.2	涨价预备费		1 115.83	1 115.83			
5	建设投资合计	505.13	239 896.00	25 220.00	505.13	25 135.90	28 518.25

　　3.调整经营费用

　　（1）对需要采用影子价格的投入，用影子价格重新计算。

　　（2）对一般投资项目，人工工资可不予调整，即影子工资换算系数为1。

　　（3）人工工资用外汇计算的，按影子汇率调整。

　　（4）对于经营费用中的除原材料和燃料动力费用之外的其余费用，通常不予调整。

　　某化学涂料项目中，主要原料属于不可再生资源，按含税市场价格作为其影子价格重新计算。

　　调整后经营费用及与财务数据的对比见表10-3。

表10-3　　　　　　　　　　　**某化学涂料项目经营费用调整表**　　　　　　　全额单位：万元

序号	项目	财务数据			经济数据		
	生产负荷（%）	70	90	100	70	90	100
1	外购原材料	16 226.00	20 862.00	23 180.00	18 984.42	24 408.54	27 120.60
3	外购燃料动力	1 140.97	1 466.97	1 629.96	1 140.97	1 466.97	1 629.96
5	职工薪酬	2 857.08	2 857.08	2 857.08	2 857.08	2 857.08	2 857.08
6	修理费	262.50	262.50	262.50	262.50	262.50	262.50
7	其他费用	1 916.54	2 352.22	2 577.55	1 916.54	2 352.22	2 577.55
8	经营费用合计	22 403.09	27 800.77	30 507.09	25 161.51	31 347.31	34 447.69

4.调整流动资金

（1）在财务分析中如果采用扩大指标估算法估算，在经济分析中仍按扩大指标估算法进行估算，但需将计算基数用影子价格重新计算。

（2）在财务分析中按分项详细估算法估算的，应剔除不反映社会资源增减变化的现金、应收账款、应付账款、预收账款和预付账款，仅保留存货部分，并用影子价格对存货部分进行分项估算。

在某化学涂料项目中，经济费用效益分析中的流动资金只包括用影子价格计算的存货部分。

调整后的流动资金及与财务数据的对比见表10-4。

表10-4　　　　　　　　　　　某化学涂料项目流动资金调整表　　　　　　　　　金额单位：万元

序号	项目	财务数据			经济数据		
	生产负荷（%）	70	90	100	70	90	100
1	流动资产	6 051.69	7 546.56	8 295.49	3 791.74	4 773.99	5 265.57
1.1	应收账款	1 398.99	1 742.97	1 915.37			
1.2	存货	4 254.90	5 369.48	5 927.23	3 791.74	4 773.99	5 265.57
1.3	现金	397.80	434.11	452.89			
2	流动负债	2 518.21	3 237.70	3 597.44			
2.1	应付账款	2 518.21	3 237.70	3 597.44			
3	流动资金	3 533.48	4 308.86	4 698.05	3 791.74	4 773.99	5 265.57

5.回收资产余值一般不必调整

6.估算间接效益和间接费用

识别并估算项目所产生的间接效益和间接费用，并尽可能予以货币化估算

某化学涂料项目生产的产品属于市场定价货物，其影子价格已经反映了对下游产业链产生的影响，不再估算该项目间接效益。

当地政府承诺出资建设部分场外工程，估计花费1.2亿元，应计作某化学涂料项目的间接费用。某化学涂料项目对环境会产生一定的负面影响，环境补偿费为1.6亿元，投产第一年按70%计，第二年按90%计。

7.计算效益指标，得出结论

在上述调整的基础上，编制项目投资经济费用效益流量表，并计算效益指标，得出经济费用效益分析结论。

调整后的项目投资经济费用效益流量表见表10-5。

表10-5

某化学涂料项目投资经济费用效益流量表

金额单位:万元

序号	项目	计算期							
		1	2	3	4	5	6	7~19	20
	生产负荷(%)			70	90	100	100	100	100
1	效益流量			34 828.00	44 802.00	49 780.00	49 780.00	49 780.00	56 067.64
1.1	项目直接效益			34 828.00	44 802.00	49 780.00	49 780.00	49 780.00	49 780.00
1.2	回收资产余值								1 022.07
1.3	回收流动资金								5 265.57
1.4	项目间接效益								
2	费用流量	20 259.13	20 259.13	40 153.25	46 729.56	50 939.27	50 447.69	50 447.69	50 447.69
2.1	建设投资	14 259.13	14 259.13						
2.2	流动资金			3 791.74	982.25	491.58			
2.3	经营费用			25 161.51	31 347.31	34 447.69	34 447.69	34 447.69	34 447.69
2.4	间接费用	6 000.00	6 000.00	11 200.00	14 400.00	16 000.00	16 000.00	16 000.00	16 000.00
2.4.1	政府出资场外工程	6 000.00	6 000.00						
2.4.2	环境补偿费用			11 200.00	14 400.00	16 000.00	16 000.00	16 000.00	16 000.00
3	项目净效益流量	-20 259.13	-20 259.13	-5 325.25	-1 927.56	-1 159.27	-667.69	-667.69	5 619.95

微课9

在财务分析基础上编制经济费用效益流量表

（三）费用效益分析指标

1.经济净现值（ENPV）

经济净现值是项目按照社会折现率将计算期内各年的经济净效益流量折现到建设期期初的现值之和，是经济费用效益分析的主要评价指标。其计算公式为：

$$ENPV = \sum_{t=1}^{n}(B-C)_t(1+i_s)^{-t}$$

式中：B——经济效益流量；C——经济费用流量；$(B-C)_t$——第t年的经济净效益流量；n——项目计算期；i_s——社会折现率。

在经济费用效益分析中，如果经济净现值大于等于零，说明项目可以达到社会折现率要求的效率水平，认为该项目从经济资源配置的角度可以被接受。

【例10-3】接"例10-2"，计算某化学涂料项目的经济净现值。

ENPV=−20 259.13×（P/F,8%,1）−20 259.13×（P/F,8%,2）−5 325.25×（P/F,8%,3）−1 927.56×（P/F,8%,4）−1 159.27×（P/F,8%,5）−667.67×（P/A,8%,14）×（P/F,8%,5）+5 619.95×（P/F,8%,20）

=−45 099.84（万元）

由于某化学涂料项目的经济净现值小于零，因此，从经济分析的角度考虑，该项目是不可行的。

2.经济内部收益率（EIRR）

经济内部收益率是项目在计算期内经济净效益流量的现值累计等于零时的折现率，是经济费用效益分析的辅助评价指标。其计算公式为：

$$\sum_{t=1}^{n}(B-C)_t(1+EIRR)^t = 0$$

式中：EIRR——经济内部收益率，其他符号同上。

经济内部收益率与财务内部收益率的计算方法类似，采用插入法进行计算。

如果经济内部收益率等于或者大于社会折现率，表明项目资源配置的经济效率达到了可以被接受的水平。

3.效益费用比（R_{BC}）

效益费用比是项目在计算期内效益流量的现值与费用流量的现值的比率，是经济费用效益分析的辅助评价指标。其计算公式为：

$$R_{BC} = \frac{\sum_{t=1}^{n}B_t(1+i_s)^{-t}}{\sum_{t=1}^{n}C_t(1+i_s)^{-t}}$$

式中：R_{BC}——效益费用比；B_t——第t期的经济效益；C_t——第t期的经济费用。

如果效益费用比大于等于1，表明项目资源配置的经济效率达到了可以被接受的水平。如果效益费用比小于1，方案应予以否决。

应当注意的是，效益费用比指标属于效率型指标，主要用于绝对效果评价，若想进行方案的相对评价（方案与方案的对比），还需使用其增量指标，即增量效益费用比指标。

$$\Delta R_{BC_1 - BC_2} = \frac{\sum_{t=1}^{n} \Delta B_t \left(1 + i_s\right)^{-t}}{\sum_{t=1}^{n} \Delta C_t \left(1 + i_s\right)^{-t}}$$

式中：$\Delta R_{BC_1 - BC_2}$——两方案增量效益费用比；ΔB_t——两方案在 t 年的增量收益；ΔC_t——两方案在 t 年的增量费用。

二、费用效果分析

费用效果分析也是经济分析的重要方法。特别是对于一些外部效果难以进行量化的项目，如大部分国防、卫生、教育、公共设施、环境保护等公共事业项目，通常采取费用效果分析的方法，通过选择费用相对较低的方案，进行方案经济比选和优化。

（一）公共事业项目的特点

1.费用与效果的计量单位不同

费用与效果不具有统一的量纲，部分公共事业项目的费用表现为货币性费用，但其产出或提供的服务缺乏市场价格，由于技术等各方面的困难，其收益往往难以货币化。例如文教项目在文明教养方面的外部效益、消除各种污染项目的外部效益等，尽管为这些项目付出的代价可以计量，但费用效益分析很难发挥作用。

2.无法进行绝对效果评价，且优选也较困难

对于方案费用和收益的不同量纲，由于人们难以给出评价的标准，故对这类公共事业项目一般无法判断其可行性。除了其中一部分方案可用费用现值法或年等值法进行优选外，无法使用包括增量效益费用比在内的所有评价指标进行优选。

为了克服费用效益分析的困难，人们试图使用费用效果分析取代费用效益分析对此类项目进行相对评价，即进行优选。

（二）费用效果分析的一般模型

费用效果分析也称成本效果分析、成本效用分析。它是通过比较分析项目效果与所支付的费用来判断项目的成本有效性及经济合理性的一种方法。

费用效果分析的一般模型可表示为：

$$R_{BC} = \frac{E}{C}$$

式中：R_{EC}——效果费用比；E——项目产出的效果；C——项目实施的费用，可以是项目的建设投资，但一般应是全寿命费用。

在实践中，也经常用另外一种形式表示：

$$R_{CB} = \frac{C}{E}$$

式中：R_{CE}——费用效果比；其他符号相同。

（三）费用效果分析的应用条件

（1）待分析的方案数目不得少于两个，并且是互斥方案。所谓互斥方案，是指就方案之间的关系而言互相排斥，具有择一性，最终只能选择其中的一个方案。

由于费用效果分析的计算结果是一个比率，作为分子（或分母）的效果不能用货币量化，因此，不能够应用此方法分析项目方案的绝对效果，也就是说，不能根据效果费用比的结果判断方案是否可行，只能用于方案之间的比较。为了保证用有限的资源获得

最大的效果，应尽可能地选择多个方案进行比选。

（2）各个被评价的方案有着共同的、明确可达到的目标。如果待评价的各个方案追求的目标不一致，各个方案就没有可比性，费用效果指标也就失去了比选的基础。

（3）各方案的费用采用货币单位计量，效果采用非货币的同一单位计量。一般而言，项目方案的货币投入较易计量并采用货币单位计量，但效果的计量单位则不同。若待分析方案的效果计量单位不同，则方案间的费用效果指标难以进行正确的比较。

（4）在计算效果费用比时必须确保各互斥方案的寿命期相同，如果寿命期不同，则应采用评价的技术处理方法使之具有可比基础，例如，等值换算为年值指标，或根据方案的寿命期最小公倍数换算为相等的年限等。

（四）费用效果分析的三种方法

1.固定效果法（最小费用法）

该方法是在各方案具有相同效果的基础上，按费用最小准则进行方案间的比选。它适用于项目有比较固定目标要求的情况，例如医院项目的每张病床的费用、学校项目的每个学生的投资费用等。

2.固定费用法（最佳效果法）

该方法是在各方案具有相同成本的基础上，按效果最好准则进行方案间的比选。它适用于项目费用有严格限定的情况。例如某急救中心项目，由于资金紧张，只能在限定的资金条件下确定方案，这时，就应考虑将各个方案的效果作为比选条件。这时候方案的效果应视为紧急救护所需时间长短（就是说项目站址的选择很重要），效果相对好者为优。

3.最大效果费用比法

该方法按效果费用比最大为准则来比选方案，即单位费用的效果最大的方案为最优。该方法一般适用于各备选方案的效果或费用均不尽相同的情况。

【例10-4】 某城市拟建一大型立交桥。对立交桥提出的效果目标有改善城市交通状况、美观、耐用等。为方便分析，我们仅把改善城市交通状况作为唯一的效果目标，并以增加车辆通过能力作为达到这个效果目标的唯一要求。对这个要求，我们以每分钟车辆通过数这个指标来衡量。提出的三个方案的成本与效果情况见表10-6。

表10-6　　　　　　　建立立交桥三个方案的成本与效果

方案	现值总成本（万元）	通过能力（辆/分钟）
方案1	1 500	48
方案2	1 500	40
方案3	1 200	40

对于这三个方案，如果预算费用固定为1 500万元，那么从固定费用法来看，方案2不如方案1，应该选择方案1。

如果采用固定效果法，并把效果定为每分钟通过能力为40辆，那么就应该选择费用低的方案3。

如果在设计中对费用和效果均允许有一定的弹性，那么在方案1和方案3之间究竟应该选择哪一个更好，我们可以通过比较两个方案的效果费用比来确定。

方案1的效果费用比为：

$$R_{EC_1} = \frac{E}{C} = \frac{48}{1\,500} = 0.032$$

方案3的效果费用比为：

$$R_{EC_3} = \frac{E}{C} = \frac{40}{1\,200} = 0.033$$

选择效果费用比大的方案，即方案3比方案1要好。

或者在方案1和方案3之间选择时，更为科学的是根据增加效果所需要的边际成本来决定。

本例中，方案1比方案3增加的效果为8辆/分钟，而增加的费用是300万元（1 500−1 200），则：

$$\Delta R_{CE_{1-3}} = \frac{\Delta C}{\Delta E} = \frac{300}{8} = 37.5$$

而方案3的平均成本为30万元（1 200÷40）。显然，方案1的边际成本要高于这个平均成本，所以再增加300万元投资是不合算的。最后的结论也是选择方案3。

本章小结

经济分析是按照资源合理配置的原则，从国家经济整体利益的角度出发，考察项目的费用和效益，用影子工资、影子汇率和社会折现率等经济评价参数，计算项目对国民经济的净贡献，分析项目的经济效率、效果和对社会福利的贡献，评价项目经济合理性的经济评价方法。经济分析是项目评估的重要组成部分，是从宏观上决定投资项目是否可行的重要依据。

经济分析与财务分析相比，主要区别在于评价的角度和目的不同、费用和效益的含义及范围划分不同、费用和效益的计算价格不同、主要参数和判据（折现率、汇率等）不同。经济分析是投资决策的最终依据。

经济分析的方法主要有费用效益分析、费用效果分析等。这两种方法是经济分析的核心方法。经济分析方法未来的发展趋势是多目标分析法。

费用效益分析通过费用效益的识别，利用影子价格，选用影子汇率、影子工资和社会折现率等国家参数，计算项目投入物产出物的经济价值，编制经济费用效益流量表，计算经济净现值、经济内部收益率、效益费用比等评价指标，对项目进行分析和判断，并提出相应的政策建议。

费用效果分析是一种定量分析方法。与费用效益分析比较，费用效果分析中的效果不采用货币化量纲，而是其他量纲，其基本评价指标是效果费用比或者费用效果比。费用效果分析法是对公共项目进行评估的重要方法。

基础知识练习

一、单项选择题（每题的备选项中，只有1个最符合题意）

1.经济分析采用（　　）方法识别项目的效益和费用。

A.费用效益分析　　B.影子价格　　　C.有无对比　　　　D.费用效果分析

2.经济分析采用（　　）估算各项效益和费用。

A.预测价格　　　　　B.影子价格　　　　C.市场价格　　　　D.固定价格

3.经济费用效益分析采用（　　）方法，计算经济内部收益率和经济净现值指标。

A.费用效益流量分析　　　　　　　B.项目投资现金流量

C.资本金现金流量　　　　　　　　D.净现金流量

4.下列关于经济分析和财务分析的区别的说法中，错误的是（　　）。

A.经济分析使用影子价格体系，财务分析使用预测的财务收支价格体系

B.经济分析只进行盈利能力分析，财务分析需要进行盈利能力分析、偿债能力分析和财务生存能力分析

C.经济分析必须在财务分析的基础上进行

D.根据项目实际情况，经济分析计算期可长于财务分析计算期

5.正确处理（　　）是经济效益与费用识别的关键。

A.转移支付　　　　B.计算口径一致　　C.时间跨度　　　　D.分析对象

6.某货物A进口到岸价100美元/吨，某货物B出口离岸价也为100美元/吨，进口费用和出口费用分别为50元/吨和40元/吨（以人民币计价），若影子汇率为1美元=6.80元人民币，则货物A和货物B的影子价格分别为（　　）。

A.730；640　　　　　B.730；720　　　　C.630；640　　　　D.630；720

7.劳动力的（　　）是影子工资的主要组成部分。

A.工资　　　　　　　　　　　　　B.机会成本

C.影子价格　　　　　　　　　　　D.劳动力转移所引起的新增资源消耗

8.关于经济净现值指标的说法中，错误的是（　　）。

A.经济净现值是反映项目对社会经济净贡献的绝对量指标

B.经济净现值大于或等于零，说明项目的经济盈利性达到或超过了社会折现率的基本要求

C.经济净现值越大，表明项目所带来的以现值表示的经济效益越大

D.经济净现值是项目计算期内各年的经济效益流量之和

9.在项目经济分析中，在对流动资金进行调整时，需要用影子价格重新分项估算的是（　　）。

A.现金　　　　　　B.应收账款　　　　C.预付账款　　　　D.存货

10.费用效果分析是遵循（　　）原则，通过对其进行费用和效果的比较，选择最优或较好方案的过程。

A.多方案比选　　　B.综合性　　　　　C.系统性　　　　　D.增量分析

二、多项选择题（每题的备选项中，有2个或2个以上符合题意，至少有1个错误选项）

1.经济分析是按照合理配置资源的原则，采用（　　）等经济分析参数，对投资性能进行经济合理性分析。

A.社会折现率　　　　　　B.影子汇率　　　　　　　C.影子工资

D.财务基准收益率　　　　E.货物影子价格

2.以下关于经济效益与费用识别的基本要求的表述中，正确的是（　　）。

A.遵循前后对比原则

B.正确处理"转移支付"

C.合理确定经济效益与费用识别的时间跨度

D.遵循以项目作为分析对象的原则

E.遵循效益与费用识别和计算口径对应一致的原则

3.下列（　　）属于经济分析中项目的直接效益。

A.项目产出直接出口造成国家外汇收入的增加

B.项目产出替代其他厂商的产品或服务造成社会资源的节省

C.项目产出带来税收的增加

D.项目提供的产品或服务满足社会需求

E.项目产出替代进口造成国家外汇支出的减少

4.经济分析中在财务数据基础上进行调整计算建设投资时，属于转移支付需要剔除的是（　　）。

  A.涨价预备费　　　　　B.基本预备费　　　　　C.耕地占用税

  D.进口关税　　　　　　E.国内银行建设期利息

5.经济效益与费用的估算原则包括（　　）。

  A.支付意愿原则　　　　B.沉没成本原则　　　　C.机会成本原则

  D.受偿意愿原则　　　　E.实际价值计算原则

6.项目的特殊投入物包括（　　）。

  A.土地　　　　　　　　B.劳动力　　　　　　　C.外贸货物

  D.自然资源　　　　　　E.外汇

7.一般情况下，在项目实际征地费用中，属于新增资源消耗的费用有（　　）。

  A.土地补偿费　　　　　B.征地动迁费　　　　　C.安置补助费

  D.青苗补偿费　　　　　E.地上附着物补偿费

8."项目投资经济费用效益流量表"中"效益流量"的内容包括（　　）。

  A.项目直接效益　　　　B.项目间接效益　　　　C.资产余值回收

  D.回收流动资金　　　　E.回收固定资产余值

9.费用效果分析是通过对项目预期效果和所支付费用的比较，判断项目（　　）的分析方法。

  A.经济合理性　　　　　B.财务可行性　　　　　C.费用有效性

  D.建设合规性　　　　　E.经济可行性

10.在经济分析参数中，通用参数包括（　　）。

  A.社会折现率　　　　　B.自然资源影子价格　　C.影子汇率

  D.土地影子价格　　　　E.影子工资

三、简答题

1.什么是投资项目的经济分析？它与投资项目的财务分析有何区别？哪些投资项目需要进行经济分析？

2.如何进行投资项目经济效益与费用的识别？

3.在投资项目经济效益与费用估算过程中应坚持什么原则？

4.什么是影子价格？投资项目经济分析中如何确定货物的影子价格？

5.如何在财务分析的基础上进行项目的经济费用效益的分析？

四、案例分析题

某公司拟从国外进口一套机电设备，重量为1 500吨，离岸价格为4 000万美元。其他有关费用参数为：国外海运费费率为4%，海上运输保险费费率为0.1%，银行财务费费率为0.15%，外贸手续费费率为1%，进口关税税率为10%，进口环节增值税税率为17%。人民币外汇牌价1美元=6.5元人民币，设备国内运杂费费率为2.1%。影子汇率换算系数为1.08。试计算该进口设备的影子价格。

实践操作训练

■ 实训操练

一、实训目的

通过实验，熟悉投资项目财务分析与经济分析的区别，掌握投资项目经济效益与费用识别的原则和方法，掌握不同货物影子价格的确定方法并利用影子价格对投资项目经济效益与费用进行估算，能熟练利用投资项目财务分析报表的相关数据进行投资项目的经济分析。

二、实训准备

（1）掌握投资项目经济效益与费用识别的原则和方法。

（2）掌握不同货物影子价格的确定方法。

（3）利用影子价格对投资项目经济效益与费用进行估算。

（4）掌握在投资项目财务分析的基础上进行投资项目的经济分析的方法。

三、实训内容

1.货物的影子价格

某特大型项目需要投入物B，该投入物供应紧张，短期内无法通过增产或扩容来满足项目的投入需要，预测的目标市场价格为9 000元/吨（不含税），增值税税率为17%，项目到目标市场的运杂费为100元/吨。

实训要求：计算投入物B的影子价格。

2.土地的经济费用

某项目支付的土地征地费用包括：土地补偿费、青苗补偿费700万元，征地动迁费、安置补助费400万元，缴纳的耕地占用税40万元，地上附着物补偿费1 000万元；土地复耕费、新菜地开发建设基金等共60万元，各项费用的影子价格换算系数都取1。

实训要求：计算经济分析中土地的经济费用。

■ 综合实训案例

背景资料：见第8章综合实训案例一所给资料。

实训要求：利用所给资料及计算结果，编制"经济费用与效益现金流量表"，通过计算相关指标对该项目进行经济分析。

第十章自测题一　　第十章自测题二　　第十章自测题三

附录　投资项目评估主要报表

　　　　　　　　　　建设投资估算表（概算法）　　　　　人民币单位：万元

外币单位：

序号	工程或费用名称	建筑工程费	设备购置费	安装工程费	其他费用	合计	其中：外币	比例（%）
1	工程费用							
1.1	主体工程							
1.1.1	×××							
	…							
1.2	辅助工程							
1.2.1	×××							
	…							
1.3	公用工程							
1.3.1	×××							
	…							
1.4	服务性工程							
1.4.1	×××							
	…							
1.5	厂外工程							
1.5.1	×××							
	…							
1.6	×××							
2	工程建设其他费用							
2.1	×××							
	…							
3	预备费用							
3.1	基本预备费用							
3.2	涨价预备费用							
4	建设投资合计							
	比例（%）							

注：（1）"比例"分别指各主要科目的费用（包括横向和纵向）占建设投资的比例。

（2）本表适用于新设法人项目与既有法人项目的新增建设投资项目。

（3）"工程或费用名称"项可依不同行业的要求调整。

附表2 建设投资估算表（形成资产法） 人民币单位：万元
外币单位：

序号	工程或费用名称	建筑工程费	设备购置费	安装工程费	其他费用	合计	其中：外币	比例（%）
1								
1.1	工程费用							
1.1.1	×××							
1.1.2	×××							
1.1.3	×××							
	…							
1.2	固定资产其他费用							
	×××							
	…							
2	无形资产费用							
2.1	×××							
	…							
3	其他资产费用							
3.1	×××							
	…							
4	预备费用							
4.1	基本预备费用							
4.2	涨价预备费用							
5	建设投资合计							
	比例（%）							

注：（1）"比例"分别指各主要科目的费用（包括横向和纵向）占建设投资的比例。

（2）本表适用于新设法人项目与既有法人项目的新增建设投资项目。

（3）"工程或费用名称"项可依不同行业的要求调整。

附表3　　　　　　　　　　　　　　建设期利息估算表　　　　　　　　人民币单位：万元

序号	年份　　　　项目	合计	建设期					
			1	2	3	4	…	n
1	借款							
1.1	建设期利息							
1.1.1	期初借款余额							
1.1.2	当期借款金额							
1.1.3	当期应计利息							
1.1.4	期末借款余额							
1.2	其他融资费用							
1.3	小计（1.1+1.2）							
2	债券							
2.1	建设期利息							
2.1.1	期初债务余额							
2.1.2	当期债务金额							
2.1.3	当期应计利息							
2.1.4	期末债务余额							
2.2	其他融资费用							
2.3	小计（2.1+2.2）							
3	合计（1.3+2.3）							
3.1	建设期利息合计（1.1+2.1）							
3.2	其他融资费用合计（1.2+2.2）							

注：（1）本表适用于新建法人项目与既有法人项目的新增建设期利息的估算。

（2）原则上应分别估算外汇和人民币债务。

（3）如有各种借款或债券，必要时应分别列出。

（3）本表与财务分析表（"附表15借款还本付息计划表"）可二表合一。

附表4　　　　　　　　　　　流动资金估算表　　　　　　　　人民币单位：万元

序号	项目	最低周转天数	周转次数	计算期					
				1	2	3	4	…	n
1	流动资产								
1.1	应收账款								
1.2	存货								
1.2.1	原材料								
1.2.2	外购燃料								
1.2.3	外购动力								
1.2.4	在产品								
1.2.5	产成品								
	…								
1.3	现金								
1.4	预付账款								
2	流动负债								
2.1	应付账款								
2.2	预收账款								
3	流动资金								
4	流动资金当年增加额								

注：（1）本表适用于新设法人项目与既有法人项目的"有项目""无项目"和增量流动资金的估算。

（2）表中科目可根据行业变动。

（3）如发生外币流动资金，应另行估算后予以说明，其数额应包含在本表数额内。

（4）不发生预付账款和预收账款的项目可不列此两项。

附表5　　　　　　　　　**项目总投资使用计划与资金筹措表**　　　　人民币单位：万元
　　　　　　　　　　　　　　　　　　　　　　　　　　　　　　　　　　　外币单位：

序号	项目　　年份	合计			人民币			外币		
		1	2	…	1	2	…	1	2	…
1	总投资									
1.1	建设投资									
1.2	建设期利息									
1.3	流动资金									
2	资金筹措									
2.1	项目资本金									
2.1.1	用于建设投资									
	××方									
	…									
2.1.2	用于流动资金									
	××方									
	…									
2.1.3	用于建设期利息									
	××方									
	…									
2.2	债务资金									
2.2.1	用于建设投资									
	××借款									
	××债券									
	…									
2.2.2	用于建设期利息									
	××借款									
	××债券									
	…									
2.2.3	用于流动资金									
	××借款									
	××债券									
	…									
2.3	其他资金									
	×××									
	…									

注：（1）本表按新增投资范围编制。

（2）本表建设期利息一般可包括其他融资费用。

（3）对既有法人项目，项目资本金中包括新增资金和既有法人货币资金与资产变现或资产经营权变现的资金，可分别列出或加以文字说明。

附表6　　　　　　　营业收入、税金及附加和增值税估算表　　　　人民币单位：万元

序号	年份　　　项目	合计	计算期					
			1	2	3	4	…	n
1	营业收入							
1.1	产品A营业收入							
	单价							
	数量							
	销项税额							
1.2	产品B营业收入							
	单价							
	数量							
	销项税额							
2	税金及附加							
2.1	消费税							
2.2	城市维护建设税							
2.3	教育费附加							
3	增值税							
	销项税额							
	进项税额							

注：（1）本表适用于新设法人项目与既有法人项目的"有项目""无项目"和增量的营业收入、税金及附加和增值税估算。

（2）根据行业或产品的不同可增减相应税收科目。

附表7 总成本费用估算表（生产要素法） 人民币单位：万元

序号	项目 \\ 年份	合计	计算期					
			1	2	3	4	…	n
1	外购原材料费							
2	外购燃料及动力费							
3	工资及福利							
4	修理费							
5	其他费用							
6	经营成本							
7	折旧费							
8	摊销费							
9	利息支出							
10	总成本费用							
	其中：可变成本							
	固定成本							

注：本表适用于新设法人项目与既有法人项目的"有项目""无项目"和增量成本费的估算。

附表8　　　　　　　　　　总成本费用估算表（生产成本加期间费用法）　　　　　　人民币单位：万元

序号	年份 项目	合计	计算期					
			1	2	3	4	...	n
1	生产成本							
1.1	直接材料费							
1.2	直接燃料及动力费							
1.3	直接工资及福利费							
1.4	制造费用							
1.4.1	折旧费							
1.4.2	修理费							
1.4.3	其他制造费							
2	管理费用							
2.1	无形资产摊销							
2.2	其他资产摊销							
2.3	其他管理费用							
3	财务费用							
3.1	利息支出							
3.1.1	长期借款利息							
3.1.2	流动资金借款利息							
3.1.3	短期借款利息							
4	销售费用							
5	总成本费用 (1+2+3+4)							
5.1	其中：可变成本							
5.2	固定成本							
6	经营成本 (5−1.4.1−2.1−2.2−3.1)							

注：（1）本表适用于新设法人项目与既有法人项目的"有项目""无项目"和增量成本费的估算。

（2）生产成本中的折旧费、修理费是指生产性设施的固定资产折旧费和修理费。

（3）生产成本中的工资及福利费指生产性人员工资和福利费。车间或分厂管理人员工资和福利费可在制造费用中单独列项或含在其他制造费中。

（4）本表其他管理费用中含管理设施的折旧费、修理费以及管理人员的工资和福利费。

附表9　　　　　　　　　　　　**项目投资现金流量表**　　　　　人民币单位：万元

序号	年份 项目	合计	计算期					
			1	2	3	4	…	n
1	现金流入							
1.1	营业收入							
1.2	补贴收入							
1.3	回收固定资产余值							
1.4	回收流动资金							
2	现金流出							
2.1	建设投资							
2.2	流动资金							
2.3	经营成本							
2.4	税金及附加							
2.5	维持运营投资							
3	所得税前净现金流量（1-2）							
4	累计所得税前净现金流量							
5	调整所得税							
6	所得税后净现金流量（3-5）							
7	累计所得税后净现金流量							

计算指标：
项目投资财务内部收益率（%）（所得税前）
项目投资财务内部收益率（%）（所得税后）
项目投资财务净现值（所得税前）（折现率= %）
项目投资财务净现值（所得税后）（折现率= %）
项目投资回收期（年）（所得税前）
项目投资回收期（年）（所得税后）

注：（1）本表适用于新设法人项目与既有法人项目的增量和"有项目"的现金流量分析。
（2）调整所得税为以息税前利润为基数计算的所得税，区别于"利润与利润分配表"、"项目资本金现金流量表"和"财务计划现金流量表"中的所得税。

附表10　　　　　　　　　　　　　　**项目资本金现金流量表**　　　　　　　　人民币单位：万元

序号	项目＼年份	合计	计算期					
			1	2	3	4	…	n
1	现金流入							
1.1	营业收入							
1.2	补贴收入							
1.3	回收固定资产余值							
1.4	回收流动资金							
2	现金流出							
2.1	项目资本金							
2.2	借款本金偿还							
2.3	借款利息支付							
2.4	经营成本							
2.5	税金及附加							
2.6	所得税							
2.7	维持运营投资							
3	净现金流量（1-2）							

计算指标：
资本金财务内部收益率（％）

注：（1）项目资本金包括用于建设投资、建设期利息和流动资金的资金。

（2）对外商投资项目，现金流出中应增加职工奖励及福利基金科目。

（3）本表适用于新设法人项目与既有法人项目"有项目"的现金流量分析。

附表11　　　　　　　　　　　　投资各方现金流量表　　　　　人民币单位：万元

序号	年份 项目	合计	计算期					
			1	2	3	4	…	n
1	现金流入							
1.1	实分利润							
1.2	资产处置收益分配							
1.3	租赁费收入							
1.4	技术转让或使用收入							
1.5	其他现金流入							
2	现金流出							
2.1	实缴资本							
2.2	租赁资产支出							
2.3	其他现金流出							
3	净现金流量（1-2）							

计算指标：
投资各方财务内部收益率（%）

注：（1）本表可按不同投资方分别编制。

（2）投资各方现金流量表既适用于内资企业，也适用于外商投资企业；既适用于合资企业,也适用于合作企业。

（3）投资各方现金流量表中现金流入是指出资方因该项目的实施将实际获得的各种收入；现金流出是指出资方因该项目的实施将实际投入的各种支出。表中科目应根据项目具体情况调整。

（4）实分利润是指投资者由项目获得的利润。

（5）资产处置收益分配是指对有明确的合营期限或合资期限的项目，在期满时对资产余值按股权比例或约定比例的分配。

（6）租赁收入是指出资方将自己的资产租赁给项目使用所获得的收入，此时应将资产价值作为现金流出，列为租赁资产支出科目。

（7）技术转让或使用收入是指出资方将专利或专有技术转让或允许该项目使用所获得的收入。

附表 12 　　　　　　　　　利润与利润分配表 　　　　　　　　人民币单位：万元

序号	项目 年份	合计	计算期					
			1	2	3	4	…	n
1	营业收入							
2	税金及附加							
3	总成本费用							
4	补贴收入							
5	利润总额（1-2-3-4）							
6	弥补以前年度亏损							
7	应纳税所得额（5-6）							
8	所得税							
9	净利润（5-8）							
10	期初未分配利润							
11	可供分配的利润（9+10）							
12	提取法定盈余公积金							
13	可供投资者分配的利润（11-12）							
14	应付优先股股利							
15	提取任意盈余公积金							
16	应付普通股股利（13-14-15）							
17	各投资方利润分配							
	其中：××方							
	××方							
18	未分配利润（13-14-15-17）							
19	息税前利润（利润总额+利息支出）							
20	息税折旧摊销前利润（息税前利润+折旧+摊销）							

注：（1）对于外商出资项目由第 11 项减去储备基金、职工奖励与福利基金和企业发展基金后，得出可供投资者分配的利润。

（2）第 14~16 项根据企业性质和具体情况选择填列。

（3）法定盈余公积金按净利润计提。

序号	项目 年份	合计	计算期 1	2	3	4	…	n
1	经营活动净现金流量（1.1-1.2）							
1.1	现金流入							
1.1.1	营业收入							
1.1.2	增值税销项税额							
1.1.3	补贴收入							
1.1.4	其他流入							
1.2	现金流出							
1.2.1	经营成本							
1.2.2	增值税进项税额							
1.2.3	税金及附加							
1.2.4	增值税							
1.2.5	所得税							
1.2.6	其他流出							
2	投资活动净现金流量（2.1—2.2）							
2.1	现金流入							
2.2	现金流出							
2.2.1	建设投资							
2.2.2	维持运营投资							
2.2.3	流动资金							
2.2.4	其他流出							
3	筹资活动净现金流量（3.1—3.2）							
3.1	现金流入							
3.1.1	项目资本金投入							
3.1.2	建设投资借款							
3.1.3	流动资金借款							
3.1.4	债券							
3.1.5	短期借款							
3.1.6	其他流入							
3.2	现金流出							
3.2.1	各种利息支出							
3.2.2	偿还债务本金							
3.2.3	应付利润（股利分配）							
3.2.4	其他流出							
4	净现金流量（1+2+3）							
5	累计盈余资金							

注：（1）对于新设法人项目，本表投资活动的现金流入为零。

（2）对于既有法人项目，可适当增加科目。

（3）必要时，现金流量中可增加应付优先股股利科目。

（4）对外商投资项目应将职工奖励与福利基金作为经营活动现金流出。

附表14 　　　　　　　　　　　　　　　　资产负债表 　　　　　　　　　人民币单位：万元

序号	年份\项目	合计	计算期					
			1	2	3	4	…	n
1	资产							
1.1	流动资产总额							
1.1.1	货币资金							
1.1.2	应收账款							
1.1.3	预付账款							
1.1.4	存货							
1.1.5	其他流动资产							
1.2	在建工程							
1.3	固定资产净值							
1.4	无形资产及其他资产净值							
2	负债及所有者权益（2.4+2.5）							
2.1	流动负债总额							
2.1.1	短期借款							
2.1.2	应付账款							
2.1.3	预收账款							
2.1.4	其他流动负债							
2.2	建设投资借款							
2.3	流动资金借款							
2.4	负债小计（2.1+2.2+2.3）							
2.5	所有者权益							
2.5.1	资本金							
2.5.2	资本公积							
2.5.3	累计盈余公积金							
2.5.4	累计未分配利润							
计算指标： 资产负债率（%）								

注：（1）对外商投资项目，第2.5.3项改为累计储备基金和企业发展基金。

（2）对既有法人项目，一般只针对法人编制，可按需要增加科目，此时表中资本金是指企业全部实收资本或股本，包括原有和新增的实收资本。必要时，也可针对"有项目"范围编制。此时表中资本金仅指"有项目"范围的对应数值。

（3）货币资金包括现金和累计盈余资金。

附表15 借款还本付息计划表 人民币单位：万元

序号	年份 项目	合计	计算期					
			1	2	3	4	…	n
1	借款1							
1.1	期初借款余额							
1.2	当期还本付息							
	其中：还本							
	付息							
1.3	期末借款余额							
2	借款2							
2.1	期初借款余额							
2.2	当期还本付息							
	其中：还本							
	付息							
2.3	期末借款余额							
3	债券							
3.1	期初债券余额							
3.2	当期还本付息							
	其中：还本							
	付息							
3.3	期末债券余额							
4	借款和债券合计							
4.1	期初余额							
4.2	当期还本付息							
	其中：还本							
	付息							
4.3	期末余额							
计算指标	利息备付率（%）							
	偿债备付率（%）							

注：（1）本表与财务分析辅助表（"附表3建设期利息估算表"）可合二为一。

（2）本表直接适用于新设法人项目，如有多种借款或债券，必要时应分别列出。

（3）对于既有法人项目，在按有项目范围进行计算时，可根据需要增加项目范围内原有借款的还本付息计算；在计算企业层次的还本付息时，可根据需要增加项目范围外借款的还本付息计算；当简化直接进行项目层次新增借款还本付息计算时，可直接按新增数据进行计算。

（4）本表可另加流动资金借款的还本付息计算。

附表 16 　　　　　　　　**项目投资经济费用效益流量表**　　　　　　　人民币单位：万元

序号	项目 年份	合计	计算期					
			1	2	3	4	...	n
1	效益流量							
1.1	项目直接效益							
1.2	资产余值回收							
1.3	项目间接效益							
2	费用流量							
2.1	建设投资							
2.2	流动资金							
2.3	经营费用							
2.4	项目间接费用							
3	净效益流量（1-2）							

计算指标：
项目投资经济净现值（$i_s = 8\%$）
项目投资经济内部收益率

附表 17 　　　　　　　　**国内投资经济费用效益流量表**　　　　　　　人民币单位：万元

序号	项目 年份	合计	计算期					
			1	2	3	4	...	n
1	效益流量							
1.1	项目直接效益							
1.2	资产余值回收							
1.3	项目间接效益							
2	费用流量							
2.1	建设投资中国内资金							
2.2	流动资金中国内资金							
2.3	经营费用							
2.4	流至国外的资金							
2.4.1	国外借款本金偿还							
2.4.2	国外借款利息偿还							
2.4.3	外方利润							
2.4.4	其他							
2.5	项目间接费用							
3	净效益流量（1-2）							

计算指标：
国内投资经济净现值（$i_s = 8\%$）
国内投资经济内部收益率

参考文献

［1］中华人民共和国国家发展和改革委员会，建设部. 建设项目经济评价方法与参数［M］. 3版. 北京：中国计划出版社，2006.

［2］建设部标准定额研究所. 建设项目经济评价案例［M］. 北京：中国计划出版社，2006.

［3］马秀岩，等. 投资经济学［M］. 大连：东北财经大学出版社，2007.

［4］王立国. 项目评估理论与实务［M］. 北京：首都经济贸易大学出版社，2006.

［5］注册咨询工程师（投资）资格考试教材编写委员会. 项目决策分析与评价［M］. 北京：中国计划出版社，2004.

［6］注册咨询工程师（投资）资格考试参考教材编写委员会. 项目决策分析与评价［M］. 北京：中国计划出版社，2007.

［7］王力. 项目评估［M］. 大连：东北财经大学出版社，2004.

［8］卢有杰. 项目经济学［M］. 北京：中国水利水电出版社，知识产权出版社，2007.

［9］成其谦. 投资项目评价［M］. 北京：中国人民大学出版社，2003.

［10］成其谦. 投资项目评价［M］. 2版. 北京：中国人民大学出版社，2007.

［11］楼远. 投资项目评估学［M］. 北京：中国财政经济出版社，1989.

［12］注册咨询工程师（投资）资格考试参考教材编写委员会. 项目决策分析与评价［M］. 北京：中国计划出版社，2011.

［13］王力. 投资项目评估［M］. 2版. 大连：东北财经大学出版社，2014.

［14］注册咨询工程师（投资）资格考试参考教材编写委员会. 项目决策分析与评价［M］. 北京：中国计划出版社，2017.

［15］注册咨询工程师（投资）资格考试参考教材编写委员会. 现代咨询方法与实务［M］. 北京：中国计划出版社，2017.